新型城镇化背景下我国失地农民问题研究

王 铁◎著

Xinxing Chengzhen Hua Beijing Xia Woguo Shidi Nongmin Wenti Yanjiu

中国财经出版传媒集团
中国财政经济出版社

图书在版编目（CIP）数据

新型城镇化背景下我国失地农民问题研究／王轶著
．--北京：中国财政经济出版社，2020.9
ISBN 978 -7 -5223 -0037 -5

Ⅰ.①新…　Ⅱ.①王…　Ⅲ.①农民 - 土地问题 - 研究
- 中国　Ⅳ.①F321.1

中国版本图书馆 CIP 数据核字（2020）第 171592 号

责任编辑：胡　懿　　　　责任校对：李　丽
封面设计：卜建辰　　　　责任印制：党　辉

中国财政经济出版社 出版
URL：http：//www.cfeph.cn
E - mail：cfeph@cfeph.cn

社址：北京市海淀区阜成路甲 28 号　邮政编码：100142
营销中心电话：010 - 88191522
天猫网店：中国财政经济出版社旗舰店
网址：https：//zgczjjcbs.tmall.com
北京财经印刷厂印刷　各地新华书店经销
成品尺寸：170mm×240mm　16 开　15.5 印张　238 000 字
2020 年 9 月第 1 版　2020 年 9 月北京第 1 次印刷
定价：55.00 元
ISBN 978 -7 -5223 -0037 -5
（图书出现印装问题，本社负责调换，电话：010 - 88190548）
本社质量投诉电话：010 - 88190744
打击盗版举报热线：010 - 88191661　QQ：2242791300

前 言

2018 年中央农村工作会议强调，走中国特色社会主义乡村振兴道路，必须重塑城乡关系，推动新型城镇化、农业现代化同步发展，走城乡融合发展之路。之后，国家发展和改革委员会印发了《关于实施 2018 年推进新型城镇化建设重点任务的通知》，强调以促进人的城镇化为核心、提高质量为导向的新型城镇化战略。新时代的“城乡融合”和“乡村振兴”有着不同于以往的新内涵与新任务，二者之间无法割裂，并且需要互促共融。推进城乡融合的一个重要标志就是城乡居民的一体化。本书主要聚焦乡村振兴背景下被征地农民（以下简称失地农民）的就业、社会保障等方面发生的变化。本书各章主要内容如下：

第 1 章为绪论，主要阐述本书研究的意义、价值、研究目标、研究内容、可能的创新和研究方法等。

第 2 章分析了随着征地时间的推移，失地农民在就业结构、就业行业、就业领域和就业满意度方面的变化。研究发现，随着征地时间的推移，失地农民人力资本不断积累，就业率不断提高，就业领域越来越广泛，就业行业发生了显著变化，第三产业成为就业的主导产业，就业满意度在不断提升。

第 3 章基于 2008 年和 2015 年两次失地农民就业调查的微观数据，通过建立 Logit 回归模型，研究新常态背景下特大城市失地农民的就业变化。研究发现，人力资本各要素中，失地农民的受教育程度和健康水平与其就业机会、职业选择等因素高度相关。培训，包括技能培训和一般性的技能宣传性培训，对失地农民就业机会、职业选择的影响不显著。失地是“非常态”，就业是“常态”。在新型城镇化进程中，居住在大城市周边的农民往往会被吸纳为城市人口，这是城乡分割的经济社会发展到一定阶段的必然结果。因此，建议地方政府充分发挥政府在教育和培训方面的资源调动优势，建立城郊一体的公共服务体系和民主参与机制，这是实现失地农民再就业、提高就业质量的重要保障。

第 4 章通过失地农民的就业机制分析，构建 Logit 回归模型并进行“稀有事件偏差”检验，分析在城镇化进程中，人力资本和社会资本对失地农民就业机会、职务晋升和就业行业的影响。研究发现，在失地农民获得非农就业机会方面，2008 年人力资本和社会资本对其有着显著的正向影响，2015 年人力资本和政治面貌因素的影响不显著，不过求职途径和户籍的影响显著；在职务晋升方面，两次调查结果基本一致，政治面貌、受教育程度和职业培训对其有着显著的正向影响，求职途径、户籍的影响不显著；在就业行业方面，随着时间的推进，2015 年失地农民的就业行业选择出现了新的变化，有 4.4% 的失地农民开始到公共部门就业，2008 年人力资本、政治面貌和求职途径变量对其进入传统行业就业无显著影响，2015 年这些影响开始凸显，特别是对其进入公共部门就业有着显著正向影响，而户籍对进入传统行业有着正向影响，对进入公共部门无影响。

第 5 章通过构建一个含内生选择机制的就业安置政策效应评估模型，评估地方政府的失地农民就业安置政策对失地农民就业的影响。研究结果表明：就业安置政策有一定的积极效果；对接受就业安置的失地农民群体，就业安置政策对实现稳定就业的因果效应为 0.45。进一步研究发现，虽然政府就业安置政策大幅度提升了失地农民在农林牧渔、餐饮娱乐、物业管理与保洁等行业的就业概率，即保持了初次就业安置的成功率，但上述行业具有的低稳定性、低保障等特点，导致就业安置政策的长期效果减弱。建议政府制定就业安置政策时要考虑失地农民对就业岗位的选择性偏好、就业行业与区域产业结构的结合等，以提高就业安置政策的长期实施效果。

第 6 章通过构建有序变量的 Logistic 回归模型，研究北京地区城镇化进程中失地农民就业质量的变化及其影响因素。研究发现，失地农民的婚姻状况、户籍、受教育程度、工作年限、健康状况、工作类型、行业分布、工资水平等对其就业质量有显著影响；随着城镇化的推进，影响失地农民就业质量的要素变化不是很大，但个别要素的影响显著性还是发生了变化，如失地农民的年龄变量、养老保险变量、婚姻情况变量等。根据研究结论，建议政府对失地农民开展实用有效的职业技能培训和继续教育，制定相关扶持政策，鼓励失地农民自主创业，并进一步完善社会保障制度，以助推失地农民就业质量与城镇化质量双提升。

第7章主要分析了失地农民与未失地居民（城镇居民和未失地农民）之间的收入差距，并且根据Cotton分解分析了收入差距产生的根源。研究发现，失地农民与未失地农民之间的收入差距在2008~2015年有所扩大。2015年城镇居民和未失地农民的个人平均收入分别比失地农民高出112%和50%，控制了一些可解释特征以后，其差距分别下降到23%和15%，按照Cotton分解的结果，特征差异（可解释部分差异）也达到60%左右，表明大部分差异都可以被解释。从就业者的分布趋势来看，失地农民逐渐分布于收入较低但相对稳定的行业中，在劳动力市场中的竞争力仍然较弱。在未来城镇化进程中，地方政府仍需重视失地农民的就业安置问题。

第8章主要基于两次大规模调查数据，研究了乡村振兴战略下失地农民与未失地农民返乡就业过程中教育收益率的变化，以及这种变化对其就业选择的影响。这一章主要运用建立明瑟方程、Oaxaca - Blinder分解和倾向性得分匹配方法，研究发现：第一，征地初期，失地农民教育收益率明显高于未失地农民，随着征地时间推移和劳动力市场的完善，他们的教育收益率普遍下降并趋同。第二，2008年，失地农民工资收入与未失地农民相当，低于城镇居民，到了2015年，失地农民工资收入低于未失地农民，与城镇居民差距明显。分解结果表明，造成失地农民与未失地农民收入差距的核心要素是求职途径，造成与城镇居民差异的是受教育年限、工作年限、政治面貌及行业类型。第三，失地农民、未失地农民自主创业对其收入的影响显著，男性的工资收入明显高于女性，不过求职途径对失地农民、未失地农民与城镇居民收入差异的影响随着劳动力市场化程度提高而减弱。建议全面落实乡村振兴战略，形成返乡就业的拉力，完善劳动力市场等。

第9章主要研究了一线城市近郊区失地农民社会保障水平与未失地居民之间的差异、差异化程度、差异变化趋势以及导致差异的原因，最后通过统计年鉴数据等进行验证。研究发现，失地农民被征地后，随着征地时间的推移，2015年参与各类社会保障的比例比2008年明显提高。2015年，失地农民参与医疗保险和养老保险的比例与城镇居民接近，高于未失地农民，失地农民参与失业保险、工伤保险、生育保险的比例高于未失地农民。通过差异性分析发现，失地农民的工作收入、受教育程度、就业类型、政治面貌等因素是导致保障水平差异的根本原因。2017 年的检测数据显示，随着行业收入差距的缩小和区域相关保障政策文件的出台，这种社会保障水平的差异正在逐渐缩小。基于上述研究结论，建议全面落实城乡一体化的社会保障制度，增加失地农民工资收入，扩大失地农民继续教育培训，加大失地农民投入社会保障的宣传，切实提高失地农民社会保障的水平与质量。

第 10 章主要对第 2 章和第 9 章内容进行进一步归纳，得出本书的主要结论，基于研究结论，提出相关的政策建议，最后提出本书的研究不足和未来的研究方向。

目 录

1. 绪　论

1.1　研究背景与选题价值

1.1.1　研究背景

2018 年中央农村工作会议强调，走中国特色社会主义乡村振兴道路，必须重塑城乡关系，推动新型城镇化、农业现代化同步发展，走城乡融合发展之路。之后，国家发展和改革委员会印发了《关于实施 2018 年推进新型城镇化建设重点任务的通知》，强调以促进人的城镇化为核心、提高质量为导向的新型城镇化战略。新时代的“城乡融合”和“乡村振兴”，有着不同于以往的新内涵与新任务，两者之间无法割裂，并且需要互促共融。推进城乡融合的一个重要标志就是城乡居民的一体化。

在我国推进新型城镇化进程中，部分农民的土地被征收，他们便有了新的名称，被征地农民（以下简称失地农民）。土地被征后，绝大部分失地农民由农民直接过渡到城镇居民，身份的过渡并不能代表他们生活上的融入，为此本书以失地农民作为研究对象，基于 2008 年和 2015 年的两次大规模调查数据，研究我国特大型城市近郊区，失地农民在征地后融入城镇化过程中就业、收入、社会保障等方面发生的变化。

1.1.2　选题价值

（1）以失地农民就业问题为研究对象，分析失地农民就业与土地流转、城镇化和工业化发展之间的关系，通过综合分析能揭示影响和推动我国失地农民就业的关键因素。

（2）通过对不同区域城镇化进程中失地农民就业问题的研究，能分析比较地区失地农民就业之间，以及同一地区失地农民与城市居民之间的就业差异，通过差异性分解能找出影响失地农民就业的关键要素，据此提出促进失地农民就业问题的政策建议。

（3）本书研究有助于解决我国土地流转过程中的失地农民就业、教育和社会保障等问题，有助于推动我国新型城镇化、工业化和农业现代化的进程，进而有助于推动区域经济协调发展。

1.2　研究目标与内容

1.2.1　研究目标

本书旨在从我国新型城镇化的视角探究失地农民的就业、教育和社会保障等问题，通过对国内外城镇化进程中农民的非农就业问题展开系统的理论阐述，重点研究失地农民的就业、教育、收入和社会保障等问题，以及影响失地农民融入新型城镇化的一些关键要素，并以城镇化率较高的典型地区作为案例，分析不同区域失地农民就业的差异性和特殊性，以及同一区域失地农民与未失地农民就业之间的差异性，基于计量分析模型分析失地农民就业与其他要素的关系，并对失地农民就业的差异性进行分析和实证检验，在总结归纳的基础上提出促进失地农民融入新型城镇化的政策建议。

1.2.2　研究内容

（1）调查分析城镇化进程中我国失地农民的就业状况。对城镇化率较高的地区开展调研，结合公开的社会调查数据、统计年鉴和前人研究的文献数据，分析我国城镇化、工业化、农业现代化和土地流转的基本情况，区域失地农民的就业数量、结构和就业质量等，从整体上把握新型城镇化进程中失地农民的就业、教育、收入和社会保障等方面的变化情况。

（2）分析失地农民就业与其人力资本、社会资本之间的关系。运用非线性回归模型和 Logit 回归模型，分析区域失地农民就业与其人力资本和社会资本之间的关系，分别就失地农民就业机会、就业层次、就业结构、就业质量等方面展开，分析影响失地农民就业的关键要素。

（3）比较分析失地农民就业的特殊性。本书主要采用 Oaxaca – Blinder 和 Quantile 分解模型，比较分析我国城镇化率较高的典型地区之间失地农民就业，以及同一地区失地农民与城市居民就业之间的差异，分析差异产生的原因和程度，据此分析失地农民就业的特殊性和复杂性。

（4）研究失地农民就业与收入之间的关系、教育收益率与收入之间的关系，分析失地农民与未失地农民的收入、教育等方面是否存在差异，哪些方面存在差异，如果存在差异，差异有多大，是哪些要素导致了这种差异，通过分析这些关系，找出差异产生的主要原因，并对此提出政策建议。

（5）研究失地农民社会保障方面的变化。失地农民城镇化过程中，他们的社会保障方面发生了哪些变化；对失地农民与未失地农民、失地农民与未失地城镇居民进行比较分析，看看他们在社会保障方面是否存在差距，通过差距分析，找出影响差距的要素，提出政策建议，消除差异，推进失地农民又快又好地融入城镇生活，促进城乡一体化发展。

（6）总结归纳本书研究结论，据此提出政策建议，找出研究不足，提出未来研究展望。

1.3　研究思路

本书研究思路如图 1 – 1 所示。

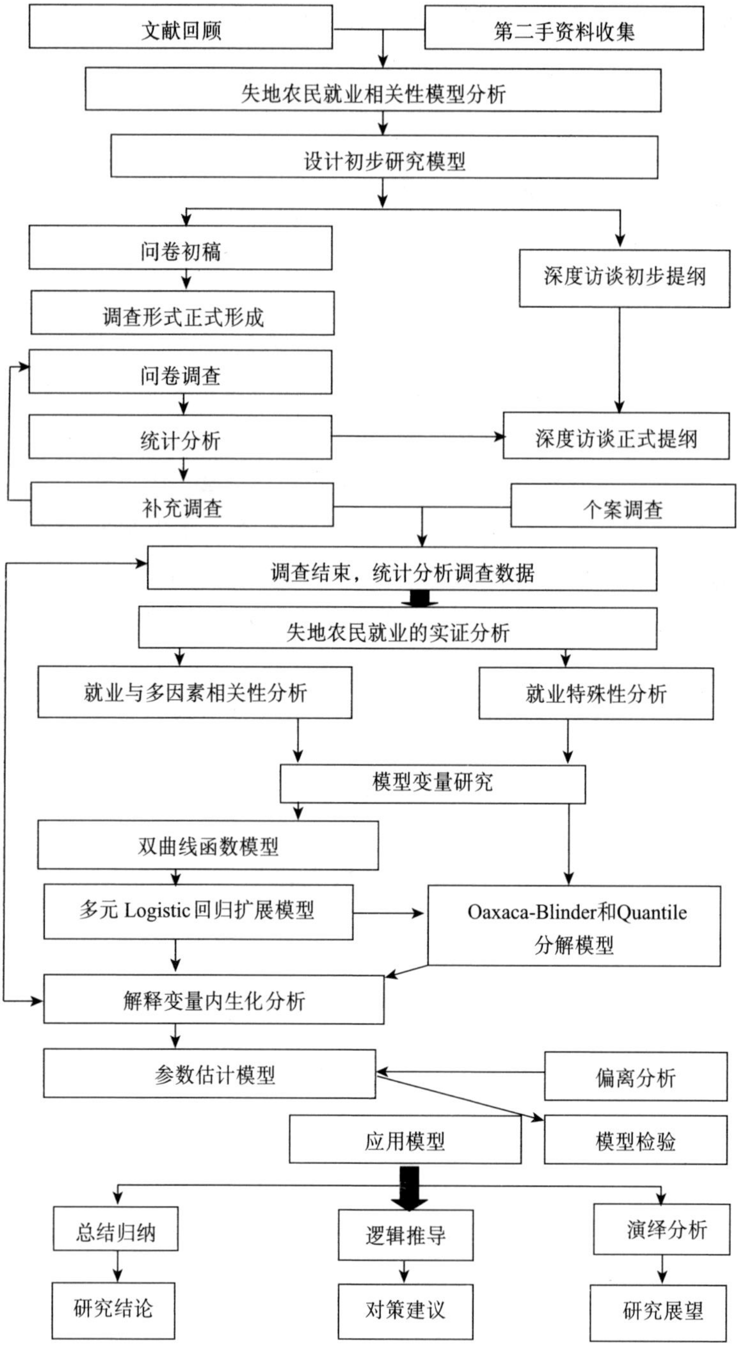
文献回顾
第二手资料收集
失地农民就业相关性模型分析
设计初步研究模型
问卷初稿
深度访谈初步提纲
调查形式正式形成
问卷调查
统计分析
深度访谈正式提纲
补充调查
个案调查
调查结束，统计分析调查数据
失地农民就业的实证分析
就业与多因素相关性分析
就业特殊性分析
模型变量研究
双曲线函数模型
多元 Logistic 回归扩展模型
Oaxaca-Blinder和Quantile
分解模型
解释变量内生化分析
参数估计模型
偏离分析
应用模型
模型检验
总结归纳
逻辑推导
演绎分析
研究结论
对策建议
研究展望

图 1－1　本书研究框架

1.4　研究创新与研究方法

1.4.1　研究创新

一是建立了一个较为完整的分析框架。在此框架下，分析失地农民就业与人力资本、社会资本和社会保障之间的关系，充分考虑解释变量之间的互补和替代关系，通过综合分析能够更加准确地揭示影响我国失地农民就业的关键因素，避免了国内已有研究只关注某一个特定变量（例如人力资本或社会资本）的局限。

二是分析和结论建立在第一手资料基础上。为了解失地农民就业情况，作者基于2008年的第一次调查问卷，重新完善了第二次调查问卷。第一次居民就业情况入户调查问卷中，将失地农民、城市居民和郊区非失地农民的就业、生活等问题融入一个问卷，建立了上述三类人群的就业情况数据库，为开展同一区域不同人群之间就业差异的比较研究提供了第一手资料。第二次调查问卷同在一个区域，对调查对象进行第二次调查，看看失地农民、城市居民和郊区非失地农民就业、教育、收入和社会保障等方面的变化。

三是采用了规范的分析方法。本书运用二分类和多分类因变量模型、Mincer模型、层次分析法等分析影响失地农民就业的因素。上述研究成果部分已经在《教育研究》《中国农村经济》《财贸研究》《当代财经》《经济经纬》等CSSCI收录的期刊上发表。上述研究成果的发表间接说明了本书研究的方法创新和思想创新。

1.4.2　研究方法

（1）问卷调查法。本书课题组（以下简称课题组）从2014年11月开始设计、讨论问卷，经过了近10次的小组讨论，咨询相关研究领域的学者和失地农民，对调查专家和失地农民进行问卷测试调查，才最终形成正式的调查问卷。本次调查主要选取北京地区5所高校北京地区近郊区的学生来完善，5所高校分别为北京工商大学、北京理工大学、北京工商大学（嘉华学院）、北京工业职业技术学院、北京财贸职业技术学院，主要选择四年制的大一至大三本科生，专科学校大一至大二的在校本科生，调查前予以严格培训，调查结果与学生的社会实践活动挂钩，调查对象主要是大城市近郊区的农民、失地农民和城镇居民，调查过程中，不设定调查对象，但是调查结果需要抽查和审核。

（2）比较研究方法。根据调查结果建立了四类数据库，以失地农民的就业问题为核心，开展比较研究，分析失地农民就业与城市居民和郊区农民之间的差异，不同区域失地农民就业、生活方面的差异，两次调查数据的演变趋势，通过这种多维度的比较，分析失地农民融入城镇生活的过程。

（3）定量分析方法。根据研究的需要分别采取多种定量分析方法，包括 Logit 模型、Mincer 模型和层次分析法等多种定量研究方法。

（4）专家咨询法。就失地农民就业问题向有关专家、学者、相关部门的负责人咨询，了解他们对失地农民就业的看法和相关政策。

1.4.3 研究数据

为了研究我国失地农民的二次就业情况，本书选择城市化率高、城镇化速度快的北京地区失地农民作为研究对象。为了反映失地农民就业的变化趋势，本研究进行了两次调查。为了保证调查的质量，项目组对调查员进行了系统培训，调查员在发放问卷时对负责一手调查的对象进行再培训，调查问卷上留有设计人的联系方式，便于有问题直接咨询，问卷填写完毕后要求问卷填写人留下联系方式，便于回访和核实问卷准确性。调查问卷层层签字，层层落实。问卷回收后，组织问卷录入小组，一组录入，一组核对，然后由小组负责人进行抽查，由问卷总检查组按一定比例进行抽查，不合格的问卷必须重新录入，确保问卷调查、回收、数据录入等环节质量。

两次调查的具体情况：第一次调查时间为 2008 年 11～12 月，课题组对北京地区近郊的失地农民、城市居民和郊区农民同时进行了问卷调查，共计下发调查问卷 2 920 份，有效问卷 2 611 份，占调查问卷总数的 89.42%。其中，失地农民 367 份。第二次调查于 2015 年 5～7 月进行，共计下发问卷 3 350 份，有效问卷 3 220 份，占调查总数的 96.12%。

本书调查数据采用 Stata 15.0 和 SPSS 13.0 统计软件进行处理。实证分析包括描述性统计分析内容，可能存在有效问卷数量不一致问题，这是因为某些变量存在缺失值。

2. 新型城镇化背景下失地农民就业状况研究

2.1 样本地区城镇化进程分析

本次调查选择我国城镇化水平较高的北京地区。北京地区城镇化进程是城市人口不断增长、经济快速发展、土地规模不断扩人、城市经济实力和聚集扩散力不断增强的过程，也是农村产业结构非农化、土地利用城镇化和农民生活方式城镇化的过程。作为首都，北京城镇化发展水平一直居于全国前列，发展力度较强，受政策影响大。进入20世纪90年代，北京市为了改变人口和产业过于集中在市区的状况，按照2017年北京市发布的《北京城市总体规划（2016~2035年）》，建设完善新型城乡体系，提出了“针对平原地区和生态涵养区不同资源禀赋条件，创新完善中心城区—北京城市副中心—新城镇—新型农村社区的现代城乡体系，制定分区指导、分类推动、分级管控的城乡一体化发展策略，形成以城带乡、城乡一体、协调发展的新型城乡关系”，建设城乡公共服务一体化；明确提出“缩小城乡基本公共服务差距，实现农村基本公共服务均等化；完善农村地区教育、医疗、文化等公共服务设施，提高公共服务水平；整合城乡医疗保险制度，构建城乡一体化医疗保险体系；完善城乡社会保障制度，实现全市低保标准城乡统一，提升农村社会福利和民生保障水平；鼓励和促进有能力在城镇稳定就业、生活的农村人口向城镇集中，实现就地就近城镇化”。规划说明，北京地区未来将统筹规划，推进城乡一体化的发展策略，推动农村人口向城镇集中，实现就地就近城镇化，进一步推进新型城镇化。

2.1.1 人口城镇化情况

北京地区2014年底常住人口已达到2 151.6万人[①]，仅从人口规模的角度看，北京已达到世界大都市的标准。北京人口迅速增长的主要原因是城镇人口增长，总人口与1949年的420万人相比增长了5.12倍。2014年城镇人口达到1 859.0万人，与1949年的178万人相比增长了10.44倍。这说明北京在总人口增长的同时，人口城镇化水平也在不断提高。通过分析历史统计资料发现，1949～1960年是北京城镇人口快速增长期，年均增长率达到9.0%。中华人民共和国成立后，北京的城市建设在工业化发展方针指导下，相关产业发展使城镇人口大量增加。1949年北京城镇人口只有178万人，1960年达到460.3万人，人口城镇化率由42.5%提高到62.2%。1961～1977年是北京城镇人口波动增长期，由于特殊因素的影响，经济发展不稳定，人口频繁流动，使得城镇人口增长极不稳定，年均增长率只有0.4%，人口城镇化率降到54.0%。随着大的环境逐渐好转，以经济发展为中心，以实现四个现代化为主旋律的城镇化进程明显加快。1978～2005年，北京的城镇人口由479万人迅速增长到1 286.1万人，年均增长29.89万人，尤其是1995年以后，城镇人口增长更为迅猛，年均增长率达到33.99万人。截至2014年底，北京人口城镇化率已上升到86.40%（详见图2－1），超过世界较发达地区人口城镇化平均水平。

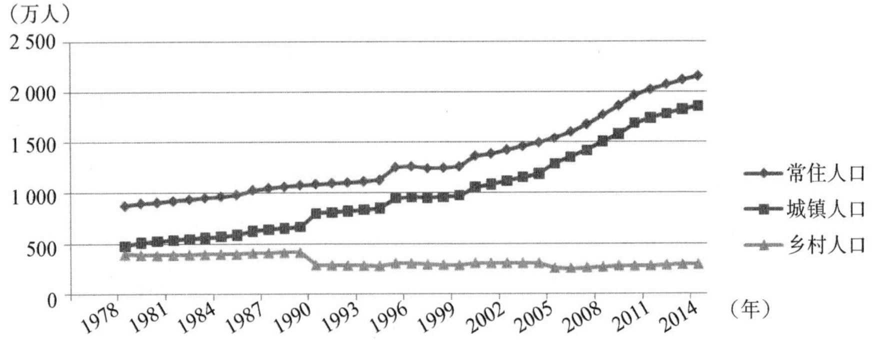

图2－1 北京市人口变化情况

资料来源：北京市统计局网站（http：//tjj. beijing. gov. cn/nj/main/2015－tjnj/zk/indexch. htm）。

① 北京市统计局．北京市2015年统计年鉴（http：//tjj. beijing. gov. cn/nj/main/2015－tjnj/zk/indexch. htm），2016－3－15。

2.1.2 土地利用城镇化情况

在北京城市外围区（朝阳、海淀、丰台和石景山四个区）、近远郊区、工业开发区和小城镇等地，随着城市建成区面积逐渐扩大，市中心区的辐射范围也不断增大，规划范围内开发建设速度加快。城乡接合部地区越来越多的农村土地转化为城市建设用地和绿化用地，城乡接合部范围由三、四环向五环逐渐外移。这些地区的城镇化是城市扩张的直接结果。农民在新型城镇化进程中，土地被征收，村落整建制地被划归城区，农民被动城镇化。同时，在郊区一些区位条件优越、经济活跃的村庄，农民主动把土地作为资产，参与到工业化、城镇化中来，这些村庄具有内发村庄特征。农民不再从事第一产业，主动城镇化特征明显。

可见，郊区农村城镇化的空间表征是土地利用从农业向非农业转化、城市建成区范围的扩展和城镇数量的增加等方面。1996 年以来，北京市耕地减少了 186 万亩，年均减少 9.79 万亩。尤其在 2000 年后，耕地面积大幅度减少（见表 2-1）。耕地减少的原因主要是生态退耕、农业结构调整和建设占用耕地及建设公共设施占用耕地。其中，农业结构调整和退耕还林没有改变农民对土地的所有权和经营权，而各类建设征占农地，以及绿化隔离地区和绿色通道绿化建设占用耕地是导致农民失地的主要原因。

表 2-1　　北京历年城镇化率与耕地面积统计表

年份	1996	1997	1998	1999	2000	2001	2002
城镇化率（%）	76.06	76.48	76.89	77.29	77.54	78.06	78.56
年末耕地面积（万亩）	515.9	513.6	511.7	507.6	493.8	450.9	373.8
年份	2003	2004	2005	2006	2007	2008	2009
城镇化率（%）	79.05	79.53	83.62	84.33	84.50	84.90	85.01
年末耕地面积（万亩）	398.8	382.17	365.53	348.9	348.3	347.5	340.8

年份	2010	2011	2012	2013	2014
城镇化率（%）	85.96	86.23	86.20	86.30	86.40
年末耕地面积（万亩）	335.7	332.9	331.3	331.7	329.9

资料来源：2004～2014 年数据来源于北京统计局网站（http://tjj.beijing.gov.cn/tjsj/）；1996～2003 年数据参照雷寰 2005 年的博士论文“北京市郊区城镇化进程中失地农民利益问题的研究”。

2.1.3 人口就业非农化情况

在我国，政府的经济发展决策对当地城镇化的发展影响较大。从产业发展对人口城镇化影响的角度分析，解放初期由于北京地区的工业基础比较薄弱，1952～1965年北京地区的工业化水平滞后于城镇化水平，应该说在人口城镇化与产业结构非农化处于同步发展过程中，工业吸引农村就业人口的能力是有限的。北京地区工业发挥推动人口城镇化发展的作用是在1966～1981年的15年时间里，这期间出现工业化率高于城镇化率的状况，推动了城镇化发展。从改革开放实行市场经济以后，市政府发挥了产业结构调整的导向作用，重点发展第三产业，就业结构变化十分明显，第三产业就业比例上升与人口城镇化发展同步，产业结构的调整带动就业结构的变化。1975年，北京市第一、二、三产业从业人员的比例分别为32.1%、37.2%和30.7%，人均GDP只有1 115元。2014年，第一、二、三产业从业人员的比例分别为4.5%、18.2%、77.3%，人均GDP达到了99 995元（见表2－2），第一产业就业人员比例下降了27.6%，第二产业就业比例下降了19%，第三产业却提升了46.6%。这说明，北京地区经过40多年的发展，农民正在脱离土地，进入非农产业就业。

表2－2　北京地区城镇化率与就业结构变化情况统计表

年份	1975	1985	1995	2005	2010	2011	2012	2013	2014
城镇化率（%）	53.8	59.70	65.10	83.62	85.96	86.23	86.20	86.30	86.40
第一产业（%）	32.1	16.9	10.6	7.1	6.0	5.5	5.2	4.8	4.5
第二产业（%）	37.2	44.2	40.7	26.3	19.6	20.5	19.2	18.5	18.2
第三产业（%）	30.7	38.9	48.7	66.6	74.4	74.0	75.6	76.7	77.3
人均GDP（元）	1 115	2 643	12 690	45 993	73 856	81 658	87 475	94 648	99 995

资料来源：北京市统计局网站（http://tjj.beijing.gov.cn/tjsj/）。

2.2 样本地区社会调查结果分析

根据表2－3所示，随机抽样比例大于10%的区包括：朝阳区（15.14%）、丰台区（11.60%）、房山区（12.81%），抽查最多的是朝阳区，样本数量占总样本的 15.14%。

表 2－3　　2015 年北京地区居民调查问卷抽样统计表

问卷抽样分布	人数（人）	百分比（%）	累计百分比（%）
1. 东城区	177	5.50	5.50
2. 西城区	122	3.79	9.30
3. 朝阳区	487	15.14	24.44
4. 海淀区	185	5.75	30.19
5. 大兴区	249	7.74	37.94
6. 顺义区	207	6.44	44.37
7. 丰台区	373	11.60	55.97
8. 昌平区	163	5.07	61.04
9. 房山区	412	12.81	73.85
10. 通州区	265	8.24	82.09
11. 石景山区	184	5.72	87.81
12. 怀柔区	62	1.93	89.74
13. 密云区	67	2.08	91.82
14. 平谷区	176	5.47	97.29
15. 门头沟区	49	1.52	98.82
16. 延庆区	38	1.18	100.00
总数	3 216	100.00	

注：被调查者没有填写区选项的按缺失值处理。

根据黄荣清 2005 年发表在《人口研究》上的文章“1980 年代以来北京市城市化过程中人口分布的变化”，北京地区 16 个区县可划分为 4 个部分：一是城市中心区（简称中心城区），包括东城区（含原崇文区）、西城区（含原宣武区）；二是城市外围区（简称外围区），包括朝阳区、丰台区、石景山区、海淀区 4 个区；三是近郊区，包括 6 个区，即门头沟区、房山区、通州区、顺义区、昌平区、大兴区；四是远郊区，包括 4 个区，即怀柔区、平谷区、密云区、延庆区。其中，城市中心区和城市外围区合称为城区，近郊区和远郊区合称为郊区，它们是北京城市的延伸部分，包括北京的乡村部分和北京的卫星城镇。北京城区及其卫星城镇构成了北京地区的城镇体系。为了便于统计分析，本书中关于北京市区域划分的概念遵从上述标准。北京中心城区与郊区居民抽样统计情况如表 2－4 所示。

表 2-4　　北京中心城区与郊区居民抽样统计表

区域	人数（人）	百分比（%）
1. 中心城区抽样数量	1 528	47.51
2. 郊区抽样数量	1 688	52.49
总数	3 216	100.00

从抽查样本数量来看，中心城区为 1 528 例，占总样本的 47.51%，郊区样本为 1 688 例，占总样本的 52.49%。

2.2.1　失地农民抽查样本基本情况分析

如表 2-5 所示，北京地区失地农民样本抽查数量最多的是房山区，因为房山区有高教园区，所以征地比较多，失地农民也比较集中。另外，丰台区、通州区、顺义区、大兴区、昌平区抽查对象相对也比较多，主要原因也与北京市政府确立的区域功能定位有关。

表 2-5　　北京地区各区失地农民样本抽样统计

失地农民地区分布	人数（人）	百分比（%）	累计百分比（%）
1. 东城区	4	0.93	0.93
2. 西城区	9	2.09	3.02
3. 朝阳区	32	7.42	10.44
4. 海淀区	15	3.48	13.92
5. 大兴区	35	8.12	22.04
6. 顺义区	25	5.80	27.84
7. 丰台区	30	6.96	34.80
8. 昌平区	14	3.25	38.05
9. 房山区	182	42.23	80.28
10. 通州区	35	8.12	88.40
11. 石景山区	10	2.32	90.72
12. 怀柔区	5	1.16	91.88
13. 密云区	8	1.86	93.74
14. 平谷区	16	3.71	97.45
15. 门头沟区	4	0.93	98.38
16. 延庆区	7	1.62	100.00
总数	431	100.00	

从表 2-6 可以看出，中心城区失地农民样本为 100 例，占总样本的 23.20%，郊区样本为 331 例，占总样本的 76.80%。

表 2－6　　　　失地农民样本的区域分布统计

失地农民区域分布	人数（人）	百分比（%）	累计百分比（%）
1. 近远郊区	331	76.80	76.80
2. 中心城区	100	23.20	100.00
总数	431	100.00	

失地农民样本的性别统计情况如表 2－7 所示。从表中看出，男性样本为 265 例，占总样本的 61.48%，女性样本 166 例，占总样本的 38.52%。侧重抽查男性失地农民样本是课题组调查的主要目的之一，因为男性失地农民样本的就业情况能直接反映失地农民样本的就业状况，也能够间接反映失地农民样本的家庭收入状况。

表 2－7　　　　失地农民样本的性别统计

失地农民性别	人数（人）	百分比（%）
男性	265	61.48
女性	166	38.52
总数	431	100.00

失地农民样本的年龄结构如表 2－8 所示，年龄最小的 29 岁，最大的 62 岁，平均年龄 45.5 岁。抽查的失地农民样本主要以中年人为主，这也是课题组调查的主要目的之一，因为中年失地农民样本的就业情况可以较为直接地反映失地农民样本的就业状况，同时中年人也是失地农民样本就业中的主体。

表 2－8　　　　失地农民样本的年龄分布统计

百分位（%）	人数（人）	最小值（人）	样本量（个）	431
1	33	29	平均值	45.496 52
5	37	30	标准差	4.852 174
10	40	30	方差	23.543 59
25	43	32	偏度	－0.091 647
50	45	最大值（人）	峰度	3.981 238
75	48	58		
90	52	59		
95	53	60		
99	57	62		

如表2－9所示，男性失地农民样本的平均年龄为46.2岁，女性失地农民样本的平均年龄为44.3岁。这说明在抽查样本中，男性和女性失地农民样本年龄上没有明显差异。

表2－9　　不同性别失地农民样本年龄统计

性别	年龄均值（岁）	标准差	人数（人）
男性	46.245 28	4.872 253	265
女性	44.301 20	4.586 502	166
总数	45.496 52	4.852 174	431

失地农民样本的婚姻状况如表2－10所示。失地农民样本中未婚1人，占失地农民样本的0.23%，已婚406人，占失地农民样本的94.20%，其他情况共计24人，占失地农民样本的5.57%。

表2－10　　失地农民样本的婚姻状况统计

婚姻状况	人数（人）	百分比（%）	累计百分比（%）
已婚	406	94.20	94.20
离婚	11	2.55	96.75
丧偶	13	3.02	99.77
未婚	1	0.23	100.00
总数	431	100.00	

失地农民样本的文化程度：小学及以下学历失地农民所占比例为4.87%，初中学历占45.24%，高中学历占25.99%，中专学历占6.03%，大专学历占10.44%，本科及以上学历占7.42%。调查结果显示，有50.12%的失地农民样本文化程度在初中及以下文化水平，受过高等教育的比例为17.86%。具体情况见表2－11。

表2－11　　失地农民样本受教育程度统计

文化程度	人数（人）	百分比（%）
1. 小学及其以下	21	4.87
2. 初中	195	45.24
3. 高中	112	25.99
4. 中专	26	6.03

续表

文化程度	人数（人）	百分比（%）
5. 大专	45	10.44
6. 本科及以上	32	7.42
总数	431	100.00

如表2－12所示，在小学及以下学历失地农民样本中，男性和女性的比例分别为5.28%和4.22%，男性的比例明显高于女性；初中文化程度的失地农民样本中，男性和女性的比例分别为40.75%和52.41%，女性的比例明显高于男性；在大专及以上文化程度失地农民样本中，男性的比例都大于女性。这说明，男性失地农民样本受过大专及以上教育的比例高于女性。

表2－12　　　　不同性别失地农民样本受教育程度统计

受教育程度	男性失地农民	女性失地农民	总数
1. 小学及其以下人数（人）	14	7	21
占比（%）	5.28	4.22	4.87
2. 初中人数（人）	108	87	195
占比（%）	40.75	52.41	45.24
3. 高中人数（人）	71	41	112
占比（%）	26.79	24.70	25.99
4. 中专人数（人）	14	12	26
占比（%）	5.28	7.23	6.03
5. 大专人数（人）	31	14	45
占比（%）	11.70	8.43	10.44
6. 本科及以上人数（人）	27	5	32
占比（%）	10.19	3.01	7.42
总人数（人）	265	166	431
占比（%）	100.00	100.00	100.00

在失地农民的政治面貌方面，是中国共产党党员（以下简称共产党员）的失地农民样本中，男性和女性的比例分别为19.62%和10.30%，男性略高于女性。非共产党员失地农民中，男性和女性的比例分别为80.38%和89.70%，男性低于女性9.32个百分点。具体情况见表2－13。

表 2－13　　不同性别失地农民样本政治面貌统计

政治面貌	男性失地农民	女性失地农民	总数
1. 共产党员（人）	52	17	69
占比（%）	19.62	10.30	16.05
2. 民主党派	7	3	10
占比（%）	2.64	1.82	2.33
3. 群众（人）	206	145	351
占比（%）	77.74	87.88	81.63
总人数（人）	265	165	430
占比（%）	100.00	100.00	100.00

如表 2－14 所示，农业户口失地农民样本为 156 人，占失地农民样本的 36.19%；小城镇户口失地农民样本为 114 人，占总样本的 26.45%；城市户口失地农民样本为 161 人，占总样本的 37.35%。这说明，城市户口失地农民样本占总样本的比例最高。

表 2－14　　失地农民样本的户籍情况统计

户籍	人数（人）	百分比（%）
1. 城市户口	161	37.35
2. 小城镇户口	114	26.45
3. 农业户口	156	36.19
总数	431	100.00

如表 2－15 所示，失地农民样本在健康状况方面，选择“很健康”“健康”“一般”的比例分别为 40.37%、46.17% 和 12.06%，三者比例累计达 98.60%；选择“不健康”或“不太健康”的比例累计为 1.40%。城市户口、小城镇户口和农业户口失地农民样本选择身体“不健康”和“不太健康”的比例分别为 1.24%、1.76% 和 1.28%。这说明，在三类户籍的失地农民样本中，小城镇户口失地农民样本选择身体健康的比例相对较高，其次是农业户口失地农民样本，最后是城市户口失地农民样本。

表 2－15　　不同户籍失地农民样本的健康状况统计

样本健康情况	城市户口	小城镇户口	农业户口	总数
1. 很健康人数（人）	83	36	55	174
占比（%）	51.55	31.58	35.26	40.37

续表

样本健康情况	城市户口	小城镇户口	农业户口	总数
2. 健康人数（人）	63	63	73	199
占比（%）	39.13	55.26	46.79	46.17
3. 一般人数（人）	13	13	26	52
占比（%）	8.07	11.40	16.67	12.06
4. 不太健康人数（人）	1	1	1	3
占比（%）	0.62	0.88	0.64	0.70
5. 不健康人数（人）	1	1	1	3
占比（%）	0.62	0.88	0.64	0.70
总人数（人）	161	114	156	431
占比（%）	100.00	100.00	100.00	100.00

2.2.2 失地农民抽查样本征地情况分析

北京地区的征地始于20世纪90年代，开发区、高教园区、基础设施建设（如机场建设、道路等）、商品房建设是前期征地的主要原因。根据表2－16所示，失地农民样本的征地时间主要集中在2000年以后。2000年以前征地的比例为10.44%，89.56%的失地在2000年以后发生。这说明，2000年以后北京地区的新型城镇化进程明显加快。2008年，因为举办奥运会，征地速度明显减缓；2010年以后，征地速度下降明显。

表2－16　　失地农民样本的征地时间统计

征地年份	人数（人）	百分比（%）
1992	1	0.23
1994	2	0.46
1995	1	0.23
1997	5	1.16
1998	11	2.55
1999	25	5.80
2000	41	9.51
2001	35	8.12
2002	15	3.48
2003	33	7.66

续表

征地年份	人数（人）	百分比（%）
2004	26	6.03
2005	31	7.19
2006	36	8.35
2007	36	8.35
2008	21	4.87
2009	29	6.73
2010	29	6.73
2011	11	2.55
2012	11	2.55
2013	13	3.02
2014	11	2.55
2015	8	1.86
总数	431	100.00

失地农民样本土地被征收的原因统计：首先，修建国家道路等基础设施征收农民样本土地的比例为15.78%，城市建设征收农民样本土地的比例为47.56%，这两项建设征收农民样本土地占总征地比例的63.34%；其次，村集体建设需要集中征收农民样本土地的比例为12.53%。这说明，失地农民样本的土地大部分用于以上三个方面的建设。具体情况见表2－17。

表2－17　　失地农民样本的征地原因统计

征地原因	人数（人）	百分比（%）	累计百分比（%）
1. 国家道路等基础设施建设征收	68	15.78	15.78
2. 北京城市建设需要征收	205	47.56	63.34
3. 绿化建设	35	8.12	71.46
4. 乡镇需要集中使用	49	11.37	82.83
5. 村集体需要集中使用	54	12.53	95.36
6. 其他（包括南水北调）	20	4.64	100.00
总数	431	100.00	

从失地农民样本的征地面积统计结果来看，失地农民样本平均征地面积为4.11亩。具体情况见表2－18。

表 2－18　　失地农民样本的征地面积统计

百分位（%）	面积（亩）	最小值（亩）	样本量（个）	425
1	0.8	0.27	平均值	4.108 918
5	1	0.50	标准差	5.250 761
10	1	0.50	方差	27.570 49
25	2	0.50	偏度	4.313 828
50	3	最大值（亩）	峰度	26.953 89
75	4	30		
90	10	30		
95	12	40		
99	30	50		

如表 2－19 所示，本书按照失地农民样本不愿土地被征用原因的选择，对选项对应数据进行排序，从高到低依次是：补偿低，不划算；没有土地，无事可做；没有任何土地补偿；土地还会升值；手里没有土地，心里不踏实；其他原因。从统计结果可以看出，失地农民失去土地后，最关心的是“补偿款问题和再就业问题”。

表 2－19　　失地农民样本不愿意土地被征收的原因统计

不愿意征地选项	人数（人）	百分比（%）
1. 手里没有土地，心里不踏实	38	8.86
2. 没有土地，无事可做	65	15.15
3. 补偿低，不划算	194	45.22
4. 没有任何土地补偿	61	14.22
5. 土地还会升值	52	12.12
6. 其他原因	19	4.43
总数	429	100.00

失地农民样本对土地征用的满意度调查见表 2－20。从表中看出，64.02% 的失地农民样本回答“非常不满意”或“不满意”，26.87% 的失地农民样本回答“还可以”，9.11% 的失地农民样本回答“满意”或“非常满意”。这说明，失地农民样本对土地征收整体上满意的比例还不到一半，地方政府要重视失地农民对征地的满意度，满意度反映了失地农民对征地的诉求。

表 2－20　　失地农民样本对土地征收的满意度统计

征地满意度	人数（人）	百分比（%）
1. 非常不满意	43	10.05
2. 不满意	231	53.97
3. 还可以	115	26.87
4. 满意	39	9.11
5. 非常满意	0	0
总数	428	100.00

2.3　失地农民样本的就业状况分析

为了全面了解北京地区失地农民就业情况，我们分两个层面对失地农民样本的就业情况进行分析。第一个层面分析失地农民样本的就业率和区域就业率，并通过对失地农民、城市居民和郊区农民样本三者之间的就业情况进行比较，了解失地农民样本的就业概况；第二个层面是从失地农民样本就业的结构方面进行分析，对失地农民样本的就业领域、就业单位、就业岗位等进行分析。

2.3.1　失地农民就业率分析

在北京居民调查问卷中，作者把失地农民样本的就业情况分为：稳定工作、个体经商、务农、“临时工”、退休或离休、待业和其他职业等类别。根据国家劳动和社会保障部关于就业的定义[①]，在调查问卷中选择“退休或离休”的样本不计入已就业和失业人员范畴，选择“务农”“个体经商”“稳定工作”“临时工”的计入已经就业人员范畴，选择“待业”

① 劳动和社会保障部网站公布的声明称已对就业人员的劳动年龄进行了重新界定。“就业人员”指在法定劳动年龄内（男 16～60 岁，女 16～55 岁），从事一定的社会经济活动，并取得合法劳动报酬或经营收入的人员。其中，劳动报酬达到和超过当地最低工资标准的，为充分就业；劳动时间少于法定工作时间，且劳动报酬低于当地最低工资标准、高于城镇居民最低生活保障标准，本人愿意从事更多工作的，为不充分就业。“失业人员”指在法定劳动年龄内，有就业能力、无业且要求就业而未能就业的人员。其中，虽然从事一定社会劳动，但劳动报酬低于当地城镇居民最低生活保障标准的，视同失业。劳动和社会保障部网址：http//www.lm.gov.cn。2003 年 5 月 10 日浏览。

和“其他职业”的计入失业范畴。

失地农民样本的就业情况如表2－21所示。失地农民样本的就业率为94.65%，失业率为4.38%。在已就业的失地农民样本中，54.01%有稳定工作，11.92%的就业状态为个体经商，8.76%的就业状态为务农及相关行业。在失地农民样本中，4.38%的就业状态为待业及其他职业。

表2－21　失地农民样本就业情况统计

就业情况	人数（人）	百分比（%）
1. 稳定工作	222	54.01
2. 个体经商	49	11.92
3. 务农	36	8.76
4. “临时工”	82	19.95
5. 退休、离休	4	0.97
6. 待业及其他职业	18	4.38
总数	411	100.00

如表2－22所示，失地农民、城市居民和郊区农民样本的就业率分别为94.65%、94.78%和93.30%。这说明，郊区农民样本的就业率相对较低，城市居民样本的就业率相对较高。在城市居民样本中，75.82%有稳定工作，14.70%从事个体经商，待业的比例为2.18%；在郊区农民样本中，6.09%从事农业，14.84%从事个体经商，67.25%有稳定工作，待业的比例为6.00%；在失地农民样本中，8.76%务农，11.92%从事个体经商，54.01%有稳定工作，待业的比例为4.38%。经比较发现，失地农民样本的待业率介于城市居民和郊区农民样本之间。

表2－22　不同类型居民样本的就业情况统计

就业情况	失地农民	城市居民	郊区农民	总数
1. 稳定工作（人）	222	1 599	295	2 076
占比（%）	54.01	75.82	52.03	67.25
2. 个体经商（人）	49	310	99	458
占比（%）	11.92	14.70	17.46	14.84
3. 务农（人）	36	51	101	188
占比（%）	8.76	2.42	17.81	6.09

续表

就业情况	失地农民	城市居民	郊区农民	总数
4. “临时工”（人）	82	39	34	155
占比（%）	19.95	1.85	6.00	5.02
5. 退休、离休（人）	4	64	4	72
占比（%）	0.97	3.03	0.71	2.33
6. 待业及其他职业（人）	18	46	34	98
占比（%）	4.38	2.18	6.00	3.17
总数（人）	411	2 109	567	3 087
占比（%）	100.00	100.00	100.00	100.00

调查结果显示，郊区和中心城区失地农民样本的就业率分别为94.89%和93.81%，中心城区失地农民样本的就业率低于郊区失地农民1.08个百分点。郊区失地农民样本待业率和中心城区失地农民样本待业率分别为4.78%和3.09%，郊区失地农民样本的待业率高出中心城区1.29个百分点。郊区失地农民样本继续务农的比例高出中心城区3.36个百分点。经比较发现，中心城区有稳定工作失地农民样本的比例略高于郊区失地农民样本。郊区和中心城区失地农民样本的就业情况见表2-23。

表2-23　　　　不同区域失地农民样本的就业情况统计

就业情况	郊区失地农民	中心城区失地农民	总数
1. 稳定工作（人）	154	68	222
占比（%）	49.04	70.10	54.01
2. 个体经商（人）	37	12	49
占比（%）	11.78	12.37	11.92
3. 务农（人）	30	6	36
占比（%）	9.55	6.19	8.76
4. “临时工”（人）	77	5	82
占比（%）	24.52	5.15	19.95
5. 退休、离休（人）	1	3	4
占比（%）	0.32	3.09	0.97
6. 待业及其他职业（人）	15	3	18
占比（%）	4.78	3.09	4.38
总数（人）	314	97	411
占比（%）	100.00	100.00	100.00

2.3.2 失地农民样本的就业行业分析

如表2－24所示，失地农民样本就业率大于10%的行业是物业管理和保洁业（41.36%）以及其他行业（15.57%），其他行业的具体内容问卷中没有进一步涉及，所以这里把不在本研究所列的行业就业统一归纳为其他行业就业。

表2－24 失地农民样本的就业行业统计

就业行业	人数（人）	百分比（%）
1. 农、林、牧、渔业	33	8.03
2. 采掘业	7	1.70
3. 制造业	25	6.08
4. 建筑业	22	5.35
5. 餐饮娱乐业	18	4.38
6. 旅游业	2	0.49
7. 交通运输业、仓储和邮政业	33	8.03
8. 批发零售业	11	2.68
9. 房地产业	4	0.97
10. 金融保险业	4	0.97
11. 物业管理和保洁业	170	41.36
12. 教育卫生等事业单位	4	0.97
13. 政府机关社团和研究机构	14	3.41
14. 其他行业	64	15.57
总数	411	100.00

如果把失地农民样本的就业行业按第一、二、三产业进行分类，分类标准参见《国民经济行业分类》（GB/T4754－2011）①。调查结果显示，失地农民样本目前在第一、二、三产业的就业比例分别为8.03%、13.14%

① 根据《国民经济行业分类》（GB/T4754－2011），三次产业划分范围是：第一产业指农、林、牧、渔业。第二产业指采矿业，制造业，电力、燃气及水的生产和供应业，建筑业。第三产业指除第一、二产业以外的其他行业。第三产业包括：交通运输、仓储和邮政业，信息传输、计算机服务和软件业，批发和零售业，住宿和餐饮业，金融业，房地产业，租赁和商务服务业，科学研究、技术服务和地质勘查业，水利、环境和公共设施管理业，居民服务和其他服务业，教育，卫生、社会保障和社会福利业，文化、体育和娱乐业，公共管理和社会组织，国际组织。

和 78.83% 。这说明，失地农民样本主要在第三产业就业。

为便于统计分析，本书尽可能使用第一、第二、第三产业作为失地农民样本就业行业的划分标准。具体划分情况见表 2 – 25。

表 2 – 25　　　失地农民样本就业产业统计

就业产业	人数（人）	百分比（%）
1. 第一产业	33	8.03
2. 第二产业	54	13.14
3. 第三产业	324	78.83
总数	411	100.00

表 2 – 26 表明，郊区和中心城区失地农民样本在第一产业就业的比例分别为 8.86% 和 5.26% ，在第二产业的就业比例分别为 12.97% 和 13.68% ，在第三产业的就业比例分别为 78.16% 和 81.05% 。上述数据说明，郊区失地农民样本在第一产业的就业比例高出中心城区失地农民样本 3.60 个百分点，在第二产业的就业比例与中心城区失地农民样本没有明显差异，在第三产业的就业比例明显低于中心城区失地农民样本。

表 2 – 26　　　不同区域失地农民样本就业产业统计

就业产业	郊区失地农民	中心城区失地农民	总数
1. 第一产业（人）	28	5	33
占比（%）	8.86	5.26	8.03
2. 第二产业（人）	41	13	54
占比（%）	12.97	13.68	13.14
3. 第三产业（人）	247	77	324
占比（%）	78.16	81.05	78.83
总数（人）	316	95	411
占比（%）	100.00	100.00	100.00

根据表 2 – 27 所示，失地农民、城市居民和郊区农民样本在第一产业的就业比例分别为 8.03% 、4.73% 和 17.12% ，在第二产业的就业比例分别为 13.14% 、22.05% 和 19.46% ，在第三产业的就业比例分别为 78.83% 、73.22% 和 63.42% 。通过对上述三类居民样本的就业产业进行比较发现，郊区农民和失地农民样本在第一产业的就业比例明显高于城市

居民；在第二产业，城市居民样本的就业比例高于失地农民和郊区农民样本，郊区农民样本的就业比例略高于失地农民样本；在第三产业，失地农民样本的就业比例高于城市居民和郊区农民样本，失地农民样本在第三产业的就业比例高出城市居民样本 5.61%，高出郊区农民样本 15.41%，城市居民样本在第三产业的就业比例高出郊区农民样本 9.80 个百分点。

表 2－27　　失地农民、城市居民和郊区农民样本就业行业统计

就业产业	失地农民	城市居民	郊区农民	总数
1. 第一产业（人）	33	99	95	227
占比（%）	8.03	4.73	17.12	7.43
2. 第二产业（人）	54	461	108	623
占比（%）	13.14	22.05	19.46	20.38
3. 第三产业（人）	324	1 531	352	2 207
占比（%）	78.83	73.22	63.42	72.19
总数（人）	411	2 091	555	3 057
占比（%）	100.00	100.00	100.00	100.00

2.3.3　调查样本的就业单位性质分析

如表 2－28 所示，如果按照失地农民样本就业单位性质从大到小的顺序进行排序，次序依次是：在国有企业就业的比例为 28.78%，在民营企业就业的比例为 22.20%，在其他类型企业就业的比例为 17.56%，个体经商的比例为 14.63%，在行政事业单位就业的比例为 8.05%，在乡镇企业单位就业的比例为 6.34%，在外资企业（含合资企业）就业的比例为 2.44%。这说明失地农民样本主要在个体经营企业、民营企业和国有企业就业。其中，失地农民在国有企业和民营企业就业的比例累计达 50.98%。

表 2－28　　失地农民样本就业单位性质统计

就业单位性质	人数（人）	百分比（%）
1. 行政事业单位	33	8.05
2. 国有企业	118	28.78
3. 民营企业	91	22.20
4. 乡镇企业	26	6.34

续表

就业单位性质	人数（人）	百分比（%）
5. 个体经商	60	14.63
6. 外资企业（含合资企业）	10	2.44
7. 其他类型企业	72	17.56
总数	410	100.00

如表 2－29 所示，郊区和中心城区失地农民样本在行政事业单位的就业比例分别为 6.37% 和 13.54%，在国有企业的就业比例分别为 29.94% 和 25.00%，在民营企业的就业比例分别为 22.93% 和 19.79%，在乡镇企业的就业比例分别为 6.05% 和 7.29%，个体经商的比例为 14.65% 和 14.58%，郊区和中心城区失地农民样本在外资企业（含合资企业）的就业比例都比较低，就业比例分别为 1.59% 和 5.21%。通过对郊区和中心城区失地农民样本就业单位性质的比较发现，郊区失地农民样本在乡镇企业（集体企业）的就业比例略低于中心城区失地农民样本，在个体经营企业就业的比例与中心城区失地农民样本相当。郊区失地农民样本在国有企业的就业比例明显高于中心城区失地农民样本。这说明，国有企业是郊区失地农民样本主要的就业方向之一；另外，郊区失地农民样本在其他性质企业的就业比例也明显高于中心城区失地农民样本，不过其他性质企业还需进一步研究。

表 2－29　　不同区域失地农民样本就业单位性质统计

就业单位性质	郊区失地农民	中心城区失地农民	总数
1. 行政事业单位（人）	20	13	33
占比（%）	6.37	13.54	8.05
2. 国有企业（人）	94	24	118
占比（%）	29.94	25.00	28.78
3. 民营企业（人）	72	19	91
占比（%）	22.93	19.79	22.20
4. 乡镇企业（人）	19	7	26
占比（%）	6.05	7.29	6.34
5. 个体经商（人）	46	14	60
占比（%）	14.65	14.58	14.63

续表

就业单位性质	郊区失地农民	中心城区失地农民	总数
6. 外资企业（含合资企业）（人）	5	5	10
占比（%）	1.59	5.21	2.44
7. 其他性质企业（人）	58	14	72
占比（%）	18.47	14.58	17.56
总数（人）	314	96	410
占比（%）	100.00	100.00	100.00

如表 2－30 所示，失地农民、城市居民和郊区农民样本在行政事业单位就业的比例分别为 8.05%、30.14% 和 11.01%，在国有企业就业的比例分别为 28.78%、27.75% 和 14.44%，在民营企业就业的比例分别为 22.20%、14.78% 和 19.68%，在乡镇企业（集体企业）就业的比例分别为 6.34%、2.25% 和 5.23%，在个体经营企业就业的比例分别为 14.63%、14.98% 和 23.10%，在外资企业（含合资企业）就业的比例分别为 2.44%、4.11% 和 5.78%。通过对不同类型居民就业单位性质的比较发现，郊区农民和失地农民样本在乡镇企业（集体企业）的就业比例明显高于城市居民样本，在民营企业的就业比例也高于城市居民样本，郊区农民在个体经营企业的就业比例明显高于城市居民和失地农民样本。这说明，郊区农民样本在个体经营企业就业的比例相对较高，城市居民和失地农民样本在国有企业的就业比例明显高于郊区农民样本，在外资企业的就业比例略低于郊区农民样本。

表 2－30　失地农民、城市居民和郊区农民样本就业单位性质统计

就业单位性质	失地农民	城市居民	郊区农民	总数
1. 行政事业单位（人）	33	630	61	724
占比（%）	8.05	30.14	11.01	23.71
2. 国有企业（人）	118	580	80	778
占比（%）	28.78	27.75	14.44	25.47
3. 民营企业（人）	91	309	109	509
占比（%）	22.20	14.78	19.68	16.67
4. 乡镇企业（人）	26	47	29	102
占比（%）	6.34	2.25	5.23	3.34

续表

就业单位性质	失地农民	城市居民	郊区农民	总数
5. 个体经商（人）	60	313	128	501
占比（%）	14.63	14.98	23.10	16.40
6. 外资企业（含合资企业）（人）	10	86	32	128
占比（%）	2.44	4.11	5.78	4.19
7. 其他性质企业（人）	72	125	115	312
占比（%）	17.56	5.98	20.76	10.22
总数（人）	410	2 090	554	3 054
占比（%）	100.00	100.00	100.00	100.00

2.3.4 调查样本的就业岗位分析

如表2－31所示，失地农民样本的就业岗位按照就业比例的高低排序如下：担任商业、服务人员的比例为30.58%，担任普通工作人员的比例为20.15%，专业技术人员的比例为14.08%，担任单位负责人的比例为10.92%，从事农业劳动和无固定职业人员的比例都为6.55%，从事个体经商的比例为5.83%，担任生产、运输设备操作人员及有关人员的比例为5.34%。通过对失地农民样本就业岗位的比较发现，大部分失地农民样本是商业、服务业人员和普通工作人员，两类岗位人员占比累计达50.73%。居民所在的就业岗位一般与受教育程度有关，这几类居民在不同就业岗位上的比例应该也与居民的受教育程度高低有关。

表2－31　　失地农民样本就业岗位统计

就业岗位	人数（人）	百分比（%）
1. 单位负责人	45	10.92
2. 专业技术人员	58	14.08
3. 普通工作人员	83	20.15
4. 商业、服务人员	126	30.58
5. 生产、运输设备操作人员及有关人员	22	5.34
6. 个体经商户	24	5.83
7. 农业劳动者	27	6.55
8. 无固定职业	27	6.55
总数	412	100.00

如表 2－32 所示，郊区和中心城区失地农民样本担任单位负责人的比例分别为 7.30% 和 22.68%，担任专业技术人员的比例分别为 14.60% 和 12.37%，担任普通工作人员的比例分别为 16.83% 和 30.93%，担任商业、服务人员的比例分别为 36.51% 和 11.34%，担任生产、运输设备操作人员及有关人员的比例为 4.76% 和 7.22%，从事个体经商的比例分别为 6.35% 和 4.12%，从事农业劳动的比例分别为 7.94% 和 2.06%，无固定职业人员的比例分别为 5.71% 和 9.28%。通过对失地农民样本就业岗位的比较发现，中心城区失地农民样本担任单位负责人的比例高出郊区 15.38%，担任专业技术人员的比例低于郊区失地农民 2.23 个百分点，从事普通工作的人员比例高出郊区失地农民 14.10%，担任商业、服务人员的比例低于郊区 25.17 个百分点，担任生产、运输设备操作人员及有关人员的比例高出郊区 2.48%，从事个体经商的比例低于郊区失地农民 2.23%，说明郊区失地农民样本的创业激情大于中心城区失地农民样本。中心城区失地农民样本无固定职业人员的比例高，而郊区失地农民样本从事农业劳动的比例高于中心城区失地农民样本，出现这种现象可能与郊区失地农民样本更愿意就近工作，而郊区就近工作的就业机会明显低于中心城区有关。

表 2－32　　不同区域失地农民样本就业岗位统计

就业岗位	郊区失地农民	中心城区失地农民	总数
1. 单位负责人（人）	23	22	45
占比（%）	7.30	22.68	10.92
2. 专业技术人员（人）	46	12	58
占比（%）	14.60	12.37	14.08
3. 普通工作人员（人）	53	30	83
占比（%）	16.83	30.93	20.15
4. 商业、服务人员（人）	115	11	126
占比（%）	36.51	11.34	30.58
5. 生产、运输设备操作人员及有关人员（人）	15	7	22
占比（%）	4.76	7.22	5.34
6. 个体经商户（人）	20	4	24
占比（%）	6.35	4.12	5.83

续表

就业岗位	郊区失地农民	中心城区失地农民	总数
7. 农业劳动者（人）	25	2	27
占比（%）	7.94	2.06	6.55
8. 无固定职业（人）	18	9	27
占比（%）	5.71	9.28	6.55
总数（人）	315	97	412
占比（%）	100.00	100.00	100.00

如表2－33所示，失地农民、城市居民和郊区农民样本担任单位负责人的比例分别为10.92%、28.70%和10.85%，担任专业技术人员的比例分别为14.08%、18.88%和13.74%，担任普通工作人员的比例分别为20.15%、28.70%和21.16%，担任商业、服务人员的比例分别为30.58%、6.66%和10.49%，担任生产、运输设备操作人员及有关人员的比例为5.34%、4.74%和10.49%，从事个体经商的比例分别为5.83%、8.48%和12.48%，从事农业劳动的比例分别为6.55%、1.25%和14.10%，无固定职业人员的比例分别为6.55%、2.59%和6.69%。

通过对失地农民样本从事不同岗位工作的比较发现，城市居民样本担任单位负责人的比例高出失地农民样本17.78个百分点，高出郊区农民样本17.85个百分点，这种情况可能与城市居民样本受教育程度及社会资本的积累情况有关。城市居民担任专业技术人员的比例高出失地农民4.8个百分点，高出郊区农民样本5.14个百分点，失地农民、城市居民和郊区农民样本三者之间的差异非常明显，这种差异可能与居民的人力资本和社会资本等因素有关。城市居民样本担任普通工作人员的比例高出失地农民8.55个百分点，高出郊区农民样本7.54个百分点。这说明城市居民样本担任普通工作人员的比例明显高于失地农民和郊区农民样本。失地农民样本担任商业、服务人员的比例高于城市居民和郊区农民样本，郊区居民样本担任生产、运输设备操作人员及有关人员的比例相对较高。郊区农民样本从事个体经营的比例高于失地农民和城市居民样本，城市居民样本的比例又高于失地农民样本。郊区农民样本从事农业劳动的比例高于失地农民和城市居民样本，失地农民样本的比例又高于城市居民样本，而且城市居民样本无固定职业人员的比例明显低于失地农民和郊区农民样本。导致这种结果的主要原因是农民在农业劳动方面比较专业，所以他们更愿意从事农业劳动。

表 2－33　　失地农民、城市居民和郊区农民样本就业岗位统计

就业岗位	失地农民	城市居民	郊区农民	总数
1. 单位负责人（人）	45	599	60	704
占比（%）	10.92	28.70	10.85	23.07
2. 专业技术人员（人）	58	394	76	528
占比（%）	14.08	18.88	13.74	17.30
3. 普通工作人员（人）	83	599	117	799
占比（%）	20.15	28.70	21.16	26.18
4. 商业、服务人员（人）	126	139	58	323
占比（%）	30.58	6.66	10.49	10.58
5. 生产、运输设备操作人员及有关人员（人）	22	99	58	179
占比（%）	5.34	4.74	10.49	5.87
6. 个体经商户（人）	24	177	69	270
占比（%）	5.83	8.48	12.48	8.85
7. 农业劳动者（人）	27	26	78	131
占比（%）	6.55	1.25	14.10	4.29
8. 无固定职业（人）	27	54	37	118
占比（%）	6.55	2.59	6.69	3.87
总数（人）	412	2 087	553	3 052
占比（%）	100.00	100.00	100.00	100.00

2.3.5　已就业失地农民工资收入与工作满意度分析

如表 2－34 所示，失地农民、城市居民、郊区农民样本的总平均月工资为 8 550.53 元。通过比较发现，失地农民平均月工资比城市居民低，比郊区农民高，失地农民的平均月工资比总样本平均月工资略低，城市居民的平均月工资高于失地农民和郊区农民。这说明，北京市区与郊区平均月工资之间还是存在一定差距，不过本书所指的工资收入是指每月的劳动所得，不包括家庭的房租收入等。

表 2－34　失地农民、城市居民、郊区农民样本平均月工资收入统计

居民类型	平均值（元）	标准差（元）	人数（人）
失地农民	4 468.034	4 977.868	412
城市居民	9 886.42	25 977.84	2 086
郊区农民	6 549.275	10 817.38	552
总数	8 550.525	22 139.71	3 050

如表 2－35 所示，郊区失地农民样本的平均月工资为 3 832.98 元，中心城区失地农民样本为 6 530.31 元，中心城区失地农民样本的平均月工资高于郊区失地农民样本。经比较发现，郊区失地农民样本与中心城区失地农民样本平均月工资之间存在一定差异，当然差异产生的部分原因在于中心城区的生活成本明显高于近郊区县，低工资没法招聘到员工有关。

表 2－35　郊区与中心城区失地农民样本平均月工资收入统计

居民所属区域	均值（元）	标准差（元）	人数（人）
郊区失地农民	3 832.984	3 996.999	315
中心城区失地农民	6 530.309	6 943.37	97
平均月工资	4 468.034	4 977.868	412

如表 2－36 所示，失地农民、城市居民和郊区农民样本在工作满意度上选择“满意”“较满意”和“一般”的比例分别为 90.93%、96.47% 和 91.70%。选择“很不满意”的比例分别为 0.98%、0.74% 和 2.03%。经比较发现，失地农民样本的工作满意度比城市居民和郊区农民样本低，比城市居民样本低 5.54 个百分点，比郊区农民样本低 0.77 个百分点。选择“很不满意”的比例中，郊区农民样本的比例高于失地农民样本和城市居民样本，失地农民样本“很不满意”的比例又高于城市居民样本。经比较发现，失地农民样本选择工作“满意”和“较为满意”的占比相对来说略低于非失地农民样本。

表 2－36　失地农民、城市居民、郊区农民样本工作满意度统计

工作满意度	失地农民	城市居民	郊区农民	总数
满意（人）	107	789	121	1 017
占比（%）	26.23	38.70	22.32	34.02

续表

工作满意度	失地农民	城市居民	郊区农民	总数
较满意（人）	91	672	162	925
占比（%）	22.30	32.96	29.89	30.95
一般（人）	173	506	214	893
占比（%）	42.40	24.82	39.48	29.88
不满意（人）	33	57	34	124
占比（%）	8.09	2.80	6.27	4.15
很不满意（人）	4	15	11	30
占比（%）	0.98	0.74	2.03	1.00
总人数	408	2 039	542	2 989
占比（%）	100.00	100.00	100.00	100.00

2.4 结论

本章主要对失地农民调查样本的就业情况进行描述性统计，得出主要结论如下：

（1）失地农民样本目前的就业率为94.65%，失业率为4.38%，郊区和中心城区失地农民样本的就业率分别为94.89%和93.81%。失地农民、城市居民和郊区农民样本的就业率分别为94.65%、94.78%和93.30%，失地农民样本的待业率介于城市居民和郊区农民样本之间。

（2）失地农民样本主要在第三产业就业。根据2015年的调查数据发现，失地农民样本在第一、二、三产业的就业比例分别为8.03%、13.14%和78.83%。这说明，第三产业是失地农民样本就业的主要行业。从2008年的统计结果来看，2015年失地农民样本就业不断从第一产业向第二、三产业转移。郊区和中心城区失地农民样本在第一产业就业的比例分别为8.86%和5.26%，在第二产业的就业比例分别为12.97%和13.68%，在第三产业的就业比例分别为78.16%和81.05%。郊区农民和失地农民样本在第一产业的就业比例高于城市居民样本；在第二产业，城市居民样本的就业比例高于失地农民和郊区农民样本；在第三产业，失地农民样本的就业比例高于城市居民和郊区农民样本。

（3）失地农民样本主要在个体经营企业、民营企业和国有企业就业。其中，在国有企业和民营企业就业的比例累计达 50.98%。郊区失地农民样本在乡镇企业（集体企业）的就业比例略低于中心城区失地农民样本，在个体经营企业就业的比例与中心城区失地农民样本相当。郊区失地农民样本在国有企业的就业比例高于中心城区失地农民样本。这说明，国有企业是郊区失地农民样本主要的就业方向之一。

（4）目前大部分失地农民样本是商业、服务人员和普通工作人员，担任这两职位的比例累计达 50.73%。中心城区失地农民样本担任单位负责人的比例高出郊区 15.38%，担任专业技术人员的比例低于郊区失地农民样本 2.23 个百分点，担任普通工作人员的比例高出郊区失地农民样本 14.10%，中心城区失地农民样本无固定职业人员的比例高，而郊区失地农民样本从事农业劳动的比例明显高于中心城区失地农民样本。

（5）北京市区与郊区平均月工资之间存在差异，失地农民样本平均月工资比城市居民样本低，要高于郊区农民样本，城市居民样本的平均月工资高于郊区农民样本。郊区失地农民与中心城区失地农民样本平均月工资之间也存在明显差异。失地农民样本的工作满意度比城市居民和郊区农民样本低。

3. 失地农民人力资本与其就业的关系研究

3.1 问题的提出

当前我国经济已步入新常态，在该背景下，产业结构深度优化，人口红利逐渐消失，同时土地城镇化向人口城镇化和新型城镇化方向推进，农业人口加速转移，这就需要找到现有劳动力供需结构矛盾的核心，解决好迁移农民的就业问题，为我国经济新常态注入新的活力。为此，李克强总理在2014年的政府工作报告中明确提出，今后一个时期要着重解决好“三个1亿人”问题。其中，包括促进约1亿农业转移人口落户城镇，引导约1亿人在中西部地区就近城镇化。失地农民就是城镇化进程中的一个特殊群体。中国社科院发布的《2011年中国城市发展报告》显示，截至2010年，中国失地农民的总量已经达到4 000万~5 000万人，而且每年仍以约300万人的速度递增，预估到2030年时将增至1.1亿人左右。报告还显示，60%的失地农民存在生活困难，81%的失地农民对未来生活充满忧虑。就业乃民生之本，如何促进失地农民再就业，将他们转换成现实生产力，是目前全社会关注的焦点。特别是在新常态背景下，特大城市的产业结构要实现优先升级，产业结构的升级务必带动就业结构的转变，然而特大城市失地农民在寻找工作的过程中要受到城市因为产业布局调整，企业外迁或产业升级的冲击，相比非特大型城市和地区，这些劳动者拥有次要劳动力市场的技能，却往往要面临主要劳动力市场更加残酷的竞争，因此研究新常态背景下特大城市失地农民的就业问题有助于失地农民就业问题的解决，有助于推进我国新型城镇化建设，同时对非特大城市失地农民就业问题的解决具有一定的借鉴和示范作用。

3.2 文献综述

从 20 世纪 30 年代开始，欧美发达国家就有农民非农就业研究的成果出现。不过，国外文献并没有失地农民（Land-lost Farmers）这个概念，学者对农民非农就业问题的研究是建立在较规范的市场经济基础上，因此相关研究主要探讨在劳动力市场充分竞争的情况下，农民非农就业与城镇化、人力资本、土地地租和经济收入等因素之间的关系，其研究重点主要集中在农民的迁移和流动方面。在理论研究方面，比较著名的有 Lewis、Ranis 和 Fei（1954）、Harris 和 Todaro（1970）等的农村剩余劳动力理论，这些理论都是从成本—效益的角度来解释人们的迁移和流动行为，认为农民迁移和流动与城镇化和工业化有着密切的联系，农民迁移和流动是为了获得更多的经济机会。在实证研究方面，有学者从人力资本视角开展相关研究，如 Knight、Song（1999）和 Laszlo（2008）研究发现，受教育程度对农民就业机会产生积极影响，教育增加了农民非农就业的概率。从早期简单的 OLS 分析（Luft，1975）和发展到后来的联立方程估计（Lee，1982）以及 Heckman 两阶段估计模型（Chirikos 和 Nestel，1985；Stern，1996）等，所得结论都支持人力资本积累对非农就业的正向影响。

21 世纪初，国内学者开始关注我国失地农民的就业问题。已有研究文献有从制度方面进行分析（费孝通，1998；马驰等，2005；翟年祥和项光勤，2012），有从就业问题的对策入手开展研究（冀县卿和钱忠好，2011），部分学者从人力资本或者社会资本开展研究。例如，在人力资本研究方面，黄祖辉和俞宁（2007）的研究结果显示，技能培训经历、雇佣关系、对培训效果的看法以及培训时间等变量，对失地农民的培训意愿在统计上有显著的影响。谢勇（2010）的研究结果显示，人力资本水平的提高对于促进失地农民实现各种形式的非农就业具有显著的积极影响，而年龄偏大的失地农民更容易失业。陈浩和陈雪春（2013）的研究结果显示，人力资本是造成失地农民群体就业分化的核心因素，而征地用途、补偿方式等征地因素对失地农民就业行为演化也构成了一定影响。李国梁和钟奕（2013）从人力资本理论的角度分析了职业培训是解决失地农民就业问题的关键。陈丹等（2014）运用安徽省实地调查数据，建立计量模型对失地农民再就业影响因素进行计量分析，结果显示，人力资源要素对失地农民再就业有非常显著的正向影响。

上述文献在研究失地农民就业问题上取得了重要的进展，但依然存在一些不足之处，主要体现在：首先国外文献并没有失地农民这个概念，相关研究是建立在规范市场经济和农民自由就业的基础上分析，人力资本对城镇化进程中的农民非农就业问题的影响，国外的研究成果对解决我国失地农民就业问题有一定启示，但是和我国情况有很大不同。国内研究有从人力资本角度研究失地农民的就业问题，但多是研究中小城市失地农民的就业问题，像北京这样特大型城市失地农民的就业情况少有文献涉及。其次，以往研究都是基于某一次的调查数据来研究失地农民的就业问题，很少对同一地区进行跟踪调查，跟踪调查数据更能反映失地农民的就业变化。为此，本书以我国特大城市——北京地区的失地农民为研究对象，以 2008 年金融危机期和 2015 年经济调整期两次失地农民调查为研究样本，基于人力资本的视角，对失地农民的就业情况进行研究。

3.3 研究假设与模型构建

3.3.1 研究假设

20 世纪 60 年代初，舒尔茨（Thodore W. Schults）率先提出劳动者对于正规教育、培训、迁移和健康投资最终会形成个人的“人力资本”，人力资本作为一种人格化的知识和技能，将使其拥有者在劳动力市场中获得更高的收益和回报。人力资本理论提出以后，以知识经济为背景的“经济增长理论”在欧美国家兴起，学者们通过构建规范的经济增长模型，把人力资本变量纳入增长模型。20 世纪 90 年代，知识经济已经成为经济发展的主导形式，这使得人力资本理论研究迈入了一个新阶段。例如，贝克尔

(Garys Becker) 在1964年的《人力资本》一书中对个体人力资本形成过程中正规教育、在职培训和其他人力资本投资的支出与收入，以及年龄—收入曲线等方面展开研究，强调教育与培训对形成人力资本的重要作用。20世纪末和21世纪初，国内外学者都在积极关注人力资本对就业的影响。例如，Yang (2002) 根据利益最大化的模型研究发现，教育和培训能显著提高个人的劳动生产力，受教育程度高的劳动力从事非农就业的机会多于受教育程度低的劳动力。斯威德伯格 (2005) 的研究成果表明，个人能力是影响被雇佣情况的主要因素。Rauch等 (2005) 利用德国119家企业的数据分析了企业主的人力资本，员工的人力资本、人力资源的开发和利用对小型企业就业增长的影响，研究发现，企业家和员工的教育、职业培训、工作经验和健康情况与小型企业就业增长之间呈现显著的正相关关系；当企业员工的人力资本比较高，人力资源开发和利用将变得最为有效。姚先国 (2006) 的研究结果显示，文化程度、职业培训年限、年龄和工作经验经历与农民工成为公司职员和在服务业、工业和建筑业就业的概率成正比。当然，随着我国城镇化进程的加快，关于失地农民人力资本与其就业情况的研究也逐步引起学者的关注。例如，陈浩等 (2013) 的研究成果表明，在失地农民再就业过程中，人力资本的作用也是非常明显的。基于以上分析，我们提出假设H1—H4。

H1：失地农民的受教育程度与其就业机会、职业选择和就业岗位相关。受教育程度越高，失地农民就业机会越多，越容易实现再就业。

H2：失地农民的职业培训与其就业机会、职业选择和就业岗位正相关。失地农民接受过职业培训，更容易实现再就业。

H3：失地农民的就业经验与其就业机会、职业选择和就业岗位正相关。失地农民就业经验越多，越容易实现再就业。

H4：失地农民的健康与其就业机会、职业选择和就业岗位正相关。失地农民身体越健康，越容易实现再就业。

3.3.2 模型构建

根据上文假设，本书构建模型中，被解释变量是工作情况。具体来说，我们通过两个途径刻画工作情况：一是有就业能力的情况下，是否就业；二是就业者从事什么类型的岗位。基于这样的研究内容，因变量指标的选择需要有两种，即二值分类变量和多分类因变量，需要建立二值和定序 Logit 回归模型。通过对各种要素进行分类和筛选，引入影响失地农民就业的人力资本变量、社会资本变量，以及其他相关控制变量，见式（3-1）。

$$\ln\left(\frac{P}{1-P}\right)=\alpha+\beta_1x_1+\beta_2x_2+\cdots+\beta_nx_n=\alpha+\beta'X \tag{3-1}$$

其中，P 为是否就业的概率；X 为解释变量和控制变量；α、β 分别为截距项和自变量系数。

在验证就业单位方面，被解释变量是一个多值选择变量，因此要用到多分类无序自变量的 Logistic 回归（Multinomial Logistic Regression，缩写为 MLR）模型。对多分类无序因变量采用基准类比的方法，即选出基准类，然后将它的发生概率与其他各类情况的发生概率对比，得到一组对数比率方程。其回归系数表示与基准类的概率相比，某一类情况发生概率的变化量。如果得到负值，则说明与这一类概率相比，基准类情况发生的概率更大。

3.4 实证分析

3.4.1 指标选取

（1）解释变量。结合已有文献结论和微观调查数据，选择解释变量的过程主要基于人力资本学派理论。该学派的主要代表 Schultz（1960）和 Becker（1965）都认为，人力资本包括教育、健康、迁徙和在职培训。Blinder（1976）、Snell（2002）等规范性地分析了人力资本对家庭内部分工、劳动与就业的影响。国内大量已有研究都为人力资本的测量指标做了明确的界定，本书采用前人规范的评价指标，即受教育程度、工作经验、培训和身体健康状况这几个解释变量作为人力资本测量指标。

受教育程度，主要是指失地农民失地前接受正规教育的情况，用接受教育年限量衡量。**培训**，主要指失地农民失地前或失地后所接受过的职业培训状况。考察指标为是否接受过职业培训，以及接受过培训的大概时间，时间用“天”来衡量。**工作经验，**主要是指失地农民已有的工作经历，包括务农经历、工作经历或打工经历等，这里用年来衡量，属于连续性变量。**健康状况，**主要指失地农民失地时的身体健康状况，这里主要是失地农民主观性的评价，自己认为目前的身体状况如何。评价指标值按照五级量表确定。

（2）控制变量。我们从三个角度入手对控制变量进行选择：一是其他与劳动者就业相关，但是未纳入解释变量的指标，包括求职途径和党员身份。显然，求职途径体现了劳动者职位搜寻方式的差异，在一定程度上体现了劳动者在就业方面的社会资本水平。党员身份则更多是对人力资本度量的补充，因为能被吸纳到党员团队的劳动者大多在思想水平、工作能力等其他方面的综合实力要强一些，但这一颇具国情特色的变量却难以在经典人力资本文献中找到，所以选择该控制变量，一方面和中国的实际情况更加吻合，另一方面减少了变量缺失造成的模型精确度降低。二是劳动者个人特征指标，包括年龄、性别、婚姻状况。需要说明的是，党员身份也可以作为个人特征指标进行测度，但是本书所指的个人特征主要是指自然状态下形成的、与社会政治经济形态关系不大的指标。三是劳动者家庭特征指标，家庭规模。根据第二部分提到的家庭经济学理论，一个家庭的家庭规模往往对个人的职业选择有一定影响，因为家庭规模影响家庭劳动分工，有酬劳动和无酬劳动的分担就会发生变化，进而影响劳动者的职业选择。

（3）模型的具体形式及相关的估计变量。模型具体形式见式（3-2）：

$$\begin{aligned}\ln W_{it} &= \gamma_t + \beta X_{it} + \Phi Z_{it} + u_i \\ &= \gamma_t + \beta_1 edu_{it} + \beta_2 exp_{it} + \beta_3 t_{it} + \beta_4 h_{it} + \beta_5 p_{it} + \beta_6 r_{it} \\ &\quad + \beta_7 a_{it} + \beta_8 s_{it} + \beta_9 m_{it} + \beta_{10} po_{it} + \beta_{11} su_{it} + u_i \end{aligned} \tag{3-2}$$

其中，W 表示工作机会，如果是二值变量，设有工作为 1，否则为 0。如果是多值变量，包括以下几类：无工作，有工作且在农业部门工作，有工作、在非农部门工作。X 为解释变量；Z 为控制变量。初步设计的解释变量为：edu 代表受教育程度，根据学历水平转化为连续型变量受教育年限，文盲设为 0，小学设为 6，初中设为 12，以此类推，开口组取组中值；exp 代表工作经验，用累计工作年限代表；ti 代表工作培训情况，用工作培训天数代表；h 表示健康状况，采用五级量表形式，5 表示很健康，1 表示健康状况很差。控制变量主要有：s 代表性别，1 为女性，0 为男性；a 代表年龄；p 代表政治面貌，1 为共产党员，0 为非共产党员①；r 代表户籍，分为三类，农村户口、小城市户口和大城市户口，用虚拟变量设置；m 代表婚姻状况，1 为已婚，0 为未婚；po 代表家庭人口数量；su 代表家庭劳动力人口数量；u 代表误差项。

3.4.2 描述性统计

为了对数据有初步了解，我们对公式（3－1）中的变量进行了描述性统计（见表 3－1），研究发现，90.7% 的失地农民是有工作的。一方面，这表明城市政府对于原来从事农业生产的所谓“种田无地、上班无岗”失地农民给予了一定的帮助，通过就地安置、招工安置、住房安置多种途径帮助他们再就业或创业。另一方面，大城市农民失地大多有两个原因，一是旧城改造，二是郊区扩建，这些活动本身就是扩展市场、招商引资的过程，加之大城市劳动力市场发达，就业岗位多、就业面宽，为失地农民再就业或者独立创业提供了条件。

失地农民的平均受教育年限为 10.8 年，略高于全国 15 岁以上人口平均水平（9.4 年），这与研究对象有关，受到城区经济文化辐射，大城市周边人群受教育程度一般较高。失地农民平均每年参加培训时间为 15.2 天，高出用 CHIPs 数据计算的全国平均水平 10 天左右，但标准差非常大。也就是说，没有参加过培训的人占比为 24.6%，而 35.4% 的人只是接受了一些宣传性的培训。另外，失地农民的平均工作年限为 17.0 年，健康水平较高。对比 2009 年和 2015 年数据不难发现，失地农民平均受教育年限、参加培训情况都有向好趋势。其中，失地农民平均受教育年限从 2009 年的 9.5 年上升到 2015 年的 11.4 年，而每年参加培训时间从 2009 年的 9.7 天上升到 2015 年的 17.2 天。另外，失地农民的平均工作年限和健康水平两个指标变化不大，分别维持在 17 年和 4（量表得分）左右。

其他代表劳动者个人特征的指标和国内最具代表性的 CHIPs（中国居民收入调查数据库）数据库的平均水平差异不大，女性劳动者占比为

① 其他党派人士在样本中不足 1%，所以直接剔除该样本。

46.9%，而第六次人口普查全国女性经济活动人口占比为48.7%；平均年龄46岁，略高于CHIPs数据库的41岁，原因在于本书主要调查失地农民的情况，被调查者主要为失地农民家庭的“户主”，通过对这些“户主”的调查，才能真正了解失地农民的就业状况，这与本研究的调查目的密切相关；党员占比5.6%，目前中国党员人口占比约为5.3%；农村户口占比40.9%，小城市户口①占比为13.2%，其余失地农民登记为大城市户口。这组数据从一定程度上证明该抽样调查的合理性。

表3-1　　主要变量名称及初步描述统计

变量	均值	标准差	最小值	最大值
w，是否有工作，有为1，没有为0	0.907	0.487	0	1
edu，受教育年限（年）	10.819	2.438	4	16
t，参加培训时间（天）	15.226	9.497	0	51
exp，工作经验（年）	17.032	8.868	0	40
h，健康水平	4.006	0.903	1	5
s，性别，0为男，1为女	0.469	0.447	0	1
a，年龄	46.021	5.557	29	89
p，是否中共党员，是为1，否为0	0.056	0.306	0	1
suh，是否为农村户口，是为1，否为0	0.409	0.426	0	1
grh，是否为小城市户口，是为1，否为0	0.132	0.443	0	1
po，家庭人口数量	3.372	1.694	1	8
Su，家庭劳动力人口数量	1.945	0.179	0	3

3.4.3　实证结果分析

（1）基于二值被解释变量的实证检验分析。首先用被解释变量w1，也就是二值指标“是否有工作”进行实证检验（见表3-2）。为了方便对比，模型1~模型4逐次加入控制变量。

① 我们将北京地区分为两个区，即城区和郊区，为研究需要，本书将北京中心城区的失地农民（2010年以前的城8区：东城区、西城区、崇文区、宣武区、海淀区、朝阳区、丰台区、石景山区，2010年以后调整为城6区，即东城区，西城区，朝阳区，海淀区，丰台区，石景山区）设定为“大城市户口失地农民”，将北京郊区失地农民（门头沟区、房山区、大兴区、通州区、顺义区、昌平区、平谷区、怀柔区、密云区、延庆区）设定为“小城市户口失地农民”。

表 3－2　　二值 Logit 模型检验

自变量		因变量：是否有工作（w1）			
		模型 1	模型 2	模型 3	模型 4
解释变量	*edu*	0. 194 **	0. 208 **	0. 227 ***	0. 229 **
		(0. 092)	(0. 091)	(0. 088)	(0. 116)
	t	0. 005	0. 005	0. 005	0. 004
		(0. 004)	(0. 004)	(0. 004)	(0. 005)
	exp	－0. 025	－0. 024	－0. 019	－0. 035
		(0. 021)	(0. 021)	(0. 020)	(0. 026)
	h	0. 376 *	0. 367 *	0. 410 **	0. 296
		(0. 210)	(0. 209)	(0. 205)	(0. 243)
控制变量	*s*	－0. 359	－0. 273	－0. 146	－0. 858
		(0. 479)	(0. 467)	(0. 454)	(0. 559)
	a	0. 099 **	0. 104 **	0. 101 **	1. 339 **
		(0. 046)	(0. 045)	(0. 045)	(0. 577)
	p		1. 021 **	0. 788 *	0. 097 *
			(0. 496)	(0. 469)	(0. 052)
	grh			－0. 290	－0. 130
				(0. 344)	(0. 435)
	suh			1. 386 *	0. 097 *
				(0. 714)	(0. 052)
	su				－0. 062
					(0. 232)
	po				0. 489 **
					(0. 239)
	常数项	－3. 497 ***	－3. 867 ***	－3. 877 ***	－9. 311 ***
		(1. 334)	(1. 283)	(1. 265)	(0. 232)
模型显著性	N	361	361	357	314
	Log Likelihood	－104. 958	－107. 050	－105. 155	－101. 297
	p	0. 001	0. 001	0. 000	0. 000

注："*" 表示 $p<0.1$，"**" 表示 $p<0.05$，"***" 表示 $p<0.01$；括号内为标准误。

计量实证结果显示，受教育年限和健康质量两个指标的系数分别在1%、10%的水平上显著，参加培训时间和工作年限的系数并不显著。可以认为，教育和健康两个因素对大城市失地农民是否找到工作有影响，而培训和工作经验的影响并不显著。究其原因不难发现，一方面，失地农民在失地之前大多从事简单农业生产、农产品粗加工等行业，受教育水平低的劳动者一旦失掉赖以生存的土地，再就业是存在困难的。另一方面，受到文化水平和技能水平的限制，失地农民劳动供给面变窄，且主要集中在次要劳动力市场，而次要劳动力市场所能提供的就业往往以体力劳动岗位居多，所以身体健康程度对就业的影响是显著的。但是，健康水平指标系数的显著性水平并不高，原因在于受到大城市劳动力市场的辐射和带动作用，大城市及周边的次要劳动力市场比其他次要劳动力市场对技术型和知识型劳动力的需求要多一些。

另外，参加培训时间对失地农民就业影响不显著，因此对培训内容、培训效果的进一步监督是有必要的。工作年限指标系数不显著，主要原因在于控制变量年龄的加入，年龄和工作年限是高度相关的两个变量。为了验证这一结论，我们特别剔除年龄之后，工作年限变量的回归系数显著，这里不再列示和赘述。因此，H1、H2、H3 可以得到验证。

在几个控制变量中，年龄、党员身份以及小城市户口身份对失地农民的就业影响较为显著。年龄变量系数的显著性与解释变量工作经验的系数显著性是一致的。与前文所述一致，党员身份对就业的影响是显著的。党员的筛选机制决定了党员的社会资本和人力资本比非党员要高一些，所以党员身份对就业有显著正向影响。相对于转为城市户口和农村户口的失地农民，转为小城市户口者更容易找到工作。这与地理区位影响有关，转为小城市户口者，大多生活在北京的近郊区，这些地方一般为解决小城市户口者提供了一定的制度性保护，包括很多职业岗位不对外公布招聘等，就业竞争压力小，所以容易就近找到工作。另外，值得关注的是，家庭规模对失地农民就业的正向影响是非常显著的，不过家庭劳动力人口数量的影响不显著。事实上，这两个变量具有高度相关性，更进一步的检验还有待完善。具体的检验结果见表 3－2。

（2）基于多值非定序被解释变量的实证检验分析。为了方便对比，我们把无工作一组作为基准组，建立多值 Logistic 模型（见表 3－3 中的模型 5），实证检验结果如表 3－3 所示。不难发现，大城市农民在失地后，继续务农的劳动者和转行从事非农工作的劳动者的就业影响路径是不同的。具体来讲，相对于无工作的农民而言，务农者的健康水平对其工作选择起到了重要作用，而非农从业者的受教育年限、工作经验、健康水平是影响其工作选择的重要因素，且尤以受教育年限和工作经验最为显著。这意味着，H4 对失地后继续务农的劳动者是成立的，而 H1、H3、H4 对失地后从事非农工作的劳动者是成立的，和二值 Logit 模型一致的结果是，培训对于失地农民的就业选择影响不显著，两个模型的结果恰好形成呼应。

表 3－3　　多值 Logistic 模型检验

自变量		模型 5		模型 6		
		工作情况 w2		工作情况 w3		
		2 务农	3 非农工作	2 务农	3 非农一般劳动者	4 非农工作且为技术人员、管理者等
解释变量	*edu*	0.133	0.327**	0.054	－0.024	0.321*
		－0.169	－0.141	－0.178	－0.15	－0.18
	t	0.004	0.001	0.843	0.282	－0.414
		－0.004	－0.004	－0.631	－0.508	－0.593
	exp	0.017	0.110***	0.003	0.043**	0.089**
		－0.033	－0.03	－0.033	－0.021	－0.039
	h	0.370**	0.456*	0.333***	0.454*	0.567*
		－0.114	－0.259	－0.007	－0.264	－0.334
控制变量	*s*	0.937	－0.06	－0.587	－0.819	－2.003***
		－0.762	－0.64	0.725	－0.558	－0.776
	a	0.029	0.150***	0	－0.074	－0.109*
		－0.05	－0.05	－0.052	－0.047	－0.065
	p	－0.419	－0.054	0.423	－0.07	1.091
		－0.988	－0.745	－1.015	－0.862	－0.905
	grh	2.575***	－0.076	2.570***	0.05	－0.463
		－0.886	－0.515	－0.903	－0.552	－0.663
	suh	2.103	0.71	1.08	－0.651	0.477
		－1.299	－0.977	－1.313	－0.922	－1.06
	su	0.052	－0.504*	0.267	－0.084	－0.06
		－0.294	－0.266	－0.347	－0.31	－0.377
	po	0.207	0.466*	0.077	0.134	0.485
		－0.277	－0.266	－0.312	－0.274	－0.357
	常数项	－4.878	1.063	－5.916*	2.431	－2.143
		－3.319	－2.718	－3.576	－2.833	－3.603

续表

自变量		模型 5		模型 6		
		工作情况 w2		工作情况 w3		
		2 务农	3 非农工作	2 务农	3 非农一般劳动者	4 非农工作且为技术人员、管理者等
模型显著性	N	311		334		
	Log Likelihood	132.457		−217.882		
	p	0.000		0.000		

注："*"表示 $p<0.1$，"**"表示 $p<0.05$，"***"表示 $p<0.01$；括号内为标准误。

这样的结果是主要劳动力市场的基本属性使然。一方面，虽然中国的农业现代化已经初步形成，但是农业生产的基本属性决定了其对体力劳动者的需求高于非农行业，所以相比非农劳动者，农业劳动者在健康水平方面硬约束要高一些。另一方面，劳动力市场的需求特性决定了选择非农工作的劳动者要具有人力资本积累的信号。对于非农工作者来说，受教育年限体现了参加工作前的人力资本积累情况，用工作年限代表的工作经验则体现了参加工作后的人力资本积累情况。在劳动者进行职业选择的过程中，这两个指标的大小代表了失地农民的人力资本信号强度，这两个信号效应较为突出的劳动者最终选择非农行业。

另外，不同组别多值 Logistic 模型控制变量的显著性和二值 Logit 模型也有一定差异。对比于没有就业的失地劳动者而言，失地后依然保留农业户口的劳动者更多选择务农，而其他控制变量对其工作选择的影响并不显著；而年龄、家庭劳动力人口和家庭规模对于劳动者选择非农工作概率的影响是显著的。在户籍制度的归类下，农村户口和从事农业劳动的相关性强是显而易见的，无需多做解释。对于更倾向于选择非农工作的劳动者而言，一方面，与工龄有正相关关系的年龄往往是划定工资级别的重要指标之一，年龄变量的回归系数显著；另一方面，这些劳动者大多生活在离城市较近的郊区，生活和消费水平较高，所以与家庭负担有直接关系的家庭劳动力人口、家庭变量的回归规模系数显著。

3.4.4 稳健性检验

虽然上述结论已经可以在一定程度上证明我们提出的假设，但是模型的稳健性尚待检验。首先，从模型设定来看，被解释变量的划分比较粗，没有对非农行业劳动者的职业进行细分。另外，在进行研究的过程中不难发现，劳动者的教育水平、工作经验对其职业选择的影响非常显著。根据舒尔茨的人力资本理论，从事不同职业的劳动者的人力资本水平是有差异的，区分一般劳动者、管理者、技术工人等职业类型进行细分研究是有积极意义的。不过基于数据量的限制，过于具体的分类可能导致模型的显著性下降甚至无法估计，所以一个较为简单的分类是：设置新的被解释变量w3（见表3－3中的模型6），“1无工作”（基准组），“2务农”，“3非农一般劳动者”，就业岗位为企业主要负责人或私营企业主、经理，党政机关、事业单位的干部，专业技术人员，“4非农工作且为技术人员、管理者等”，就业岗位为普通工作人员、个体户、“临时工”。

其次，在选择解释变量的过程中，我们并没有区分培训的具体内容，而是直接就劳动者的培训时间进行回归分析，这显然损失了一部分信息，即那些与劳动者就业相关的培训信息没有被提取出来。参加培训对就业的影响并不显著，原因可能在于有些培训的内容并非技能性、实践性的，而是宣传性、理论性的，所以按培训类型进行稳健性检验是必要的。为了综合考量培训时间和培训类型的影响，加入变量两者的交叉项进行检验。

最后，从控制变量的选择上看，虽然分开设置家庭规模变量和劳动力人口变量在一定程度上可以大致分辨出家庭人口负担对劳动者就业选择的影响，但是如果用计算家庭劳动人口占家庭总人口的比重（rati）进行检验，就能更加直观地测度家庭人口抚养负担情况。另外，在岗位搜寻的过程中，搜寻途径在一定程度上也会影响劳动者的选择结果，所以增加求职变量（qd），“靠个人求职”定义为1，“通过亲戚朋友介绍工作”和“政府提供就业岗位”定义为0。

基于此，我们再次建立模型进行验证。首先调整因变量重新设计模型。研究发现，在失地农民群体中，相对于无工作的劳动者，健康水平对选择务农的劳动者的影响最为显著；从事一般性岗位的劳动者的工作经验和健康水平对其职业选择影响更显著；受教育年限、工作经验、健康水平对那些选择在人力资本要求较高的岗位（如管理、技术服务等）从业的劳动者影响显著。该结论一方面表明失地农民和其他劳动者面临的劳动力市场选择模式类似；另一方面，体现了与前文实证结果的一致性，表明模型是稳健的。

其次，调整自变量再次进行模型拟合（见表3-4）。因为已经分别就被解释变量的调整进行了稳健性检验，这里只列示被解释变量为二值指标

表3-4　二值Logit模型的稳健性检验

自变量		因变量：是否有工作		
		模型7	模型8	模型9
解释变量	*edu*	0.235**	0.270**	0.331***
		(0.098)	(0.114)	(0.127)
	ift	0.006	0.004	0.005
		(0.004)	(0.004)	(0.005)
	exp	-0.039	-0.037	-0.006
		(0.028)	(0.026)	(0.029)
	h	0.397*	0.316	0.218*
		(0.224)	(0.244)	(0.112)
控制变量	*s*	-0.359	-0.710	-0.570
		(0.479)	(0.544)	(0.600)
	a	0.099**	0.110**	0.045
		(0.046)	(0.050)	(0.058)
	p	1.020**	1.248**	1.477**
		(0.496)	(0.563)	(0.621)
	grh	0.101	0.076	-0.096
		(0.386)	(0.415)	(0.451)
	suh	1.366*	1.320	1.980**
		(0.716)	(0.894)	(1.003)
	rati		-0.472	-0.759
			(0.669)	(0.741)
	qd			0.691***
				(0.178)
	常数项	-8.313***	-8.628***	-8.179***
		(2.621)	(2.873)	(3.080)
模型显著性	N	361	354	332
	Log Likelihood	-102.720	-108.976	-106.339
	p	0.000	0.000	0.000

注：“*”表示 $p<0.1$，“**”表示 $p<0.05$，“***”表示 $p<0.01$；括号内为标准误。

的结果，得到和模型 1～模型 6 类似的结论。受教育年限依然是影响失地农民职业选择最主要的解释变量，其次为健康水平。参加培训时间与是否参加技能培训的交叉项（*ift*）不显著，说明区分培训内容，提取对就业有直接影响的技能培训去判别培训对就业的影响，依然没能证明 H2。这在一定程度上可以证明，失地农民参加的技能培训活动并没有对其工作搜寻产生有效作用，培训活动往往流于形式，实用性差，不能很好地对就业起到促进作用。家庭劳动力人口数与家庭总人口数的比（*rati*）不显著。另外，求职渠道（*qd*）对劳动者职业选择的影响非常显著。结合描述性统计的研究，我们发现有相当比例的劳动者选择通过政府提供的就业岗位、就业平台、招聘平台重新就业。因此，对于失地农民而言，借助公共资源拓宽其就业渠道是有积极意义的。

3.5　结论与政策建议

本章研究了新常态背景下特大城市失地农民在失地后的就业状况，假设受教育水平，培训、就业经验以及健康状况会对他们的就业机会、职业选择有影响，并借助实施扩大就业课题组 2008 年和 2015 年北京地区失地农民就业调查的微观数据，建立二值 Logit 和多值 Logistic 回归模型假设进行计量检验，研究发现：

第一，从整体来看，在人力资本各要素中，失地农民的受教育程度、健康水平与其就业机会、职业选择高度相关。受教育程度越高、越健康的失地农民，其就业机会越多。第二，分选择类型来看，受教育程度高、工作经验多、身体更健康的失地农民倾向于选择在管理、技术等非农岗位工作；健康水平对劳动者选择务农的影响最为显著。第三，培训，包括技能培训和一般性的技能宣传性培训对失地农民就业机会、职业选择的影响不显著，培训在提高失地农民就业方面的作用不明显。第四，户口变动背后的土地问题影响劳动者的职业选择，一些失地或者半失地农民失地后，基于人力资本的约束，依然选择从事农业生产。第五，党员身份对失地农民的职业选择有着显著影响，党员的平均人力资本水平和社会资本水平都高于一般劳动者，所以与非失地农民群体一致，政治面貌为共产党的失地农民更容易实现再就业。第六，就业渠道对劳动者的职业选择影响显著，政府扶持、中介机构接入、网络平台等都为失地农民再就业提供了重要选择方式。

通过理论和实证分析，我们认为失地是“非常态”，就业是“常态”。在城镇化进程中，部分农民，特别是居住在大城市周边的农民往往会被吸纳入城市人口大军，这是城乡分割的经济社会发展到一定阶段必然经历的过程。然而，失地农民和非失地农民一样，促进就业也包括帮助他们就业、选择职业，最终促进就业质量的提升。因此，基于以上分析，我们提出以下几点建议：

第一，充分发挥政府在教育和培训方面的资源调动优势，为失地农民就业提供人力资本支持。由于失地农民在失地之前以务农为主，有人力资本禀赋限制和在其他行业从业的职业经验限制，失去赖以生存的土地后二次就业就成为社会问题。从长远看，教育和培训是帮助他们积累人力资本、提高劳动力适应性的重要途径。一方面，可通过政府资助的形式，为失地农民提供更多学历教育平台，包括继续教育、成人教育等，建立失地农民继续教育咨询平台，帮助失地农民积累专用性人力资本，让他们了解和适应就业市场，并最终实现再就业。另一方面，应针对失地农民提供专业化的技能培训，让培训真正成为提高失地农民就业能力的抓手，如针对失地农民从事出租行业提供的礼仪培训、从事保洁行业提供的标准化流程等，让专业化培训真正在失地农民就业过程中发挥正能量的作用。

第二，科学进行户籍管理，分类对不同地理区位制定失地农民就业促进措施。对于失地农民来说，户口的背后是土地使用权或社会福利分配的问题。很多大城市往往采取以点带面的发展方式，形成以大城市为核心、中小城市为集群的一体化模式。在这种情况下，大城市近郊的农民往往失掉全部土地，无论户口是否转为城市户口，他们赖以生存的土地往往变成补偿款或者住宅/商用楼，可以靠“吃租金”生活的失地农民事实上已经就业，只不过从农民变成了租赁商。但是，这并非人力资本利用最有效的办法，原来从事农业生产的农民具有强于一般人的农产品辨识技术。也有一部分大城市远郊农民，他们只是失掉了部分土地，形成了“居住的像城里人，工作的像农村人”的局面。这部分农民的户籍管理、就业转型问题值得深思，建议综合利用“互联网+”，搭建农产品种植、生产、加工、销售一体的发展模式，让潜在的生产力变为现实的生产力；建立远郊农场和城市农产品供应的纽带，加强远郊生态游和城市旅游公司的“点对点”联系。

第三，建立城郊一体的公共服务体系和民主参与机制。首先，优化就业服务，拓宽就业渠道。对于失地农民而言，他们处在城乡接合处，既受到大城市经济文化的影响，又有着农民对农业的技能资本和深厚感情，缺乏与大城市完全融入、借大城市之力发挥自身就业优势的途径和渠道。政府可以在这些方面做出一些努力，在不干预市场规律的前提下，为失地农民找到更多有效服务城乡一体化的岗位、帮助他们更多获取就业信息等方式都是改善市场信息不对称的有效途径。其次，优化社会保障机制，特别是医疗、养老等基本服务机制。建立大城市、近郊、远郊一体化的社会保障体系，这既包括让城市户口的近郊劳动者能够均等享受大城市医疗资源，让集中在市中心的优质教育资源适当向周边倾斜，实现“同户口同保障”，也包括将远郊农业户口失地劳动者纳入农村医疗保障体系。值得一提的是，农村医疗保障体系建设已经完成，提升质量是核心任务。最后，建立城市、郊区一体化的民主参与机制，让郊区失地农民也有顺畅渠道参与政治生活，参与惠及失地农民相关政策的制定。

4. 失地农民人力资本和社会资本与就业水平研究

4.1 问题的提出

农业人口的迁移势必导致农民的失地和再就业。黄召婷、何秋红（2018）发表的文章“《人民日报》上失地农民的媒介镜像”认为，到2030年，我国失地农民的数量将达到1.1亿人。就业是民生之本，解决失地农民的就业问题是有序推进我国城镇化的关键，也是解决我国“三农”问题的核心。为此，在人口城镇化的同时，有必要对城镇化进程中失地农民的就业问题给予更多的关注。

我们在关注失地农民就业问题的同时，就会产生这样一些疑问：失地农民的人力资本和社会资本水平对他们再就业是否产生影响呢？产生什么方向的影响？上述因素对失地农民就业行业、就业岗位等方向的影响程度如何？上述问题，我们需要在理论上给出明晰回答。回答了上问题，失地农民就知道该不该提高自身的受教育水平和灵活运用社会资本；政府部门就知道该采取何种政策提高失地农民的再就业率。

4.2 文献综述

从20世纪30年代开始，国外特别是欧美发达国家就有关于城镇化进程中农民非农就业研究的成果出现。不过，国外文献并没有失地农民这个概念，国外学者对农民非农就业问题的研究是建立在市场经济的基础上，通过劳动力市场的作用，来研究农民的迁移和就业。比如 Lewis（1953）、Todaro（1970）等提出的农村剩余劳动力迁移理论，都从成本—效益的视角分析农民的非农就业行为。到 20 世纪末，随着人力资本理论的兴起，部门学者从人力资本的视角并借助数理模型来研究农民的非农就业行为，如 Knight 和 John（1999）、Benjamin 等（2001）和 Laszlo 等（2008），这些研究成果几乎都支持人力资本对非农就业的促进作用。20 世纪 70 年代开始到 21 世纪初，部分学者开始从社会资本的视角来诠释就业问题，如 Calvó – Armengol 和 Zenou（2005）在利用正规和非正规方法来构建搜寻工作的微观匹配模型，得出在稀少网络情况下，失业率随社会网络的增加而减少的结论。Munshi（2013）利用社会资本理论对美国劳动力市场进行了分析，发现了社会网络对农民非农就业的促进作用。

在国内，将人力资本或社会资本应用于非农就业研究的文献相对较多，如魏众（2004）、杨金风和史江涛（2006）、李实（2001）、任国强（2004）、毛学峰和刘靖（2016）等的研究结论几乎都证实了人力资本对非农就业的影响；朱志胜（2015）、韩雪和张广胜（2015）、蒋乃华和卞智勇（2007）、任义科等（2015）的研究结果表明，社会资本对农民非农就业有明显的正向影响。但是，现有文献从人力资本或社会资本角度研究失地农民就业问题的比较稀缺。如王轶和王琦（2016）的研究发现，人力资本各要素中，失地农民的受教育程度和健康水平与其就业机会、职业选择高度相关。陈丹等（2005）基于安徽省的调查数据，通过计量模型实证分析失地农民再就业的影响因素。研究结果表明，人力资本要素对失地农民再就业有显著正向影响。殷俊和李晓鹤（2014）基于调查访谈，提出了失地农民在人力资本、社会资本方面比较匮乏，导致就业存在困难。李国梁和钟奕（2013）从人力资本理论的角度分析了职业培训是解决失地农民就业问题的关键。冀县卿和钱忠好（2011）通过简单统计分析，描述了教育与失地农民就业之间的关系。李飞和钟涨宝（2010）以江苏省扬州市失地农民为案例，运用 Logistic 方法得出人力资本和社会资本不足是制约失地农民职业获得的主体性因素。

通过整理上述文献发现，虽然国外文献并无失地农民这一概念，但已有文献的研究方法和思路为本书的研究提供了重要的参考和借鉴。相比国外文献，国内文献主要偏于实证研究。文献一般都是基于国内公开数据来验证人力资本、社会资本与非农就业之间的关系，用来验证失地农民就业问题的文献很少，原因在于目前统计年鉴没有失地农民的数据。虽然学者们对此进行了相关研究和探索，但依然存在不足，主要体现在：第一，现有文献多集中于对单要素的分析，忽略了要素之间的互补和替代关系，客观上可能放大了某项要素的影响；第二，分析方法也较为简单，调查数据较少，对同一个地区失地农民进行跟踪调查的文献更是少之又少，这些因素都将制约研究结果的科学性和准确性；第三，关于失地农民的就业机理分析，已有文献很少提及，然而只有分析了失地农民的就业机理，才能有效把握失地农民的就业瓶颈；第四，连续关注某一区域失地农民开展社会调查的文献少，只有通过连续多次的调查才能验证数据的准确性，通过连续性的数据分析才能把握失地农民就业的发展趋势；第五，针对我国特大型城市特殊群体作为研究对象的文献少，其实特大型城市城镇化速度快，失地农民数量多且集中，研究他们的就业问题更具有代表性，研究成果更具有借鉴意义。为此，我们以我国城镇化速度最快的北京地区的失地农民作为研究对象，以 2008 年金融危机和 2015 年经济新常态背景下两次社会调查数据为样本，研究人力资本和社会资本变量对失地农民就业的影响，以及两次影响的差异，据此为解决失地农民的就业问题提供参考，为推进我国土地城镇化向人口城镇化转变提供理论依据。

4.3 失地农民的就业机制分析

为了深入开展研究，有必要对北京地区失地农民的就业机理进行简要分析，机理分析见图 4－1。我们认为，失地农民从失地到就业经历了五个环节：政府制定征地政策—推动征地—失地农民被动进入劳动力市场—失地农民积累人力资本和社会资本—选择就业形式。在征地的五个环节中，可进一步将失地农民就业环节归纳为下面三种关系：政府、劳动力市场与失地农民之间的关系。

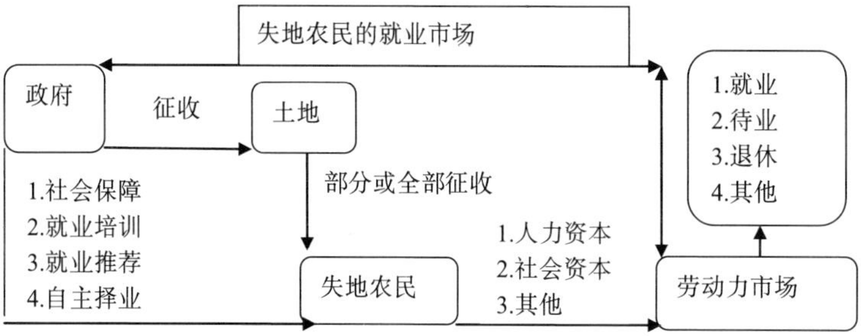

图 4-1　失地农民就业机理

资料来源：根据北京地区的实际调查结果绘制。

4.3.1　政府

（1）政府制定土地征收政策。2004 年北京市出台《建设征地补偿安置办法》（市政府 148 号令），标志着北京市农地征收补偿安置政策的重大突破。该项政策具有两大核心：一是对失地农民进行经济补偿，包括直接通过货币的形式或者通过建设还建房的形式给予失地农民的经济补偿；二是对部分转移劳动力进行就业安置。因此，征地行为对农民产生了外生冲击。如果只是失去部分土地，那么征地行为可能会部分地影响到农业人口的劳动力供给决策。因征地而失去部分农业生产用地的家庭，必然有部分劳动力剩余，那么失地农户会向非农生产部门供给劳动力，供给量多少取决于劳动力市场效率和非农就业预期收入。如果农户失去全部农地，那么农户便需要转移再就业，或者受雇于其他农业生产经营者，或者流向非农生产部门，寻找新的工作机会。然而，征地过程如何影响劳动力供给，已有文献并没有给出一致结论，失地农民的就业机理更无从得知。一般情况下，农业人口失去土地必然会影响到农业人口的劳动供给。在失地农民的土地流转过程中，政府的政策必然会起到一定的促进作用，农民人力资本和社会资本状况等因素必然发挥关键性的作用。

（2）政府制定促进失地农民再就业政策。因为政府是强制征地，所以地方政府会制定一系列的相关政策推动失地农民再就业。这些政策主要包括：①社会保障。政府通过为失地农民办理户籍等为失地农民提供相应的医疗、养老、失业等保障，以此缓解他们的就业压力。②就业培训。政府通过组织就业培训等，帮助失地农民积累专业人力资本，提高失地农民二次就业的能力。③就业推荐。政府征收土地后，与即将入驻的单位进行谈判，通过推荐就业的形式，解决当地失地农民的就业问题。④自主择业。失地农民在获得一定经济补偿后，也可以通过劳动力市场实现自主就业。

4.3.2 劳动力市场

这里的劳动力市场包括两个层面：一个层面是普通的劳动力市场。任何人都可以进入这个市场参与职业竞争，企业实现择优录用。另一个层面就是特殊的劳动力市场。特殊的劳动力市场只针对某些特殊人群和特殊区域开放，其他人不能参与，如北京地区各个区专门针对失地农民招聘的就业市场。农民失地后，既可以选择在普通的劳动力市场实现就业，也可以选择在特殊的劳动力市场实现就业。

4.3.3 失地农民

失地农民由于政府强制征地而处于半失地或者是完全失地状态。他们结合当地政府的补偿政策和劳动力市场的特殊性，根据自身人力资本积累的状况（包括职业培训、继续教育等形式积累人力资本）、政治面貌和户籍所在地等情况决定是否进入劳动力市场，选择自己的就业形式。当前失地农民的择业形式有：就业，也就是从事相对稳定的职业；待业，也就是没有找到合适工作岗位，处于待业状态；退休，达到国家规定的法定退休年龄，不再就业；其他职业形式，包括自我雇佣等其他临时性就业形式。

4.4 变量、模型及数据说明

4.4.1 变量说明

根据上文对失地农民就业机理的分析，我们提出被解释变量和解释变量。失地农民的就业包括就业机会、就业行业和就业岗位，为此我们将上述三个变量作为本章的被解释变量。

（1）本章的非农就业变量采用的是虚拟变量，即失地农民是否实现了非农就业，实现了就业为1，否则为0。就业行业变量，结合失地农民就业行业的实际情况，调查问卷把失地农民的就业行业分为14类，因为统计分析的需要，我们将在农林牧渔、餐饮娱乐业、物业管理和保洁业就业定义为传统行业就业，在教育卫生等事业单位、政府机关社团和研究机构就业定义为公共部门就业，其他行业就业定义非传统行业，其中包括在现代服务业就业。失地农民的就业岗位变量采用虚拟变量，定义担任企业负责人或企业主、机关事业单位干部、专业技术人员为1，在其余岗位就业定义为0。

（2）失地农民人力资本变量。本章主要参考Schults（1961）提出的人力资本的内涵，以及Rauch等（2005）、姚先国（2006）和李长安（2016）关于人力资本变量对就业的影响的研究成果，将受教育程度、健康状态、健康状况等变量作为衡量失地农民人力资本水平的主要指标。我们没有将失地农民的工作经验放入模型，主要是因为失地农民的工作经验主要为务农经验，务农经验对失地农民二次就业的影响不明显，所以在分析过程中删除了该变量。

（3）失地农民的社会资本变量。我们主要参照被学者更多认可的（陈健民和丘海雄，1999；符平，2012；程诚等，2015）“政治面貌”以及“求职途径”（严成樑，2015；王轶和石丹淅，2015；陈建伟和王轶，2017）作为评价失地农民社会资本状况的指标。因为社会资本的研究可分为个体视角与群体视角两种范式，个体视角强调了社会资本对个体性的单位获得经济成就的重要性，群体视角则强调社会资本主要与群体而不是个人有关，它是指特定群体所拥有的带有公共性质的资源。这种资源可以用于改善群体的生活状态，提高群体的福利。这一观点可以自然引申至户籍制度之中。在中国，户籍制度造成城市内部劳动力市场的分割（蔡昉等，2009），户籍制度对信任带来负面的影响（汪汇等，2007），给不同户籍的人群赋予不同的福利，因此我们将“户籍”作为社会资本的一个研究变量。失地农民的求职途径反映了失地农民是通过人力资本还是社会资本在劳动力市场上求职，社会资本求职主要是通过社会关系来实现的，是影响失地农民就业的最关键因素，因此我们将“求职途径”作为失地农民的社会资本变量。除了政治面貌和求职途径以外，礼金支出、走亲访友次数等变量也是常用的衡量社会资本的代理变量，但由于礼金支出比较敏感，失地农民不愿意透露更多个人信息，所以相关资料难以收集；走亲访友次数变量可以间接考察失地农民的社会资本状况，但我们的入户调查问卷没有涉及此类信息，因此也无法使用此类信息来测量社会资本。

（4）对失地农民年龄和性别的控制。考虑到北京地区失地农民的年龄和性别可能对其就业产生的重要影响，因此需要对这些变量给予控制。

4.4.2 模型构建与内生性分析

为了更好地分析失地人员的就业机制及其影响因素，令失地人员的就业或晋升倾向为 y_i^*，可以表达为如下线性形式：

$$y_i^* = \beta_0 + \beta_1 x_i + \beta_2 s_i + \gamma Z_i + \delta D_i + \varepsilon_i \tag{4-1}$$

其中，下标 i 表示个体，x_i、s_i、D_i 是我们关注的核心自变量，x_i、s_i 分别代表个体的社会资本和人力资本，D_i 表示失地农民求职渠道中政府安排就业的政策干预；Z_{1i}是控制变量组；β_0 是常数项；β_1、β_2、γ 是待估计的参数；ε_i 是误差项。观察到的失地人员就业结果 y_i 是二值响应变量（0 或 1），可以表示为：

$$y_i = 1[y_i^* > 0] = 1[\beta_0 + \beta_1 x_i + \beta_2 s_i + \delta D_i + \gamma Z_{1i} + \varepsilon_i > 0] \tag{4-2}$$

其中，1[·]为示性函数，取值为0或1；假定失地农民在只有两种选择，即就业—不就业（1—0），得到职务—未得到职务（1—0），进入某特定行业—不进入某特定行业（1—0）。是否得到就业机会，是否晋升职务，是否进入某特定行业，都取决于个人的人力资本、社会资本、年龄、性别等多方面的影响。为了研究方便，假定累积分布函数为 Logit 分布函数，该模型适用于 logit 模型估计方法。

为了得到无偏估计，有必要讨论模型的内生性问题。内生性主要来源于三类因素：遗漏变量、联立性和观测误差。在忽略观测误差的前提下，模型的内生性问题主要来自于遗漏变量的问题。如果存在未观测到的遗漏变量，既影响失地农民的就业选择与就业结果，又影响观测变量，那么观测变量的估计结果就存在偏差。怀疑 D_i 具有内生性，因为失地农民选择求职渠道中，政府安排就业不是随机选项，而是失地农民根据自己的社会关系网络、家庭资源禀赋和比较优势选择是否接受政府安排就业。这样一来，有可能会存在未观测到的因素既影响了个人求职，比如对工作类别的偏好等。参考 Sovey 和 Green（2011）的分析，我们设置递归形式的结构模型，利用完全信息极大似然法（FIML）进行 biprobit 估计，可以得到参数的一致有效估计。因此引入 D_i 的决定方程：

$$D_i = 1[D_i^* > 0] = 1[\alpha_0 + \theta Z_{2i} + \mu_i > 0] \tag{4-3}$$

其中，Z_{2i}包含部分没有出现在方程（4-1）中的解释变量。其基本假设是方程（4-3）的误差项 μ_i 与方程（4-1）的误差项 ε_i 的相关系数为 ρ，并服从联合正态分布。

4.4.3 数据及筛选原则

研究数据主要来自课题组于 2008 年和 2015 年对北京地区居民的调查数据。

数据选取的原则：一是区域性原则。因为本书研究的对象是失地农民，征地主要在城乡接合部或是城市近郊，所以本研究数据采集的重点区域为北京的 8 个近郊区，包括房山区、大兴区、昌平区、丰台区、石景山区、顺义区、通州区和平谷区。二是研究对象有选择性原则。为了使本书的研究更具有代表性，问卷调查一户一份，问卷主要针对房主，目的是调查结果能反映北京地区居民就业的整体状况。三是研究样本的相对分散性。问卷的发放尽可能分散，不局限在某一集中区域，减少调查结果的类同性。

4.5 实证分析结果

4.5.1 数据的描述性统计

（1）失地农民的就业状态统计。表 4-1 报告了失地农民的就业状态。在表 4-1 的就业数据中，2008 年剔除 65 岁及以上人口样本和离退休样本，剔除就业状态和征地状态记录信息不全的样本，最终得到有效失地农民样本为 313 个，其中非农就业样本 154 个，占总样本的 49.20%；务农样本 74 个，占总样本的 23.64%；待业及其他职业类型的样本 85 个，占总样本的 27.16%。2015 年剔除 65 岁及以上人口样本和离退休样本，剔除就业状态和征地状态记录信息不全的样本，最终得到失地农民有效样本407个。相比较而言，2015年失地农民的非农就业机会有了很大改善，占总样本的86.49%，务农样本为49个，占12.04%，相对于2008年下降了50%。待业及其他职业样本仅占4.41%。两次调查数据说明，随着城镇化进程的推进，北京地区失地农民2015年的就业率比2008年显著提高了。

表4-1　　失地农民的就业状态分析

年份	非农就业		务农		待业及其他职业		合计
	样本（个）	占比（%）	样本（个）	占比（%）	样本（个）	占比（%）	样本（个）
2008	154	49.20	74	23.64	85	27.16	313
2015	352	86.49	49	12.04	18	4.41	407

（2）变量之间的描述性统计。表4-2是各变量的描述性统计。统计结果说明，2015年失地农民担任企业负责人、企业主、机关事业单位干部、专业技术人员的比例比2008年略高出约3.1个百分点；2015年在行业为农林牧渔业、餐饮娱乐业、物业管理和保洁业就业的均值为0.539，比2008年高出约25.1个百分点；失地农民在教育卫生等事业单位、政府机关社团和研究机构就业的比例少，失地农民的受教育程度平均在高中与初中之间，2015年失地农民的受教育程度略高于2008年。2015年失地农民健康状况的均值明显高于2008年，参加过职业培训的比例也明显高于2008年，高出约25个百分点；失地农民是党员的比例整体偏低，2015年的比例略高于2008年。本调查涉及以下几种求职途径：靠政府安排、靠亲戚朋友介绍、用人单位直接招工、中介机构介绍、互联网上应聘等。上述几种求职方式中，政府安排工作的就业岗位一般比较稳定，靠亲戚朋友介绍获得工作岗位的一般稳定性要低于前者，所以我们认为，失地农民通过上述两种方式实现就业的，其社会资本比后面三种求职渠道更强（严成樑，2009），所以按1~5的顺序依次对其编码。按照这一规则进行统计发现，失地农民找工作的途径并非开放，2015年的情况要优于2008年。具体说来，2008年失地农民就业主要以亲戚朋友介绍和政府安排就业为主，到2015年，虽然亲戚朋友介绍和政府安排就业仍然占主导，但求职渠道显然呈现多样化趋势。另外，失地农民调查样本2008年的男性比例高于2015年，高出约3.1个百分点，这可能与调查样本的选取有关。年龄方面，2008年失地农民的平均年龄要小于2015年。

表 4 – 2　　变量设定与基本统计描述

变量	设定	2008 年		2015 年	
		观察值	均值	观察值	均值
非农就业	非农就业为 1，其余为 0	313	0.492	407	0.865
职务晋升	企业负责人或企业主、机关事业单位干部、专业技术人员为 1，其余为 0	238	0.223	405	0.254
就业行业：传统行业	工作单位所在行业为农林牧渔、餐饮娱乐业、物业管理和保洁业为 1，其余为 0	236	0.288	406	0.539
就业行业：公共部门	工作单位所在行业为教育卫生等事业单位、政府机关社团和研究机构为 1，其余为 0	236	0.072	406	0.044
教育程度	小学及以下为 1，初中为 2，高中阶段（高中与中专）为 3，大专及以上为 4	307	2.485	407	2.639
健康状态	不健康为 0，不太健康为 1，一般为 2，健康为 3，很健康为 4	311	2.707	407	3.263
职业培训	是否参加职业培训：参加为 1，否则为 0	295	0.346	388	0.595
政治面貌	党员为 1，非共产党员为 0	312	0.119	406	0.165
求职途径	靠政府安排、靠亲戚朋友介绍、用人单位直接招工、中介机构介绍、互联网上应聘，编号依次为 1 ~ 5	312	1.946	406	2.594
户籍所在地	户籍在城市与小城镇为 1，农村为 0	311	0.637	407	0.649
性别	男性为 1，女性为 0	313	0.650	407	0.619
年龄	35 岁及以下为 0，36 ~ 45 岁为 1，46 岁及以上为 2	313	1.415	407	1.452

（3）变量之间的 Pearson 相关分析。为了更好地分析变量之间的相关关系，我们也分年份报告了变量间的 Pearson 相关系数（见表 4 – 3）。2008 年的相关系数说明，失地农民非农就业与职务晋升、政治面貌、受教育程度、健康状态、职业培训、户籍所在地在 5% 显著性水平下显著正相关，失地农民的职务晋升与政治面貌、受教育程度、职业培训、户籍所在地在 5% 显著性水平下显著正相关，失地农民在传统行业就业与户籍所在 5% 显著性水平下显著正相关。2015 年各变量间的 Pearson 相关系数与 2008 年相比变化较大（见表 4 – 4），失地农民非农就业与户籍所在地在 5% 显著性水平下显著正相关，失地农民的职务晋升的情况与 2008 年的结果完全一致，失地农民在传统行业就业与公共部门、政治面貌、受教育程度、职业

培训等变量在5%显著性水平下显著正相关。本研究各变量之间的相关系数都低于0.4，所以可以基本排除变量之间的共线性问题。

表4-3　　2008年各变量间的Pearson相关分析

变量	非农就业	职务晋升	传统行业	政治面貌	求职途径	教育程度	健康状态	职业培训	户籍所在地	性别	年龄
非农就业	1	1									
职务晋升	0.317*										
传统行业	-0.067	0.031	1								
政治面貌	0.195*	0.243*	0.059	1							
求职途径	0.079	0.087	-0.029	0.111*	1						
受教育程度	0.245*	0.365*	0.043	0.240*	0.058	1					
健康状态	0.191*	0.121	-0.011	0.171*	0.065	0.274*	1				
职业培训	0.198*	0.144*	0.053	0.083	-0.024	0.11	-0.016	1			
户籍所在地	0.292*	0.274*	0.243*	0.205*	0.052	0.262*	0.109	0.126*	1		
性别	-0.053	-0.033	-0.101	-0.083	-0.051	-0.172	0.081	0.031	-0.184*	1	
年龄	0.001	0.025	0.051	-0.067	-0.004	0.124	-0.041	-0.016	0.044	0.108	1

注："*"表示p<5%。

表4-4　　2015年各变量间的Pearson相关分析

	非农就业	职务晋升	传统行业	公共部门	政治面貌	求职途径	教育程度	健康状态	职业培训	户籍所在地	性别	年龄
非农就业	1											
职务晋升	-0.009	1.000										
传统行业	0.089	-0.110	1.000									
公共部门	0.084	0.067	-0.233*	1.000								
政治面貌	0.040	0.182*	-0.190*	0.291*	1.000							
求职途径	-0.012	0.024	0.075	-0.077	-0.055	1.000						
受教育程度	0.044	0.176*	-0.251*	0.266*	0.355*	-0.076	1.000					
健康状态	0.093	0.072	-0.110	0.118	0.112	-0.067	0.180*	1.000				
职业培训	0.041	0.018	0.178*	0.032	0.005	0.036	0.009	0.007	1.000			
户籍所在地	0.221*	0.049	0.058	0.058	0.036	-0.153*	0.219*	0.074	0.089	1.000		
性别	-0.044	0.052	-0.228*	0.071	0.129*	-0.027	0.140*	-0.064	-0.112	-0.058	1.000	
年龄	0.011	-0.036	0.020	0.041	-0.076	-0.031	-0.104	-0.081	-0.004	-0.003	0.129*	1.000

注："*"表示p<5%。

4.5.2 回归结果分析

本章的数据由两个年份的截面数据组合而成，因此首先需要进行分年度回归分析，考察不同年份失地农民的就业状态及其影响因素；接下来，需要比较社会资本和人力资本对失地农民的职务晋升和就业行业选择的影响。

(1) 失地农民的就业机会分析。为了考察人力资本和社会资本如何影响失地农民的就业机会获取，我们对模型分 2008 年、2015 年数据进行了回归，回归结果见表 4－5。

表 4－5　　　失地农民非农就业机会获取的比较分析

被解释变量 / 解释变量	2008 年		2015 年	
	非农就业机会		非农就业机会	
	(1)	(2)	(3)	(4)
政治面貌	1.049** (0.420)	0.898* (0.476)	0.386 (0.447)	0.271 (0.474)
求职途径	1.231*** (0.323)	0.397** (0.184)	0.901* (0.431)	0.802* (0.355)
受教育程度		0.226 (0.224)		－0.145 (0.214)
健康状态		0.390** (0.154)		0.231 (0.210)
职业培训		0.747*** (0.274)		0.0686 (0.286)
户籍所在地	0.643*** (0.142)	0.505*** (0.165)	1.255*** (0.301)	1.275*** (0.331)
性别	－0.045 2 (0.362)	－0.045 5 (0.396)	－0.252 (0.321)	－0.279 (0.356)
年龄	－0.000 746 (0.239)	0.091 5 (0.263)	0.115 (0.266)	0.068 6 (0.286)
常数项	－0.503 (0.388)	－2.445*** (0.729)	1.209** (0.499)	0.925 (0.988)
N	310	285	405	386
pseudo R^2	0.081	0.122	0.063	0.065

注：括号中报告的是稳健标准差；"*""**""***"分别表示在 10%、5% 和 1% 水平下显著。

从表4－5中报告的非农就业机会获取来看，2008年样本回归的结果显示，不管是否控制人力资本，社会资本都显著促进了失地农民获得更多的非农就业机会。在大城市里，人力资本和社会资本对失地农民非农就业机会的获取同样重要，对比表4－5的第（1）列和第（2）列不难发现，控制了失地农民人力资本的影响后，政治面貌对非农就业机会的边际促进作用有所下降，但仍然显著为正，说明党员身份和社会关系在求职中的确增加了失地农民的非农就业机会。户籍在城镇地区的人群，相对农村人口在获取非农就业机会方面有优势，并且这一变量在1%的水平下显著正相关；农民群体的受教育程度一般较低，因此在城镇中获取就业机会更多地依靠其社会资本。值得指出的是，人力资本积累的渠道包括教育、健康和在职培训。2008年调查问卷的回归结果显示，教育在促进失地农民获取非农就业机会方面并没有明显的优势，而健康、职业培训对促进失地农民非农就业的作用更显著。这表明，在我国城镇化进程中，为失地农民提供更多健康保障、提供更多培训机会以积累更多人力资本，依然是获取非农就业机会的重要保障。另外，回归结果还显示，女性相对男性有一定的优势，但不显著，这可能反映我国劳动力市场的性别歧视有所缓解；年龄变量的系数为正，但不显著。

2015年的回归结果与2008年存在一些差异。首先，2015年的回归结果中，失地农民的求职途径和户籍所在地变量对失地农民获取非农就业机会方面的影响方向和程度与2008年一致，不过求职途径的影响力随着时间的推移呈现减弱趋势，2008年求职途径对失地农民求职影响非常显著，到2015年其影响力减弱，不过在10%的水平上显著。政治面貌和人力资本变量对失地农民能否获得和保持一份非农就业机会，尽管总体有正的影响，但影响系数并不显著，分别对比第（1）列和第（3）列、第（2）列和第（4）列可以发现这一点。其次，年龄和性别对就业机会的获取依然不显著。

通过以上分析结果我们可以看到，从2008年到2015年，随着北京市征地政策的逐渐完善，公共就业服务体系逐渐健全，经济发展带动就业机会增加，失地农民逐渐得到较好的就业安置，获取非农就业的机会非常多，实现了充分就业。相对于2008年人力资本和社会资本对失地农民就业的促进作用，2015年以后，衡量社会资本的求职途径变量对失地农民非农就业还存在影响，人力资本变量和政治面貌变量对失地农民获得非农就业机会的作用并不明显，但失地农民的户籍所在地一直对失地农民非农就业机会的获取发挥着显著作用。这种结果可能与失地农民特殊的就业渠道有一定的关系，因为失地农民的年龄一般比较大，又由于是被动失地，当地政府部门为失地农民提供了大量的本地就业岗位。

值得指出的是，我们怀疑失地农民在求职过程中，是否为政府安排就业，是内生选择的结果，因此直接进行 Logit 回归的结果将是有偏的，本章进而构建了递归双变量模型，在纠正内生性偏差的基础上得到了回归结果。由于 2008 年的接受就业安置部分影响变量缺失严重，回归结果可能会受到较多的测量误差干扰，因此本章仅仅对 2015 年数据进行了 biprobit 回归分析，结果如表 4－6 所示。

表 4－6　　纠正内生性偏差的 biprobit 回归结果（2015 年）

求职途径		非农就业机会	
政治面貌	0. 524*** (0. 192)	政治面貌	－0. 110 (0. 239)
征地年限	0. 022 2 (0. 013 7)	求助途径	1. 231*** (0. 331)
受教育程度	－0. 101 (0. 085 2)	受教育程度	0. 014 5 (0. 106)
失地后政府提供工作岗位	0. 368** (0. 186)	健康状态	0. 062 4 (0. 095 3)
失地后政府提供就业培训	0. 264* (0. 148)	职业培训	0. 103 (0. 143)
户籍所在地	－0. 007 07 (0. 148)	户籍所在地	0. 476*** (0. 177)
性别	－0. 036 9 (0. 143)	性别	－0. 120 (0. 177)
年龄	0. 027 0 (0. 122)	年龄	0. 013 0 (0. 140)
失地后政府提供用工信息	0. 122 (0. 165)		
失地后政府开展就业指导	0. 149 (0. 163)		
常数项	－0. 193 (0. 340)	常数项	－0. 207 (0. 553)
$P = -0.76$			
Likelihood－ratio test of rho＝0： chi2（1）＝3. 813 88 Prob ＞ chi2 ＝ 0. 050 8			

注：括号中报告的是稳健标准差；“*”“**”“***”分别表示在 10%、5% 和 1% 水平下显著。

表4-6报告的结果表明，就影响失地农民求职途径而言，政治面貌和政府提供工作岗位都是显著的促进因素。这可以从我国征地的动员过程得到理解，各级党委政府总是要求党员带头遵守征地政策要求，接受政府的就业安排，而且党员身份、求助途径中社会关系求职和政府安排就业等变量的确提高了失地农民获得非农就业的机会。与此同时，政府直接提供就业机会和培训机会显著促进了失地农民接受就业安置。方程（3）的误差项 μ_i 与方程（1）的误差项 ε_i 的相关系数 P 为 -0.76，对数似然比检验表明在10%的信心水平下拒绝原假设（p值为0.050 8）。由此可以判断，失地农民是否接受政府安排就业和亲朋好友推荐就业，与其就业结果受到共同的未观测变量的影响，比如就业偏好、能力禀赋以及未完全观测到的社会资本。此外，未观测因素在促进失地农民选择就业途径的同时，降低其非农就业的概率。也就是说，越是受到自身条件限制而难以就业的农民，越愿意接受政府安排就业和亲戚朋友推荐就业。在控制未观测因素的偏差之后，接受政府安排就业和亲戚朋友推荐就业，显著地促进了失地农民获取非农就业机会，而社会资本变量的影响力减弱和人力资本变量的影响并不显著，基本与表4-5保持一致。

（2）失地农民的职务晋升和就业行业分析。为了进一步分析失地农民的职务和就业行业的差别，我们分别对2008年和2015年失地农民的职务类别和行业类别进行回归分析，结果如表4-7和表4-8所示。

表4-7　2008年失地农民职务晋升和就业行业选择的回归结果

被解释变量 / 解释变量	职务晋升		就业行业：传统行业		就业行业：公共部门	
	(1)	(2)	(3)	(4)	(5)	(6)
政治面貌	1.135***	1.054**	-0.392	-0.318	1.855***	1.831**
	(0.415)	(0.469)	(0.474)	(0.526)	(0.606)	(0.768)
求职途径	0.674	1.634	-0.128	0.222	2.038*	2.678**
	(1.080)	(1.426)	(1.155)	(1.206)	(1.194)	(1.344)
户籍所在地	0.607***	0.256	-0.476**	-0.573***	1.256***	0.776*
	(0.177)	(0.202)	(0.187)	(0.213)	(0.379)	(0.404)
性别	-0.055	-0.223	0.921**	0.686	0.162	0.018
	(0.489)	(0.535)	(0.439)	(0.469)	(0.783)	(0.965)

续表

被解释变量 解释变量	职务晋升		就业行业：传统行业		就业行业：公共部门	
	(1)	(2)	(3)	(4)	(5)	(6)
年龄	0.164 (0.333)	-0.110 (0.378)	0.343 (0.296)	0.456 (0.314)	1.149* (0.620)	1.171 (0.743)
受教育程度		1.193*** (0.333)		0.214 (0.256)		1.296* (0.675)
健康状态		-0.002 (0.228)		-0.245 (0.183)		0.009 (0.504)
职业培训		0.935** (0.376)		-0.143 (0.331)		1.487** (0.742)
常数项	-2.240*** (0.580)	-5.054*** (1.125)	-1.164** (0.497)	(1.108) (0.839)	-6.369*** (1.357)	-10.10*** (2.455)
N	236	219	234	215	234	215
pseudo R-sq	0.099	0.178	0.044	0.058	0.299	0.382

注：括号中报告的是稳健标准差；"*""**""***"分别表示在10%、5%和1%水平下显著。

表4-7报告了2008年已经就业的失地农民样本中，影响其职业晋升和所在行业的因素回归结果。结果显示，在没有人力资本的作用时，政治面貌和户籍所在地对失地农民的职务晋升产生显著的正向影响，在人力资本和社会资本的联合作用下，只有政治面貌、教育程度和职业培训对失地农民的职务晋升产生显著的正向影响。求职途径、户籍所在地、性别和年龄变量与失地农民的职务晋升之间的关系不显著。具体说来，第（1）列的回归结果说明，在没有人力资本的作用时，社会资本变量对失地农民职务晋升的影响显著正相关，且在1%的水平下显著。第（2）列的回归结果说明，在人力资本和社会资本的联合作用下，政治面貌、教育程度与失地农民的职务晋升显著正相关，且在1%的水平下显著；职业培训与失地农民的职务晋升显著正相关，且在5%的水平下显著；求职途径、健康状态、户籍所在地与失地农民职务晋升之间的关系不显著。这也说明了，当失地农民实现非农就业后，影响其职务晋升的关键在于失地农民的政治面貌、受教育程度和职业培训状况，通过政府安排就业和亲戚朋友介绍就业的确能够提高非农就业机会，但对其职务晋升影响不显著。

从失地农民就业行业的回归结果来看，户籍所在地在有无人力资本作用的情况下，都对失地农民是否选择在农林牧渔、餐饮娱乐、物业管理和保洁服务等行业就业有着显著的正向影响，并且这种影响在1%的水平下显著正相关。其他解释变量对失地农民就业行业选择的影响不显著。具体说来，第（3）列的回归结果说明，在没有人力资本作用的情况下，政治面貌、求职途径变量对失地农民在传统行业就业存在正向的影响，不过这种关系并不显著；失地农民的户籍所在地对其在传统行业就业有着显著的正向影响，且在1%的水平下显著。第（4）列的回归结果说明，在人力资本和社会资本的联合作用下，失地农民人力资本变量和社会资本（政治面貌、求职途径）变量对其是否选择在农林牧渔、餐饮娱乐、物业管理和保洁服务等行业就业没有显著影响，户籍所在地的回归结果显著为正，且在1%的水平下显著。原因可能在于，传统行业的收入相对较低、稳定性差、人力资本要求不高，所以较为低端的传统产业吸引力低，失地农民社会资本和人力资本发挥的作用有限。但是，在公共部门就业，失地农民人力资本和社会资本的影响力就发生了很大变化。

第（5）列的回归结果说明，在没有人力资本作用的情况下，政治面貌、求职途径变量对失地农民在传统行业就业存在正向的影响，并且这种影响在1%和10%的水平上显著。当然，户籍所在地和年龄变量也对失地农民在公共部分就业产生了显著影响。第（6）列的回归结果说明，在人力资本和社会资本的联合作用下，失地农民受教育程度、职业培训、政治面貌、求职途径变量对其是否选择在公共部门就业有着显著影响，户籍所在地的回归结果也显著为正，说明在公共部门就业，就业稳定、收入相对较高，失地农民都愿意充分发挥其人力资本和社会资本的作用，进入理想的行业。

总体而言，在人力资本和社会资本的联合作用下，失地农民人力资本和社会资本变量对其进入公共部门就业影响显著，对其进入低端的传统行业就业影响不显著；进入行业就业以后，人力资本对失地农民的职务晋升影响显著，社会资本变量中政治面貌的影响在1%的水平上显著，但求职途径变量对失地农民的职业晋升并无显著影响。

从2015年报告的回归结果来看（见表4-8），失地农民职务晋升机会的影响因素与2008年大体相似，人力资本与政治面貌、求职途径两个社会资本变量依然发挥较为显著的促进作用，而户籍所在地对其职务晋升的影响不显著；控制变量性别和年龄对失地农民的职业晋升影响不再显著。结合就业机会的影响因素不难发现，尽管在就业机会获得方面户籍能够发挥积极作用，但是职务晋升更多地依赖失地农民的人力资本积累。这也说明，随着征地时间地推移和企业管理制度逐步完善，失地农民户籍对其职业晋升的影响逐步消失。具体说来，第（1）列的回归结果说明，在没有人力资本的作用下，政治面貌与失地农民职务晋升显著正相关，且在1%的水平下显著，求职途径作用在10%的水平显著负相关，说明在没有人力资本的作用时，政治面貌是影响失地农民职务晋升的关键，社会关系求职对其职业晋升没有明显的社会影响；失地农民的户籍所在地对其职务晋升有正向影响，但这种影响并不显著。第（2）列的回归结果说明，在人力资本和社会资本的联合作用下，政治面貌、受教育程度与失地农民的职务晋升显著正相关，且在5%的水平下显著；求职途径不显著，表明求职只是职业生涯的起点，而晋升是职业生涯的过程，起点对过程的影响并不显著。

在传统就业行业方面，与2008年相比也出现了非常积极的变化。人力资本和政治面貌、求职途径变量对就业行业的选择作用开始凸显。相比2008年，具有较高的人力资本和政治面貌是党员、通过社会关系求职的失地农民更不愿意选择进入传统的行业。具体说来，第（3）列的回归结果说明，在没有人力资本作用的情况下，政治面貌、求职途径变量对失地农民在传统行业就业存在负向的影响，且在1%和5%的水平下显著，说明政治面貌是党员和通过社会关系求职的失地农民不愿意选择在传统行业就业；户籍所在地对其在传统行业就业有正向影响，但影响并不显著；男性不愿意选择在传统行业就业，这可能与传统行业的工资收入相对较低有关。第（4）列的回归结果说明，在人力资本和社会资本的联合作用下，政治面貌、求职途径、受教育程度变量与失地农民在传统行业就业呈现负相关关系，且这种关系显著；职业培训与失地农民在传统行业就业呈现正相关关系，且在1%的水平下显著；男性不愿意选择在传统行业就业，且在1%的水平下显著负相关。2015年的调查结果说明，政治面貌是党员、通过社会关系求职和受教育程度较高的失地农民都不愿意在传统行业就业。

在公共部门就业方面，与2008年的数据相比，失地农民已经开始进入公共部门就业。按照劳动力市场分割理论，劳动力市场存在着主要劳动力市场和次要劳动力市场。一般情况下，公共部门的工作职位具有较高的社会地位和较稳定的职业待遇，被认为属于主要劳动力市场，传统的农林牧渔、餐饮服务、清洁和物业管理被认为属于次要劳动力市场。因此，由次要劳动力市场向主要劳动力市场流动，是就业质量改善的重要指标。此外，回归结果显示失地农民的人力资本与政治面貌、求职途径都发挥了积极作用，失地农民户籍所在地所起作用并不显著。具体说来，第（5）列的回归结果说明，在没有人力资本作用的情况下，政治面貌、求职途径对失地农民在公共部门就业产生显著的正向影响，且这种影响在1%和5%的水平下显著，说明失地农民的党员身份和通过社会关系求职提升了其进入公共部门就业的机会，而且起到了关键作用；户籍所在地对其在公共部门就业有正向影响，但并不显著。第（6）列的回归结果说明，在人力资本和社会资本的联合作用下，政治面貌、求职途径、受教育程度、健康状态变量与失地农民在公共部门就业呈现显著的正向影响，且政治面貌、求职途径和受教育程度变量在1%的水平下显著；户籍所在地对其在公共部门就业有负向影响，但并不显著，说明政治面貌、求职途径和受教育程度是影响失地农民在公共部门就业的关键。

表4-8　　2015年失地农民职务晋升和就业行业选择的回归结果

被解释变量 / 解释变量	职务晋升		就业行业：传统行业		就业行业：公共部门	
	(1)	(2)	(3)	(4)	(5)	(6)
政治面貌	0.960***	0.653**	-0.974***	-0.607*	2.549***	1.838***
	(0.290)	(0.315)	(0.297)	(0.325)	(0.558)	(0.614)
求职途径	-0.456*	-0.422	-0.496**	-0.393*	1.215**	1.575***
	(0.256)	(0.263)	(0.222)	(0.234)	(0.537)	(0.607)
户籍所在地	0.273	0.189	0.296	0.569**	0.407	-0.238
	(0.254)	(0.276)	(0.223)	(0.244)	(0.625)	(0.670)
性别	0.186	0.150	-0.909***	-0.689***	0.320	-0.123
	(0.250)	(0.267)	(0.224)	(0.237)	(0.643)	(0.717)
年龄	-0.188	-0.132	0.0625	-0.0929	0.581	0.811
	(0.215)	(0.224)	(0.195)	(0.207)	(0.510)	(0.578)

续表

解释变量 \ 被解释变量	职务晋升		就业行业：传统行业		就业行业：公共部门	
	(1)	(2)	(3)	(4)	(5)	(6)
受教育程度		0.377** (0.163)		-0.549*** (0.151)		1.520*** (0.500)
健康状态		0.241 (0.177)		-0.165 (0.155)		0.874* (0.500)
职业培训		0.0914 (0.252)		0.703*** (0.228)		0.300 (0.598)
常数项	-1.286*** (0.482)	-3.139*** (0.874)	0.459 (0.436)	1.953** (0.761)	-5.358*** (1.186)	-13.35*** (2.995)
N	403	385	404	386	404	386
pseudo R - sq	0.038	0.058	0.076	0.117	0.232	0.352

注：括号中报告的是稳健标准差；"*""**""***"分别表示在10%、5%和1%水平下显著。

由于失地农民是否接受社会关系求职变量可能存在内生性，我们担心回归结果是有偏的。我们对2015年数据进行了biprobit回归分析，结果如表4-9和表4-10所示。

表4-6报告的结果已经表明，存在未观测到的因素，同时影响失地农民是否接受求职途径中社会关系求职（靠亲戚朋友安排就业和靠政府提供就业岗位）和非农机会的获取，表4-9和表4-10的报告结果支持了这一结论。表4-9和表4-10中列（1）报告的相关系数ρ为0.688和0.645，似然比检验拒绝0假设，表明估计结果中可能存在未观测到的因素，这些因素可能对失地农民非农就业机会和职务晋升产生影响，因此如果不控制选择性偏差，我们将高估接受就业安置对职务晋升的影响。对比表4-8中的列（2）和表4-9中的列（1）报告，我们就会发现前者略微高估了求职途径变量的影响。比如说，由于求职途径变量中靠政府提供就业岗位都集中在传统行业的基础性工作，不仅会影响失地农民非农就业后就业职务晋升，而且会限制职务的上升渠道，这也是大量接受安置的失地农民一段时间后离开安置岗位的重要原因。是否接受求职途径中通过社会关系求职与是否进入传统行业就业之间可能存在未观测因素的影响。表4-9和表4-10中列（2）报告的相关系数ρ为-0.741和-0.711，似然比检验拒绝了0假设，表明还存在少量未观测到因素的轻微影响，说明这

些潜在要素在促进失地农民接受社会关系求职的同时，降低其进入传统行业的倾向程度，这可能会导致低估接受社会关系求职对失地农民进入传统行业的影响。对比表4－8中的列（4）、表4－9和表4－10中列（2）报告的系数，我们发现表4－8的回归系数略微高于表4－9和表4－10，说明表4－8低估了政治面貌对进入传统行业的正向影响，高估了社会关系求职进入传统行业就业的负向影响。通过社会关系求职有利于失地农民获取更好的就业机会，进入更高收入回报的非传统行业。以政治面貌和求职途径衡量的社会资本，对进入传统行业的倾向程度影响均为负。对于具有党员身份和通过社会关系求职的失地农民而言，他们一方面需要执行政府征地和就业安置政策，而接受就业安排意味着进入传统行业的概率大大升高；另一方面，党员身份和通过社会关系求职都增加了失地农民进入更高回报的非传统行业就业机会，同时相应降低其进入传统行业的可能性。在控制未观测因素影响后，我们得到的无偏结果也显示政治面貌和求职途径中的社会关系求职显著增加了失地农民就业机会，但是显著地降低了失地农民进入传统行业的可能性。另外，表4－9和表4－10中的列（3）还表明，进入公共部门就业与求职途径中接受社会关系求职之间，未观测因素的相关系数回归结果为－0.232和－0.211，没有通过显著性检验，说明未观测效应引起的偏差不明显，表4－8的回归结果是可信的。

表4－9　2015年失地农民职务晋升和就业行业选择的biprobit回归结果（1）

变量	职务晋升 (1)	就业行业：传统行业 (2)	就业行业：公共部门 (3)
政治面貌	0.558 *** (0.183)	－0.483 *** (0.182)	0.683 * (0.398)
求职途径	0.402 (0.289)	－0.371 * (0.214)	1.374 *** (0.417)
受教育程度	0.144 (0.096 2)	－0.263 *** (0.096 1)	0.638 *** (0.211)
健康状态	0.089 8 (0.090 6)	－0.064 4 (0.076 6)	0.377 (0.236)
职业培训	0.036 0 (0.126)	0.356 *** (0.122)	0.241 (0.284)

续表

变量	职务晋升 (1)	就业行业：传统行业 (2)	就业行业：公共部门 (3)
户籍所在地	0. 098 2 (0. 149)	0. 244 * (0. 143)	-0. 044 8 (0. 319)
性别	0. 046 4 (0. 150)	-0. 297 ** (0. 146)	0. 074 6 (0. 322)
年龄	-0. 011 6 (0. 124)	-0. 022 5 (0. 117)	0. 238 (0. 256)
常数项	-0. 855 (0. 627)	0. 240 (0. 460)	-5. 865 *** (1. 221)
ρ	0. 688 (0. 234)	-0. 741 (0. 172)	-0. 232 (0. 659)
Likelihood - ratio test of rho - 0, P	0. 062 *	0. 007 4 ***	0. 763
N	367	368	368

注：括号中报告的是稳健标准差；"*""**""***"分别表示在10%、5%和1%水平下显著。

表 4-10　2015 年失地农民的职务晋升和就业行业选择 biprobit 回归结果（2）

变量	职务晋升中 接受社会关系求职	传统行业就业中 接受社会关系求职	公共部门就业中 接受社会关系求职
政治面貌	0. 569 *** (0. 193)	0. 539 *** (0. 192)	0. 551 *** (0. 196)
求职途径	0. 201 (0. 381)	0. 331 (0. 556)	1. 594 *** (0. 117)
受教育程度	-0. 081 7 (0. 089 9)	-0. 082 2 (0. 089 7)	-0. 095 3 (0. 090 3)
征地年限	0. 005 29 (0. 015 0)	0. 011 5 (0. 013 2)	0. 016 1 (0. 015 2)
失地后政府提供工作岗位	0. 234 * (0. 140)	0. 325 ** (0. 133)	0. 249 (0. 160)
失地后政府提供就业培训	0. 182 (0. 149)	0. 108 (0. 146)	0. 185 (0. 162)

续表

变量	职务晋升中接受社会关系求职	传统行业就业中接受社会关系求职	公共部门就业中接受社会关系求职
失地后政府提供用工信息	0.279* (0.159)	0.216 (0.152)	0.203 (0.173)
失地后政府开展就业指导	0.135 (0.160)	0.191 (0.153)	0.165 (0.179)
户籍所在地	-0.043 2 (0.146)	-0.037 0 (0.147)	-0.018 0 (0.148)
性别	-0.058 2 (0.144)	-0.049 0 (0.144)	-0.051 2 (0.145)
年龄	0.029 9 (0.124)	0.016 5 (0.122)	0.020 2 (0.124)
常数项	-0.061 1 (0.351)	-0.119 (0.336)	-0.117 (0.347)
ρ	0.645 (0.232)	-0.711 (0.152)	-0.211 (0.623)
Likelihood - ratio test of rho = 0, P	0.052*	0.006 9***	0.738
N	367	368	368

注：括号中报告的是稳健标准差；"*""**""***"分别表示在10%、5%和1%水平下显著。

(3)"稀有事件偏差"检验。本章构建的标准Logit模型假设扰动项为同方差，并据此给出似然函数进行估计。因此，估计结果的有效性依赖于同方差假设。为了证明实证结论的稳健性和有效性，需要对同方差假定进行检验。实际上应用的同方差检验方法，主要是构建条件方差方程，利用似然比检验方程的联合显著性。如果通过同方差检验，则可以使用同方差Logit模型。因此本章重新进行了同方差检验，并在表中报告了稳健标准误，回归系数依然稳健。限于篇幅，不再报告检验结果。

另外，本章利用2015年数据对失地农民的就业行业选择进行回归分析时，发现进入公共部门就业的样本频率非常小，被解释变量中大量为0，少量为1，在有限样本容量前提下Logit估计可能存在"稀有事件偏差"。根据King和Zeng（2001）提出的方法，可以解决稀有事件偏差问题。具体做法是：首先对稀有事件造成的小样本偏差 $bias(\hat{\beta})$ 进行估计，然后修正原 Logit 模型的估计系数，得到偏差修正估计，即 $[\hat{\beta} - bias(\hat{\beta})]$。本研究的修正结果见表 4-11。

表 4-11　　修正"稀有事件偏差"的回归结果

解释变量 \ 被解释变量	就业行业：公共部门	
	(1)	(2)
政治面貌	2.530*** (0.555)	1.624*** (0.598)
求职途径	1.204** (0.534)	1.574*** (0.606)
受教育程度		1.437*** (0.483)
健康状态		0.880* (0.499)
职业培训		0.307 (0.598)
户籍所在地	0.549 (0.614)	-0.100 (0.688)
性别	0.382 (0.636)	-0.019 (0.688)
年龄	0.508 (0.492)	0.646 (0.546)
常数项	-4.770*** (1.145)	-11.47*** (2.671)
N	404	386

注：括号中报告的是标准差；"*""**""***"分别表示在 10%、5% 和 1% 水平下显著。

从表 4-11 中可以看到，相比未修正的表 4-8 中的第（5）列和第（6）列的回归结果，本研究进行偏差修正后，进入公共部门的就业行业选择 Logit 模型估计系数有所下降，标准差也有所下降，因此可以充分说明，

表4-11中第（1）列和第（2）列回归系数的显著性没有明显变化。没有人力资本作用的条件下，失地农民的政治面貌和求职途径中通过社会关系求职对其进入公共部门就业有着显著的正向影响，并且分别在1%和5%的水平下显著。这说明政治面貌为党员、求职途径为社会关系求职的失地农民，其进入公共部门就业的概率明显高于非党员、求职途径为非社会关系求职的失地农民，户籍为农业户口或非农业户口对失地农民进入公共部门就业的影响不显著。在人力资本和社会资本的双重作用下，失地农民的政治面貌、求职途径、受教育程度、健康状况等变量对其进入公共部门就业的影响显著，前三个变量在1%的水平下显著正相关，最后一个变量在10%的水平下显著正相关，户籍对失地农民进入公共部门就业的影响依然不显著。修正“稀有事件偏差”的回归结果进一步说明，4.4%的失地农民样本进入公共部门就业还不够稀有，因此得到的偏差并不明显。这也充分说明，失地农民进入公共部门就业论证的合理性。

4.6 结论及建议

4.6.1 研究结论

征地是我国城镇化进程的重要组成部分，由土地的城镇化推动人口的城镇化是实现和推动我国城镇化的主特征，但是人口的城镇化并不意味着人口就业的城镇化，本书基于失地农民的就业机制分析，结合实证分析结果，正显示了这一事实。

首先，对2008年和2015年失地农民就业机会的回归分析结果显示，2008年失地农民尚未实现充分就业，人力资本和社会资本变量对促进非农就业具有显著的积极作用。随着北京市征地政策的逐渐完善、公共就业服务政策的大力实施，北京市经济结构转型带动失地农民从第一产业转移到第三产业就业并逐渐实现了充分就业，人力资本和政治面貌对就业机会获取的作用并不显著，但这并不意味着对职务和就业行业的影响不显著；求职途径对非农就业机会的影响较为显著，并且这种影响对就业行业和职业晋升都存在较为显著的影响。与此同时，户籍所在地也是影响就业机会的重要因素，不过随时间变化，户籍所在地的影响正在逐渐减弱。在控制未观测因素引起的内生性偏差后，我们发现求职途径中社会关系求职显著地提高了失地农民非农就业的机会。

其次，对2008年和2015年失地农民的职务晋升和获得的回归分析结果显示，2008年失地农民的政治面貌、受教育程度和职业培训对其职务晋升产生显著的正向影响；求职途径中通过社会关系求职、失地农民的户籍所在地对其职业晋升影响不显著。2015年的实证结果与2008年大体相似，人力资本与政治面貌依然保持较为显著的促进作用，求职途径、户籍所在地变量对其职务晋升的影响不显著。因此，失地农民职务的晋升更多取决于人力资本的积累和政治面貌的特征，求职途径中社会关系发挥的作用很小。由于可能存在未观测因素影响失地农民职务晋升导致直接的Logit模型回归系数有微量偏差，控制内生性偏差后发现，亲戚朋友帮助就业和当地政府安排就业不利于失地农民职务晋升，这估计与失地农民自身人力资本积累程度有关，职务晋升是员工综合能力的体现，单纯靠社会关系很难实现员工职业上的发展。

最后，对2008年和2015年失地农民的就业行业选择的回归分析结果显示，随时间推进，就业行业选择出现了积极变化。第一，2008年回归结果中，户籍所在地对失地农民进入传统行业就业有显著的正向影响，人力资本、政治面貌、求职途径变量对其是否选择进入传统行业无显著影响。到了2015年，人力资本、政治面貌、求职途径变量对失地农民就业行业的选择作用开始凸显。具有较高人力资本、政治面貌是党员和求职途径中通过社会关系求职的失地农民不愿意进入传统行业就业，更愿意进入公共部门就业，并且这种影响显著。户籍所在地因素对失地农民进入传统行业就业的影响显著性与2008年一致，但对于失地农民选择公共部门就业，户籍所在地变量的影响不明显。分析结果表明，人力资本和社会资本在失地农民的就业行业选择中的作用越来越突出。早期，失地农民面临的是有没有就业机会的问题；现在，失地农民在有了就业机会的前提下，考虑如何提高就业质量，进入更好的行业和获得更好的职业发展。第二，2015年的样本显示出失地农民开始由次要劳动力市场转向主要劳动力市场，显示出劳动力市场融合进程中，失地农民的就业质量在不断改善。

4.6.2 研究建议

第一，加大失地农民继续教育培训的力度，加强人力资本积累。通过研究发现，提高失地农民的人力资本积累有助于失地农民获得更多的就业机会，进入更好的行业，获得更大的职业发展。为此，地方政府需要结合失地农民的自身特点，开展形式多样的继续教育培训，包括与地方广播电视大学和高校合作，开展继续教育，提高失地农民的学历层次；开展形式多样的职前培训和职中培训，提高失地农民的职业素养。

第二，扩大失地农民的社会关系网络，积累社会资本，提高失地农民二次就业的能力。研究发现，失地农民的党员身份的确能增加其就业机会，帮助其进入更好的行业就业和获得较好的职业发展，这些都源于失地农民平时在工作和活动中甘于奉献、乐于付出等有关，所以失地农民在平时的工作中要向优秀党员学习，要积极向党组织靠拢，争取加入党组织，成为一名优秀党员，进而提高再就业能力。另外，要扩大失地农民的社会关系面，通过积累社会关系，失地农民的就业机会显著提高——当然，只有社会关系与自身能力有效结合，才能助推职业发展。

第三，完善失地农民再就业的劳动力市场体系。这里包括三个层面：一是建立健全劳动力市场，推进失地农民跨区域就业。要通过完善城乡统一的劳动力市场，扩大失地农民的就业范围，实现失地农民多区域就业，而不是当地政府将失地农民作为保护对象，在就业市场安置、就业行业选择等方面一揽子的安排，这样反倒降低了失地农民再就业的能力。二是加强制度建设，保证公平公正的就业环境。失地农民既要积累人力资本和社会资本，又要遵守劳动力市场的规则制度，只有这样，才能保证就业市场的公平性。三是加强就业和创业指导。加强各级社区就业指导中心的建设，扩大专兼职就业指导队伍，争取做到1人对10人的帮扶比例，实现就业指导和辅导，克服失地农民再就业过程中的各种阻碍。

5. 失地农民就业安置政策与失地农民稳定就业研究

5.1 问题的提出

积极劳动力市场政策，包括直接提供就业岗位和就业信息、提供培训机会、提供就业补贴等，是政府解决社会就业问题的核心政策。在欧盟成员国内部，积极的劳动力市场政策是“欧洲就业战略”（European Employment Strategy）的核心。积极的劳动力市场政策是否有效促进了社会就业，则成为经济学家们关心的重要问题。尽管越来越多的研究开发出科学的方法来评估不同的积极就业政策的有效性，但关于积极就业政策是否有效地降低失业促进就业，以及哪类项目最具发展前景，还没有形成共识（Kluve，2006）。

在劳动力市场发育和城镇化过程中，创造更多的就业岗位成为我国各级政府年度工作的重要目标，其中之一便是针对城镇化过程失地农民的就业安置政策。失地农民的就业问题是随着城镇化进程推进中政府强制性征地而产生的。王轶和王琦（2016）的研究发现，特大型城市失地农民 2015 年的就业明显高于 2008 年的就业率，2015 年的就业率已经达到 90.70%。加快城镇化建设，促进约 1 亿农业转移人口落户城镇，势必导致农民的失地和二次就业。为了促进失地农民更好地实现就业和非农转移，各地政府纷纷出台与征地政策相配套的经济补偿和就业安置政策，政策力度比较大。但是，这些就业安置政策取得了怎样的实施效果，目前的研究还比较少，这是本书要解决的问题。

5.2 文献综述

国内外对征地过程中就业安置政策的因果效应评估的文献还比较少。国外没有失地农民的这个概念，因此国外学者一般研究就业政策对农民非农就业的影响。如 Briggs（1997）通过对美国不同时期实施的就业政策进行了回顾，并对农民非农就业的实施效果进行了分析和说明。Dolowitz（1997）分析了 20 世纪 80 年代英国撒切尔政府开始实施积极的就业政策，大力开展培训，提高个人的福利水平，以及这些政策对个人非农就业的影响。Lanjouw（1999）以印度及一些发展中国家的就业政策案例与非农就业产业的发展为研究基础，分析了区域和全国就业政策对美国区域非农就业行业发展的影响，研究发现，最低工资立法、福利与劳动立法抑制了非农业就业部门的发展，不完善的资本市场也加剧了非农部门的就业压力，进而影响非农就业。Berdegué（2000）分析了亚洲和南美洲的非农就业政策及非农就业发展，进而分析推动美国非农就业政策的重要性。Radhakrishna（2002）以乌干达为例，提出如果要促进非农就业的增长，解决贫困问题，就需要加大人力资源开发投资，提高民众的就业能力。

国内已有研究从就业政策着手研究再就业的文献也相对较少，以失地农民这个特殊群体为研究对象的文献就显得更为稀缺。研究就业政策对再就业影响的代表性文献有：国家发展改革委宏观经济研究院课题组（2004）以再就业群体为研究对象，比较分析了 1999 ~ 2002 年积极就业政策的实施效果。杨伟国（2007）全面分析了中国改革与就业政策转型的关系，中国就业政策转型的宏观环境、战略性就业政策、保护性就业政策等内容，并对其实施的效果进行了说明。李新宽（2010）从历史学的视角分析了在重商主义时代，英国是如何发挥就业政策的作用来促进本国公民的再就业。赖德胜等（2011）从分析就业政策支出与下岗失业人员的再就业视角入手，分析了就业政策对再就业的影响。在研究失地农民的就业政策方面，如叶继红（2007）以南京地区失地农民为例，分析了失地农民就业过程中地方政府所采取的相关举措。李倩（2008）认为解决失地农民生存问题的关键在就业，推动就业的出路在制订合理的就业安置政策。刘雪梅

(2014) 从制约农民工就业的制度环节入手，分析了农民工就业面临的问题和制约的因素，据此提出提高失地农民就业率的制度性安排。罗凌云、胡仕勇 (2014) 通过定量分析发现，失地农民的就业保障因素对失地农民职业转型产生了显著影响，因此建议加强失地农民就业保障体系的建设，以推进失地农民的二次就业转型。王轶和石丹淅 (2016) 基于北京地区连续跟踪的调查数据，通过构建 OLS 回归模型，验证了影响失地农民就业质量的关键因素，研究发现，土地补偿政策、失地农民人力资本、求职途径等都对失地农民的就业产生直接影响。

通过对上述文献的整理发现，国外已有文献主要从区域和国别的视角分析就业政策对非农就业的影响，研究结果充分支持了不同就业政策对农民非农就业所产生的重要影响，但对就业政策的效应评估文献相对较少。随着 20 世纪 90 年代我国国有企业的改革，企业下岗工人面临再就业，国家先后出台了就业政策推动下岗工人再就业。国内学者开始关注就业政策对下岗工人再就业的影响。已有文献主要从比较分析的视角，比较不同时期不同就业政策及其实施效果。随着我国城镇化进程的日益加速，失地农民群体进入研究者的视野，近几年逐步有部分学者开始关注就业政策对失地农民就业的影响。不过，因推动失地农民就业尚无全国性的政策，只有区域性政策，故少量研究都是基于区域的视角，从人力资本或社会资本方面展开，研究方法多偏重于定性分析或描述性统计分析。当然，已有研究为本研究奠定了坚实基础，并提供了思路和可供借鉴的方法，但也存在缺陷，如针对失地农民的积极就业政策，取得了怎样的总体效果？所有失地农民都从政策中均等受益了吗？目前的研究还有空白，也未达成共识。因此，需要对政府就业安置政策进行有效的因果效应评估。因果效应评估的可行思路，是“建立反事实”。由于本书不能同时观察到失地农民接受或不接受政府就业安置的就业结果，也就无法直接比较就业安置政策对失地农民就业的影响，因此需要根据样本数据构建反事实。

我们试图通过构建一个含内生选择机制的就业安置政策效应评估的模型，通过估算政策的干预效应来回答这样一个问题，即接受政府就业安置是否增加了农民的就业机会。课题组于 2015 年对我国特大型城市北京地区失地农民就业状况的抽样调查为本书的评估研究提供了可能。在调查中发现，尽管政府为失地农民提供了就业安置政策，但安置政策对就业的促进效果并不如预期般显著。分析看来，失地农民基于自身人力资本和社会资本等比较优势，在劳动力市场搜寻工作。如果就业安置政策对促进就业作用越积极，失地农民个体接受政策安置的积极性就越高。因此，失地农民对政策的响应是内生决定的，要评估失地农民是否接受政府就业安置对就业结果的影响，必须考虑这一内生选择机制。本书的研究也将表明，控制选择性偏差对于准确估计政策效应非常重要。

5.3 研究设计

因果识别是本书需要重点关注的问题。从理论上来说，如果政府的积极就业政策是促进失地农民就业的原因，那么意味着如果没有政府积极的就业政策，失地农民的就业概率将会降低。我们不能同时观察到一名接受政策安置的失地农民的就业与非就业状态，因而无法直接估计得到是否接受政策干预下的就业概率。更为重要的是，失地农民是否选择接受政府的就业安置是基于各种条件做出的优化决策，政府的积极就业政策将使得失地农民面临选择——或者不接受政府安置，或者接受政府安置——不同的选择将导致不同的就业发展路径甚至影响到最终的结果。如何在考虑失地农民是否选择就业安置的条件下，估计接受政策干预所带来的就业概率增加，是我们需要解决的关键核心问题。解决这一问题的办法是构建二元抉择和内生转换回归模型，在回归结果的基础上构建反事实模型，估算政策干预的因果效应。

首先，将失地农民个人“是否选择了政府安置就业”作为政策干预变量 T_i（Treatment），接受政策安置为1，否则为0。是否接受政策干预可以表示为：

$$\begin{aligned} &T_i = 1 \quad \text{if} \gamma Z_i + \theta_i > 0 \\ &T_i = 0 \quad \text{if} \gamma Z_i + \theta_i \leqslant 0 \end{aligned} \tag{5-1}$$

定义就业状态的结果变量和结果方程：

$$y_i = \begin{cases} y_{1i} if D_i = 1, y_{1i} = I(y_{1i}^* > 0), y_{1i}^* = \beta_1 X_{1i} + \mu_{1i} \\ y_{0i} if D_i = 0, y_{0i} = I(y_{0i}^* > 0), y_{0i}^* = \beta_0 X_{0i} + \mu_{0i} \end{cases} \tag{5-2}$$

其中，y_{0i}^*、y_{1i}^* 分别表示未接受就业安置和接受就业安置下的就业状态潜变量，决定了观察到的二元就业状态变量 y_{0i}、y_{1i}。X_0 和 X_1 是弱外生性的协变量向量，Z 表示失地农民是否选择接受就业安置的影响因素；β_0、β_1 和 γ 是待估计的参数。μ_{0i}、μ_{1i} 和 θ_i 是误差项，假定其服从联合正态分布，具有 0 均值、相关矩阵为：

$$\Omega = \begin{pmatrix} 1 & \rho_0 & \rho_1 \\ & 1 & \rho_{10} \\ & & 1 \end{pmatrix} \tag{5-3}$$

其中，ρ_0 是 μ_{0i} 和 θ_i 之间的相关系数，ρ_1 是 μ_{1i} 和 θ_i 之间的相关系数，ρ_{10} 是 μ_{0i} 和 μ_{1i} 之间的相关系数。由于 y_{0i} 和 y_{1i} 永远不可能被同时观察到，μ_{0i} 和 μ_{1i} 的联合分布无法识别，ρ_{10} 也无法被估计出来。因此，通常的做法是假设 $\rho_{10}=1$。

其次，在构建政策干预选择方程（5-1）和就业结果方程（5-2）的基础上，可以利用累积分布函数 F 来估计失地农民个体选择接受政府就业安置的概率：$\Pr(T=1|Z)=F(Z\gamma)$。失地农民选择政府安置就业（$T=1$）并获得了积极就业结果（$y=1$）的概率可以表示为：

$$\Pr(T=1, y=1|X=x)=\Phi_2(Z\gamma, X_1\beta_1, \rho_1) \tag{5-4}$$

其中，Φ_2 是双变量联合正态分布的累积分布函数。

类似地，失地农民选择政府安置就业（$T=1$）却没有得到积极就业结果（$y=0$）的概率可以表示为：

$$\Pr(T=1, y=0|X=x)=\Phi_2(Z\gamma, -X_1\beta_1, -\rho_1) \tag{5-5}$$

同理，失地农民没有选择政府安置就业（$T=0$）并获得了积极就业结果（$y=1$）的概率可以表示为：

$$\Pr(T=0, y=1|X=x)=\Phi_2(-Z\gamma, X_0\beta_0, -\rho_0) \tag{5-6}$$

失地农民既没有选择政府安置就业（$T=0$），又没有得到积极就业结果（$y=0$）的概率可以表示为：

$$\Pr(T=0, y=0|X=x)=\Phi_2(-Z\gamma, -X_0\beta_0, -\rho_0) \tag{5-7}$$

对于式（5-1）—式（5-7）所刻画的二元内生选择变量和二元结果变量模型，可以用（Lokshin & Newson, 2011）提出的构建对数似然函数，并利用最大似然法加以估计（具体的对数似然函数略）。

得到模型的参数估计结果 $\hat{\beta}_0$、$\hat{\beta}_1$ 和 $\hat{\gamma}$ 以及相关系数 $\hat{\rho}_0$、$\hat{\rho}_1$ 之后，可以采用（Aakvik et al., 2000）提出的方法来计算离散响应变量模型中的干

预效应。

首先考察已经接受政府就业安置农民群体，我们称为干预组。可以根据模型回归得到的参数估计结果计算干预组接受政府就业安置所产生的就业概率，作为其参照的反事实是干预组没有接受政府就业安置所产生的就业概率，二者之差便是接受政府安置就业给失地农民带来的预期就业效应，也称为干预组的干预效应（effect of the treatment on the treated）：

$$TT(x) = \Pr(y_1 = 1 \mid T = 1, X = x) - \Pr(y_0 = 1 \mid T = 1, X = x)$$
$$= \frac{\Phi_2(X_1\hat{\beta}_1, Z\hat{\gamma}, \hat{\rho}_1) - \Phi_2(X_0\hat{\beta}_0, Z\hat{\gamma}, \hat{\rho}_0)}{F(\hat{Z}\gamma)} \tag{5-8}$$

干预组的平均干预效应为：

$$ATT = \frac{1}{N_T}\sum_{i=1}^{N_T} TT(x_i) \tag{5-9}$$

接下来考察没有接受政府就业安置农民群体，我们称为对照组。同样，可以根据参数回归结果计算对照组的干预效应 TU（effect of the treatment on the untreated）：

$$TU(x) = \Pr(y_1 = 1 \mid D = 0, X = x) - \Pr(y_0 = 1 \mid D = 0, X = x)$$
$$= \frac{\Phi_2(X_1\hat{\beta}_1, -Z\hat{\gamma}, -\hat{\rho}_1) - \Phi_2(X_0\hat{\beta}_0, -Z\hat{\gamma}, -\hat{\rho}_0)}{F(-Z\hat{\gamma})} \tag{5-10}$$

对照组的平均干预效应为：

$$ATU = \frac{1}{N_U}\sum_{i=1}^{N_U} TU(x_i) \tag{5-11}$$

如果随机地从样本总体中抽取具有观察特征 x 的失地农民个体接受就业安置的政策干预，那么就业政策干预所产生的干预效应（treatment effect）为：

$$TE(x) = \Pr(T = 1, X = x) - \Pr(T = 0, X = x)$$
$$= F(X_1\beta_1) - F(X_0\beta_0) \tag{5-12}$$

平均干预效应为：

$$ATE = \frac{1}{N}\sum_{i=1}^{N} TE(x_i) \tag{5-13}$$

其中，$N = N_T + N_U$。

5.4 数据说明、变量设定和描述性统计

5.4.1 数据说明

在使用北京地区居民调查数据之前，有必要对北京地区征地配套政策进行简要说明。北京市政府在征地的过程中，推出了一系列配套政策来保障失地农民的利益，积极的就业政策便是其中重要一环。政府有关部门为失地农民推出的一系列政策包括：提供工作岗位、就业培训、提供用工信息、就业指导等等形式。2004 年北京市出台《建设征地补偿安置办法》(市政府 148 号令)，标志着北京市农地征收补偿安置政策的重大突破。该项政策具有两大核心：一是对失地农民进行经济补偿，包括直接通过货币的形式或者通过建设还建房的形式给予失地农民的经济补偿；二是对部分转移劳动力进行就业安置。因为政府是强制征地，所以北京市政府制定了一系列相关政策推动失地农民再就业。主要包括：社会保障。政府通过为失地农民办理户籍等形式为失地农民提供相应的医疗、养老、失业等保障，以此缓解失地农民的就业压力。就业培训：政府通过就业培训等形式，帮助失地农民积累专用人力资本，提高失地农民二次就业的能力。就业推荐。政府征收土地后，与即将入驻的单位进行谈判，通过推荐就业的形式，解决当地失地农民的就业问题。自主择业，失地农民在获得一定经济补偿后，也可以通过劳动力市场自主实现就业。

5.4.2 变量设定

征地行为对农民产生了外生冲击。如果只是失去部分土地，那么征地可能会部分影响农业人口的劳动力供给决策。因征地而失去部分农业生产用地的家庭必然有部分劳动力剩余，那么失地农户会向非农生产部门供给劳动力，供给量多少取决于劳动力市场效率和非农就业预期收入。如果农户失去全部农地，那么便需要转移再就业，或者受雇于其他农业生产经营者，或者流向非农生产部门，寻找新的工作机会。然而，征地过程如何影响劳动力供给，已有文献并没有给出一致结论，失地农民的就业机理更无

从得知。一般情况下，农业人口失去土地必然影响到其劳动供给。在失地农民的劳动流转过程中，政府的政策必然起到一定的促进作用，农民人力资本和社会资本状况等因素必然要发挥关键性的作用。

（1）结果变量。我们以就业状态衡量就业安置政策的结果，如果个体的就业状态为“稳定工作”，则变量设为1，否则为0。以二元响应变量衡量的就业结果，也可以视作就业机会的获得概率。

另外，为了进一步分析失地农民的就业行业去向，我们设定了就业行业的结果变量。如果失地农民现工作单位所在行业为传统行业，包括农林牧渔业、餐饮娱乐业、物业管理和保洁业，则设为1，其余为0。在政策干预下，失地农民的就业去向能够反映政府就业安置政策的效果和农民工的就业质量。

（2）选择变量，即前文的政策干预变量。如果“征地后选择了政府安置就业”，则设为1，否则为0。正如是否接受教育和培训是基于自身特征做出的优化选择，失地农民是否接受政府安置就业同样如此。失地农民即使没有享受就业安置政策，也能够找到合适的稳定工作，那么额外接受就业安置的必要性较低。基于此，结果变量和选择变量可能同时受到未观测变量的影响。后文的分析也将表明通过选择变量控制选择性偏差对准确估计政策干预效应的重要性。

（3）协变量。将教育程度设置为定序离散变量，教育学历的分类包括“小学及以下”“初中”“高中”“中专”“大专”“本科及以上”，将“小学及以下”设为1，“初中”设为2，“高中”和“中专”设为3，“大专”“本科及以上”设为4。健康状况设置为“身体状况很健康”“健康”设为1，其余为0。职业培训设置为“参加过职业培训”为1，否则为0。工作经验设置为累积工作经验的年数。政治面貌设置为共产党员为1，非共产党员为0。户籍所在地设置为城市和小城镇为1，其余为0。性别设置为男性为1，女性为0。

另外，还要控制土地征收时间。要明确最后一批土地征收的时间距离2015年的时间跨度。由于不同年份的宏观就业形势不同，就业安置的岗位可能会存在差异，由此导致失地农民是否选择政府就业安置也会存在某种程度的影响，因此需要控制征地时间的影响。

政策供给变量。失地后有关部门为促进失地农民就业所提供的配套政策包括四项内容：提供工作岗位、提供就业培训、提供用工信息、提供就业指导等。我们将这些内容设定为有序变量，如果未提供任何政策，则为0，选择了其中之一则为1，选择其中2项、3项、4项分别设为2、3、4。政策供给变量影响失地农民是否接受就业安置，预计政策供给越多，失地农民选择就业安置的可能性越高。

养老保障变量。有养老保险或养老金设为1，没有养老保险、依靠子女供养或依靠亲戚朋友供养设为0。

5.4.3 描述性统计

为了初步地说明本章所使用数据的基本情况，也为了从统计均值上表现出本章的因果效应模型具有事实基础，我们在表5-1中初步报告了政策干预组和政策对照组的统计差异。

表5-1 分组描述性统计

变量		政策干预组 $T_i=1$			政策对照组 $T_i=0$		
		观察值	均值	方差	观察值	均值	方差
就业状态		223	0.543	0.499	183	0.552	0.499
就业行业		222	0.554	0.498	183	0.519	0.501
受教育程度		223	2.628	0.833	183	2.656	0.836
健康状况		223	0.874	0.332	183	0.858	0.350
职业培训		213	0.629	0.484	174	0.552	0.499
政治面貌		223	0.206	0.406	182	0.115	0.320
户籍所在地		223	0.641	0.481	183	0.656	0.476
性　别		223	0.619	0.487	183	0.623	0.486
工作经验		223	15.211	8.852	182	15.451	7.975
社会保障		219	0.927	0.261	181	0.956	0.206
征地年限		223	10.269	4.081	183	9.459	5.030
政策供给	工作岗位	223	0.475	0.501	183	0.350	0.478
	就业培训	221	0.317	0.466	179	0.229	0.421
	用工信息	223	0.422	0.495	181	0.304	0.461
	就业指导	213	0.300	0.460	180	0.211	0.409

从表5-1报告的结果来看，对照组获得正规就业的均值0.552，略微高于政策干预组的0.543。如果本章没有控制选择性偏差，那很容易从这

种相关性中直接推论，政策干预组的就业均值低于对照组，就业安置不利于促进失地农民就业。此外，政策干预组失地农民在传统行业就业的均值为0.554，高于对照组的0.519。直观上，政策干预组的失地农民更可能获得农林牧渔业、餐饮娱乐业、物业管理服务等行业的工作，而这些工作很多就业稳定性不足。实际上，后文的分析将表明，正是因为存在失地农民对就业安置的选择性接受，这种相关性才偏离了真实的因果关系。从受教育程度的比较来看，两组被调查样本平均受教育水平比较接近，对照组的学历层次略高，干预组的健康状况和职业培训状况要好于对照组。职业培训和社会资本方面，政策干预组均值相对更高。政策对照组具有社会保障的比例更高，而政策干预组的征地年限相对更长、政策供给相对更多。

5.5 实证分析

根据分析，本章已经设定了具有内生选择性质的内生转换模型，转换方程将失地农民分为两类：选择就业安置的政策干预组和未选择就业安置的政策对照组。对于这一背景的模型，选择简单的最大似然（ML）Heckman两步法probit估计，或者对联立方程进行联立probit估计，得到的结果并不是有效估计量。考虑到结果方程和选择方程误差项之间的相关性，我们使用Lokshin和Newson（2011）提出的完全信息最大似然（FIML）进行估计，得到一致有效的估计量。

5.5.1 就业安置政策对失地农民稳定就业的因果效应

以失地农民的就业状态为结果变量，对模型（1）和模型（2）回归的完全信息最大似然估计结果如表5-2所示。

表5-2　就业安置政策选择与就业状态内生转换模型的回归结果

变量	模型（1）：接受干预=1	模型（2）：稳定就业=1	
		干预组	对照组
受教育程度	-0.112 (0.092 6)	0.020 5 (0.134)	0.144 (0.110)

续表

变量		模型（1）：接受干预 =1	模型（2）：稳定就业 =1	
			干预组	对照组
健康状况		0.185 (0.204)	0.610** (0.307)	−0.408 (0.251)
职业培训		0.291** (0.140)	−0.0327 (0.212)	0.0659 (0.179)
政治面貌		0.553*** (0.197)	0.157 (0.298)	0.271 (0.345)
户籍所在地		−0.0109 (0.151)	0.157 (0.205)	0.230 (0.187)
性别		−0.0158 (0.149)	−0.245 (0.205)	−0.300 (0.199)
工作经验		0.00408 (0.00881)	0.0365*** (0.0117)	0.0283** (0.0126)
社会保障		−0.217 (0.303)	1.258*** (0.483)	0.713* (0.421)
征地年限		0.0205 (0.0147)		
政策供给	工作岗位	0.213 (0.141)		
	就业培训	0.124 (0.143)		
	用工信息	0.257* (0.154)		
	就业指导	0.220 (0.158)		
常数项		−0.306 (0.442)	−2.284*** (0.714)	−1.745*** (0.524)
相关系数			ρ_1 = 0.156	ρ_0 = −0.841
相关系数 LR 检验：$H_0:\rho_1=\rho_0=0$，Chi2（2）=5.23，P（>Chi2）=0.073*				
Observation = 365；Log likelihood = −460.387				
Wald Chi2（13）=29.64，Prob（>Chi2）=0.0052***				

注："***""**""*"分别表示在 1%、5% 和 10% 的信心水平下显著；括号中报告的是标准差。

根据表5－2报告的结果，不难总结出以下几个结论：

首先，选择方程与结果方程的误差项相关系数ρ_1、ρ_0在10%的信心水平下显著不等于0，表明存在未观测因素同时影响失地农民是否选择就业安置和就业结果。选择方程误差项与值1结果方程的误差项的相关系数为正，表明存在负选择性偏差，存在未观测因素在促进个体选择政府安置就业的同时，降低了个体的就业概率。这意味着失地农民根据自身的比较优势来选择是否接受就业安置。如果失地农民本身的就业能力比较低且迫切需要工作岗位，他们更倾向于选择接受就业安置，从而获得工作岗位；如果失地农民本身的就业能力比较强，没有就业安置政策也能获得较为稳定的工作，那么这部分群体可能不会选择就业安置，照样能够实现较好就业，并选择其他方式的补偿。这也证明，如果我们不控制内生选择性机制对结果造成的偏差，我们的估计结果就是有偏差的。

其次，就选择方程的回归结果来看，职业培训和政治面貌回归结果显著为正，健康状况的回归结果为正，教育程度的回归结果为负但不显著。这表明，不同类型的人力资本和社会资本对失地农民就业安置的选择影响不同。受教育程度越高的劳动者，在劳动力市场独立找工作的能力越强，因此接受政府就业安置的意愿可能越低。健康、职业培训和政治面貌等特征尽管有助于提升就业能力，接受政府就业安置可能会更有利于发挥职业培训、健康等因素的积极作用。

最后，就结果方程来看，政策干预组和政策对照组之间的回归结果存在一定的差异。与对照组相比，政策干预组教育程度对实现稳定就业的积极作用相对较低。这也印证了选择方程的回归结果，教育程度较高的失地农民，因为就业能力较强，在不接受政府就业安置状态下也能够实现同等的稳定就业。另外，不论是干预组还是对照组的回归结果，工作经验的回归结果显著为正，表明工作经验对获得稳定就业的重要意义。

得到选择方程和结果方程的回归系数之后，我们可以根据干预效应公式（8）~（13）估计平均干预效应，如表5－3所示。

根据表5－3报告的结果可知，干预组平均干预效应为0.450，对于已经接受就业安置政策的失地农民而言，如果不接受政府的就业安置，那么实现稳定就业的概率将会降低45%。未干预组的平均干预效应为－0.088，对于没有接受就业安置政策的失地农民而言，如果接受政府的就业安置，

表 5－3　　就业安置政策对失地农民稳定就业的因果效应

ATT	ATU	ATE
0.450 (0.160)	−0.088 (0.176)	0.210 (0.134)

注：括号中报告的是标准误差。

那么他们实现稳定就业的概率会降低 8.8%。总体平均干预效应为 0.210，如果失地农民随机地被安排接受政府就业安置，那么获得稳定就业的概率会上升 21%。由此可见，就业安置政策对失地农民实现稳定就业具有积极的促进作用。如果不控制选择性偏差，根据表 5－1 报告的结果，干预组和对照组的正式就业机会差距为 −0.009（0.543 − 0.552 = −0.009）。我们得到的平均干预效应为正，可见控制选择性偏差对于准确估算因果效应是多么的重要。

5.5.2　就业安置政策对失地农民就业行业的因果效应

以失地农民的就业行业（传统行业）为结果变量，对模型（1）和模型（2）回归的完全信息最大似然估计结果如表 5－4 所示。

表 5－4　　就业安置政策选择与就业行业内生转换模型的回归结果

变量	模型（1）：接受干预 = 1	模型（2）：传统行业就业 = 1	
		干预组	对照组
受教育程度	−0.104 (0.091 3)	-0.357^{***} (0.136)	−0.229 (0.140)
健康状况	0.207 (0.207)	0.238 (0.283)	0.202 (0.297)
职业培训	0.274^{*} (0.140)	0.370^{*} (0.202)	0.121 (0.213)
政治面貌	0.553^{***} (0.195)	−0.362 (0.242)	-0.610^{**} (0.308)
户籍所在地	−0.025 4 (0.151)	0.240 (0.201)	0.361^{*} (0.216)
性　别	−0.018 5 (0.151)	−0.127 (0.198)	−0.323 (0.220)

续表

变量		模型（1）：接受干预 =1	模型（2）：传统行业就业 =1	
			干预组	对照组
工作经验		0.006 75 (0.008 81)	-0.040 4*** (0.011 9)	-0.009 99 (0.012 7)
社会保障		-0.227 (0.307)	-0.369 (0.377)	-0.228 (0.463)
征地年限		0.017 3 (0.014 3)		
政策供给	工作岗位	0.291** (0.144)		
	就业培训	0.162 (0.154)		
	用工信息	0.243 (0.170)		
	就业指导	0.200 (0.165)		
常数项		-0.364 (0.438)	1.974*** (0.563)	0.352 (0.725)
相关系数			ρ_1 = -0.646	ρ_0 = -0.553
相关系数 LR 检验：$H_0:\rho_1=\rho_0=0$，Chi2（2）=5.12，P（>Chi2）=0.077*				
Observation =365；Log likelihood = -449.46				
Wald Chi2（13）=31.57，Prob（>Chi2）=0.002 8 ***				

注："***""**""*"分别表示在1%、5%和10%的信心水平下显著；括号中报告的是标准差。

表5-4中报告的选择方程回归结果与表5-2所报告的选择方程回归结果大致相同。误差项相关系数分别为-0.646、-0.553，在10%的信心水平下显著，表明存在选择性偏差。但是，由于选择方程与不同结果方程误差项的相关系数存在差异，表5-4中的结果也有一些不同于表5-2的地方，其中之一便是对失地农民提供的各项积极政策的回归系数显著性。政府就业安置所提供的岗位，较多地集中在传统行业，比如物业管理、保洁、合作种植业等岗位。对于那些因失去土地而需要非农工作机会的农村劳动力，政府提供的就业安置恰当地满足了他们的需求。因此，选择方程

的回归结果显示出了更倾向于选择政府就业安置的失地农民群体所具备的特征，即受教育水平较低但身体健康、具有职业培训经历、党员群体等。政府提供的积极就业政策，都有助于失地农民更加愿意接受政府就业安置。

表 5 –4 报告的就业行业回归结果显示，具有较高教育程度、较长工作经验或政治面貌为党员的失地农民不倾向于选择传统行业就业，健康、职业培训的影响却相反。为了更好地分析就业安置政策对就业行业选择的因果效应，我们在表 5 –5 中报告了各组的平均干预效应。

表 5 –5　　就业安置政策对失地农民就业行业的因果效应

ATT	ATU	ATE
0. 316 (0. 150)	0. 329 (0. 103)	0. 323 (0. 107)

注：括号中报告的是标准误差。

根据表 5 –5 报告的结果，就业安置较大提升了失地农民在传统行业（农林牧渔业、餐饮娱乐业、物业管理和保洁业）的就业概率。政策干预组的平均干预效应为 0. 316，表明接受就业安置的失地农民如果不接受就业安置，那么在传统行业就业的概率将降低 31. 6%；政策对照组的平均干预效应为 0. 329，表明没有接受就业安置的失地农民如果接受就业安置，那么在传统行业就业的概率将提高 32. 9%；如果失地农民随机地接受政府的就业安置政策，那么在传统行业就业的概率将提高 32. 3%。

5. 6　结论和讨论

本章通过构建二元选择和内生转换模型，基于模型回归结果估算反事实概率，有效评估了政府就业安置政策对失地农民获得稳定就业的因果效应，以及政府就业安置政策对失地农民流向传统行业就业的因果效应。在实证分析的基础上，本章着重回答了两个问题：其一，针对失地农民的积极就业安置政策取得了怎样的总体效果。其二，控制选择性偏差，对准确估计政策效应和理解过程和结果的选择性有多重要。

总体上，政府对失地农民的就业安置政策取得了一定的积极效果。对于接受就业安置的这部分失地农民群体，就业安置政策对实现稳定就业的因果效应为0.45。然而，在控制选择性偏差的基础上，因果效应降低为0.21。由于存在负的选择性偏差，随机状态下政策干预的平均因果效应要低于干预组的平均因果效应。进一步分析发现，政府就业安置政策大幅提升了失地农民在农林牧渔业、餐饮娱乐业、物业管理与保洁等传统行业的就业概率。由于这些行业通常具有低稳定性、低保障等方面的特点，即使初次就业安置成功，也不能够保证岗位的持续时间，从而削弱了就业安置政策的长期效果。

本章的分析结论对我国推动新型城镇化发展具有以下几个方面的政策启示。首先，出台就业安置政策必须考虑政策受众对就业岗位的选择性偏好。符合失地农民就业的选择性偏好将能大大提高失地农民的就业机会，推动失地农民就业安置政策的有效落实。其次，就业安置岗位所在行业需要适度调整，仅仅局限传统行业可能无助于实现长期稳定就业。这也说明，政府在推动失地农民就业过程中，既要考虑失地农民的就业问题，也要结合区域产业结构的发展布局，尽可能做到推动行业发展与解决失地农民就业问题有效结合，这样才能助推我国城镇化快速发展。最后，要关注失地农民的长期就业稳定性。失地农民就业的稳定性决定了就业安置政策的有效性，为此政府在安置失地农民就业过程中既要考虑就业行业的稳定性和成长性，也要考虑失地农民个人的职业发展，必要时还需借助职业培训、资本市场、社会保障等具体措施和手段来保障失地农民就业的长期稳定性。

6. 失地农民就业质量研究

6.1 问题的提出

改革开放40多年来，中国的城镇化取得了举世瞩目的成就。《中国统计年鉴》和《中国国土资源公告》显示，1985～2013年，我国城镇化率从23.71%提升到53.73%，年均增长1.04个百分点；城镇常住人口从2.51亿人增加到7.31亿人，年均增长0.17亿人；耕地面积净减少16 802.97万亩。这些数据说明，我国土地城镇化正逐步向人口城镇化及新型城镇化推进，但在城镇化推进过程中，大批农民失去赖以生存的土地，面临再就业问题。再就业机会、再就业的就业率、就业稳定性、再就业的收入水平等因素直接影响了失地农民的再就业质量。失地农民的再就业质量不高，就会影响他们融入城镇生活的深度和广度，进而影响我国新型城镇化的建设速度和质量。如果失地农民的再就业质量明显高于失地前，那么将会有更多的农民愿意到城镇生活，支持我国的城镇化建设，进而会推进我国的新型城镇化建设。那么，何为就业质量？失地农民的就业质量该如何衡量？失地农民的就业质量如何？随着征地时间的推移，失地农民的就业质量呈现什么样的变化？失地农民就业质量受到哪些因素影响？如何提高失地农民的就业质量？上述问题需要我们给予明确回答。

6.2 文献综述

就业质量的概念最早来源于1995年国际劳工组织提出的核心劳工标准，之后该组织在1999年提出了体面劳动（Decent work）的概念，将其定义为“在自由平等、安全和尊严的条件下的生产性工作”。联合国欧洲经济委员会（United Nations Economic Commission For Europe）于2010年编制了一套就业质量（quality of employment）评价指标体系，并发布了部分欧洲国家就业质量报告①。这些指标体系都为研究就业质量提供了很好的评价标准。国外文献是建立在规范市场经济和农民自由就业的基础上分析农民非农就业问题，所以并无失地农民这一概念，因此我们只就国外特殊群体的就业质量问题进行简要回顾。如McGovern等（2004）通过对英国工人的就业调查发现，在控制了工人的个人特征、家庭状况和职业等特征之后，非稳定性工作（onstandard employment）的就业质量要低于稳定性的工作。Messier和Floro（2008）基于美国厄瓜多尔市2002年调查数据，研究了该城市低收入群体的就业质量。研究发现，非正规就业的就业质量整体不高，性别之间的就业差异很大，女性就业质量明显低于男性。Gilmore（2009）基于加拿大2008年的调查数据，对该国外国移民的就业质量进行了分析。研究发现，与本国移民相比，外国移民总体上就业质量要相对较低。随着移民时间的推移，移民的就业质量也在逐步提高。Cassar（2010）基于智利2008～2009年的调查数据研究发现，在控制了就业保障和职业危害变量之后，智利个体户的就业质量明显高于智利的普通员工，因此建议该国政府尽快完善个体经营户的就业保障和职业危害方面的相关政策。

国内关于特殊群体的就业质量研究相对起步较晚，关注失地农民就业质量的文献更是稀缺，进行本研究时，在中国知网只搜索到两篇关于失地农民就业质量的文献。例如，王晓刚和陈浩（2014）、王晓刚（2015）分别以武汉市江夏区和河南省郑州地区的失地农民为研究对象，运用模糊评价的方法研究了失地农民的就业质量问题。他们的研究结果发现，失地农民的就业质量整体较差，技能培训和受教育程度对失地农民的就业质量影响显著，社会保险参与度对其就业质量影响不明显。当然，还有研究其他特殊群体就业质量的文献，如孟大虎等（2012）从人力资本和社会资本角度探究了大学生的就业质量问题。赖德胜和石丹淅（2013）采用欧洲基金会就业质量评价指标体系，对全国14个省份就业质量专项调查数据进行

① United Nations Economic Commission For Europe. Measuring quality of employment: country pilot reports [M]. Geneva: United Nations, 2010.

了分析，研究发现，我国就业质量呈现出明显的区域特征，东部好于西部，西部略好于中部，但整体水平还不高。石丹淅等（2014）基于河南省的问卷调查数据，按照欧洲基金会的就业质量评价指标体系，研究了新生代农民工的就业质量，并就影响新生代农民工就业质量的要素进行了分析。研究发现，新生代农民工的就业质量总体上不高。苏丽锋和陈建伟（2015）利用调查数据，通过建立包含个人就业满意度信息的就业质量指标，运用计量模型对我国个人就业质量的主要影响机制进行了实证研究。研究结果表明，劳动报酬对提升就业质量的作用明显。石永会等（2015）通过研究河北省农村转移劳动力的抽样调查数据发现，就业市场分割、城乡二元体制、经济发展水平、就业歧视等因素是影响农村转移劳动力提高就业质量的主要原因。

基于上述文献进行梳理，不难看出，国外虽然没有研究失地农民就业质量的文献，但他们在研究工人、移民和贫困人口等特殊群体时，评价指标翔实，所用数据量较大，这为国内开展就业质量的研究提供了很好的理论和实践指导。国内对特殊群体就业质量的研究呈现三个方面的特点：一是多为应用性研究，主要结合国外的评价指标体系来衡量国内的就业质量问题；二是研究群体比较集中，主要关注大学毕业生、已婚女性、农民工、新生代农民工等群体；三是研究数据主要基于国家统计年鉴或者是零散的某个项目的调研数据。关于失地农民就业质量的研究，已有文献也是如此。为此，我们选定我国城镇化率高、城镇建设速度快、具有典型代表性的北京地区的失地农民作为研究对象，以 2008 年“全球金融风暴”和 2015 年“经济新常态”背景下的两次失地农民调查数据为研究样本，比较分析北京地区城镇化进程中失地农民就业质量的演进，以及相关影响因素，以此助推我国的新型城镇化建设。

6.3 数据说明、变量选取与模型构建

6.3.1 数据说明

本书研究所使用的数据来源于“实施扩大就业的发展战略”课题组和

“北京市居民家庭就业状况调查”课题组联合开展的两次问卷跟踪调查数据。选择这两份数据的主要原因有两个：一是数据本身符合本研究的需要。两次调查是对同一典型城市的跟踪调查，问卷内容基本一致，包含了失地农民的个人信息、人力资本与社会资本状况、工作特征、社会保障状况及征地补偿等详细信息，这为研究失地农民就业质量问题提供了较好的数据支持。二是数据所反映的背景符合本研究的需要。始于 2008 年的全球金融风暴对我国外向型经济发展有较大的影响，为有力应对经济发展速度下滑、农民工逆向流动等问题，政府陆续推出金融救市计划和经济刺激方案，积极推进基础设施领域投资与建设，这会进一步产生失地农民，并对失地农民就业与生活产生较大影响，而当前的经济新常态使政府对城镇化过程中“人”的问题尤为重视（新型城镇化战略），这将会对失地农民的工作与生活产生较大影响。课题组开展的调查刚好发生在这两个时点，这为开展失地农民就业质量探究，尤其是考察不同时期和背景下的变化趋势提供了可能。这也是不把两个年份的数据简单合并而是特别分开处理的原因。问卷调查具体情况见本书的第 1 章中 1.4.3 部分的研究数据说明。

6.3.2 数据的描述性统计

描述性统计结果显示，两次问卷调查数据的样本年龄均值趋同，都在 46 岁左右，说明本次调查样本群体的年龄相对比较集中。样本群体中，男性占比都在 60% 以上，明显高于女性，说明征地后男性失地农民是再就业的主体，女性失地农民选择再次就业的比例少于男性。样本中，九成以上的失地农民为已婚，失地农民征地后选择农业户口的比例均在 63% 以上，说明失地后，大部分失地农民不愿意将农业户口改变为非农业户口。失地农民学历以初中、高中为主，2015 年失地农民的受教育年限整体上比 2008 年有所提高，约为 15 年，参加职业培训时间整体明显偏少，身体健康状况总体上较好。四成以上失地农民依靠亲朋好友或自己求职就业，七成左右样本选择工资性就业（受雇），但自雇比例也不宜忽视，拥有养老保险和医疗保险比例相对较高，且处于不断增加趋势中。近四成失地农民愿意选择政府提供就业安置的安置方式，样本群体对土地征收评价满意度（包括“比较满意”和“非常满意”）整体不高，不过 2015 年的调查满意度比 2008 年明显提高近 9.23 个百分点。样本主要变量的描述性统计见表 6－1。

表 6－1　　　　主要变量的描述性统计

变量名称	2008 年		2015 年	
	均值	标准差	均值	标准差
年龄（岁）	46.639	6.234	45.497	4.852
男性（%）	65.01	—	61.48	—
已婚（%）	91.53	—	94.20	—
农业户口比例（%）	64.11	—	63.81	—
受教育年限（年）	10.511	2.360	11.081	2.714
工作年限（年）	14.210	6.019	15.438	8.554
参加培训天数（天）	8.746	12.531	7.932	14.079
健康（%）	64.74	—	86.54	—
依靠亲朋好友或自己（%）	41.96	—	44.01	—
工资性就业（%）	69.72	—	73.96	—
工资对数	6.976	1.189	8.463	0.658
有养老保险（%）	56.03	—	89.2	—
有医疗保险（%）	83.38	—	88.5	—
政府提供就业安置（%）	37.87	—	37.82	—
土地征收满意（%）	26.75	—	35.98	—

6.3.3　变量选取

就业质量是个多维的综合变量。从上文文献综述看，当前主流文献就业质量有宏观、中观、微观三个层次。对于某类群体就业质量的考察属于微观范畴的探究，有研究表明，在此情形下，评价就业质量高低指标用主观认定指标，即就业（工作）质量满意度更适合。因此，本研究沿用了这一处理方法。具体数据根据问卷中失地农民对工作质量满意度评价结果而获得，将失地农民就业质量满意状况分为四类，即不满意、一般、较满意和满意。

关于解释变量，从文献综述结果看，现有关于失地农民就业质量评价指标体系具有松散性和随机性，因此缺乏代表性。有的研究重点关注了失地农民就业质量的某些方面，如就业稳定性、工资福利与保障、就业能力等，但几乎并未涉及征地补偿状况等变量对其就业质量的考量。由于失地农民群体的特殊性，征地因素也将是影响失地农民就业和生活质量的重要变量之一，因此应将其纳入分析架构。鉴于此，基于指标完整性、群体特殊性和数据可得性原则，本研究选择了失地农民工作特征变量（具体包括就业类型、就业行业、工作收入、养老保险、医疗保险等）、社会资本变量（包括求职途径等）和征地补偿变量（包括征地安置方式、土地征收评价态度等）作为就业质量经验分析的解释变量，并将个人特征变量（包括年龄、性别、婚姻、户籍等）、人力资本变量（包括学历、工作经验及其平方、职业培训、健康状况等）作为控制变量放入模型中考察。上述变量赋值情况见表6－2。

表6－2　变量选取与赋值

变量类别	变量符号	变量名称	变量赋值
工作特征	*jobtype*	就业类型	务农为1，创业为2，工资性就业为3
	industry	就业行业	非垄断行业为1，垄断行业为2
	inwage	工作收入	月工作收入的对数
	pension	养老保险	虚拟变量，有养老保险为1，否则为0
	medical	医疗保险	虚拟变量，有医疗保险为1，否则为0
社会资本	*jobway*	求职途径	依靠家人亲戚朋友求职为1，否则为0
征地补偿控制变量	*emploreset*	就业安置	虚拟变量，政府提供就业安置为1，否则为0
	landsatis	土地征收满意	土地征收非常不满意为1，不满意为2，无所谓为3，满意为4
人力资本	*edu.*	受教育程度	小学及以下为1，初中为2，高中为3，中专为4，大专为5，本科及以上为6
	exp.	工作年限	失地农民个体工作的年限
	expsq.	工作年限平方	失地农民个体工作年限的平方
	train	职业培训	虚拟变量，参加过职业培训为1，否则为0
	health	健康状况	不健康为1，一般为2，健康为3，很健康为4
个人特征	*age*	年龄	个体的实际年龄
	male	性别	男性为1，女性为0
	marital	婚姻状况	已婚为1，否则为0
	hukou	户籍状况	农村为1，小城镇为2，城市为3

6.3.4　模型构建

因为被解释变量为定序变量，所以回归模型应选择限值因变量模型，具体为有序Logit模型。假设就业（工作）质量满意度为Y，为k个等级的

有序变量，在本研究中 $k=5$，即Y_1 为“很不满意”，Y_2 为“不满意”，Y_3 为“一般”，Y_4 为“较满意”，Y_5 为“满意”。$X^T=(x_1,x_2,\cdots,x_n)$为自变量矩阵。等级 $j=1,2,\cdots,k$ 的概率为 $P=(y\geqslant j|x)$，则模型如下：

$$LogitP_j = Logit[P(y \geqslant j \mid x)]$$

$$= -\alpha_j + \sum_{j=1}^{n} \beta_j x_j (j = 1,2,\cdots,k-1; i = 1,2,\cdots,n)$$

需要说明的是，所构建回归模型的一个重要假设是总回归函数中随机误差项满足同方差。然而，如果变量方程较大，则不满足前述假设，使得估计不再为有效估计，在此情况下采用 t 检验有可能导致错误的结论。因此，本书研究对模型的异方差进行了如下处理，即假定模型存在异方差，并利用 OLS 进行回归分析，然后进行 White 检验，结果表明 P 值较大（P=0.7654），所以接受不存在异方差假设。为了减少模型中的异方差，我们首先剔除少数异常值；其次，模型中部分自变量为虚拟变量，其取值复杂性较少，总体上变量方差不大；最后，在实证环节采取常用的稳健回归方法，以得到 White 一致性估计。

6.4 实证结果与分析

6.4.1 变量间相关性分析

2008 年和 2015 年两次调查数据的变量之间 Pearson 相关系数矩阵显示①，失地农民就业质量与年龄（1% 显著性水平下显著）、婚姻状况、工作途径（1% 显著性水平下显著）和工作类型（10% 显著性水平下显著）等显著负相关；与户口、受教育程度、健康状况、行业、工作收入、有养老保险等显著正相关，且均通过了 1% 显著性水平检验；与性别、工作年限、职业培训、有医疗保险、土地征收满意状况等正相关但不显著。变量的相关分析结果表明，失地农民年龄越大，越是已婚、求职通过“弱关系”（weak ties），越属于非创业者自雇等情况，其就业质量越低；

① 囿于篇幅限制，未分别列出 2008 年和 2015 年数据变量之间的 Pearson 相关系数矩阵，有兴趣的读者可以向作者索取。

城镇户口、受教育程度高、健康、处于垄断行业、工作收入高、有养老保险的失地农民，其就业质量较高，这整体上与现实判断情况基本一致。Lind 等提出共线性存在门槛值为 0.3，由于本研究相关系数矩阵显示自变量之间的相关系数都低于 0.3（最大为 0.287），可以基本排除共线性问题。

6.4.2 有序 Logit 回归结果分析

两次调查数据的有序 Logit 回归结果如表 6－3 所示。整体上看，男性失地农民比女性失地农民的就业质量高，农民失地后转为城镇户籍的（以下称城镇户籍的失地农民）比农村户籍的失地农民就业质量高，学历越高、工作年限越久、身体越健康、工资水平越高的失地农民，就业质量越高。处于垄断行业、有养老金和医疗保险、以政府提供的安置方式就业的失地农民，其就业质量更高。年龄大、已婚、非创业的失地农民，其就业质量较低。2008 年调查数据的回归结果中，失地农民的婚姻状况、户口、受教育程度、工作年限、健康状况、工作类型、就业行业、工资水平等 8 个变量通过了相应的显著性水平检验。似然比 LR 的卡方值（LR chi2）为 60.79，似然比 LR 卡方值的伴随概率（Prob > chi2）小于 1%，表明模型的总体显著性水平很高。拟合优度的拟判定系数（Pseudo R2）为 0.1651，表示模型的拟合程度很高。在 2015 年数据的回归结果中，年龄、户口、受教育程度、工作年限、健康状况、工作类型、就业行业、工资水平、养老保险等 9 个变量通过了相应的显著性水平检验。似然比 LR 的卡方值（LR chi2）为 84.79，似然比 LR 卡方值的伴随概率（Prob > chi2）小于 1%，表明模型的总体显著性水平很高。拟合优度的拟判定系数（Pseudo R2）为 0.1171，表示模型的拟合程度较好。两次边际效应估计结果输出都以就业质量为“不满意”时为基准组。

从 2008 年调查数据的回归结果看，在工作特征与社会资本因素方面，就业途径通过影响就业信息质量继而影响失地农民的就业质量，边际结果显示，借助“弱关系”（weak ties）（Granovetter，1973；1974）途径（本书中更多反映的是通过市场、政府等行为）求职的失地农民，其低质量就业的概率会增加 0.001，这意味着对失地农民而言，当前凭借“强关系”（strong ties）途径（如亲戚朋友家人等）工作搜寻与求职，将更有利于提升其就业质量，但系数未通过相应显著性水平检验。工作类型为非自雇型就业（self - employment）的失地农民，其低质量就业的概率会增加0.003，系数通过5%显著性水平检验，可能的原因在于，相对工资性就业（wage - employment），自雇者工作时间灵活，收入相对较高，自我实现感更强等（石丹淅和赖德胜，2013）。在垄断行业就业的失地农民，其低质量就业概率会降低0.002，系数在5%显著性水平显著，原因在于垄断行业薪酬福利通常相对较高，处于该行业的失地农民会对就业质量评价更为满意。劳动报酬是影响就业质量的重要变量（赖德胜等，2011），一般而言，劳动报酬（这里用月工作收入替代）越高，劳动者就业质量也会越高。实证数据说明，月工作收入每增加1%，失地农民低质量就业的概率就会降低0.025，且在10%显著性水平下通过检验。换言之，失地农民月工作收入的不断提高会影响其对自身就业质量的评价。养老保险和医疗保险也对失地农民就业质量有一定的影响，拥有养老保险的失地农民，其低质量就业的概率降低0.001，拥有医疗保险的失地农民，其低质量就业概率降低0.007，但两个变量的系数都未通过相应的显著性水平检验。

在征地补偿特征因素方面，接受政府就业安置的失地农民，其低质量就业的概率会降低0.098，对土地征收评价态度越满意的失地农民，其就业质量也相对越高，但两个变量的系数也未通过相应的显著性水平检验。

控制变量回归结果显示，在人力资本因素方面，其他条件不变的情况下，失地农民受教育年限每提高一年，其低质量的就业概率就会降低0.003，且通过了10%显著性水平检验，内在本质原因在于，教育通过提升失地农民的生产能力和配置能力增加他们从事高薪工作的概率，进而提升其就业质量。工作年限每增加一年，失地农民低质量就业概率会降低0.001，且在5%显著性水平通过检验，工作年限平方Logit估计系数为负值，表明工作年限对失地农民就业质量的影响存在“倒U形”效应。职业技能培训具有“增能”和“赋能”功能，通常情况下，劳动者接受职业技能培训越多，其专用型人力资本水平越高，这将有助于劳动者更好的就业。计量结果显示，职业技能培训有利于提升失地农民的就业质量，与未参加过职业技能培训的失地农民相比，参加过职业技能培训的失地农民，其低质量就业的概率要降低0.001，但变量系数并不显著，意味着新时期针对失地农民的职业技能培训的实效性还需进一步加强。健康作为人力资本投资不可忽视的因素之一，其状况好坏会对劳动者工作和生活质量产生重要影响。计量结果表明，失地农民健康状况显著影响其就业质量（系数通过5%显著性水平检验），健康状况每提高一个层次，失地农民低质量就业的概率就会降低0.002。

在个人特征方面，失地农民年龄每增加一岁，低质量就业概率会增加0.001，主要原因在于，由于失地农民整体上年龄偏大（均值为46岁），出于雇佣成本和雇佣收益的考虑，用人单位会降低其主动雇佣失地农民的概率，致使那些想二次就业的失地农民只能委屈就业（低质量就业）或处于非自愿性失业状态。相比女性失地农民，男性失地农民低质量就业概率会降低0.001，这与研究其他群体就业质量时的发现一致（孟大虎等，2012；石丹淅等，2014；苏丽锋、陈建伟，2015）。其可能的原因在于，相比其他就业群体（如大学毕业生、新生代农民工、城镇居民等），女性失地农民的年龄明显偏高，其受教育程度相对也较低，加之受到劳动力市场中存在的统计性就业影响女性失地农民低质量就业概率被抬高，整体就业质量低于男性失地农民。但值得注意的是，同年龄变量一样，性别变量系数未通过相应的显著性检验。相对未婚男性失地农民来说，已婚失地农民低质量就业的概率会增加0.092，且在10%显著性水平通过检验。这一发现与主流劳动经济文献研究其他就业群体时的研究结论有所不同，可能的原因在于，在特大型城市中，结婚成家、抚养子女使失地农民面临更高的生活成本和社会融合成本，而失地农民的家庭收入整体上较低，这增加了失地农民对低质量就业和生活不满意评价的概率。相对于农业户口的失地农民来说，城镇户籍的失地农民低质量就业的概率会降低0.005，且通过了5%显著性水平检验。户籍状况影响就业质量的内在原因可能在于，当地政府在安置失地农民就业过程中考虑了失地农民的户籍要素，或者说在失地农民的就业市场上，企业更重视其城镇户口身份，从而使得城镇户口失地农民获得好的就业岗位的机会多于农业户口失地农民，继而提高了城镇户口失地农民对就业质量满意评价的概率。

从两次调查数据的变化情况来看，2015年，影响失地农民就业质量的变量与上述2008年情况基本类同，变量的边际影响大小也十分接近，其具体影响机制雷同，在此不再赘述，但是个别变量的显著性还是发生了变化，如失地农民的年龄变量和养老保险变量的系数在 2015 年数据输出结果中都通过了 5% 显著性水平检验，而在 2008 年数据计量结果中未通过相应显著性水平检验。婚姻（marital）变量系数则在 2015 年数据输出结果中不再显著，意味着随着我国城镇化水平的稳步提升，婚姻变量对失地农民就业质量的影响发生了变迁，影响的程度越来越小，这可能与我国的人口结构变化与经济新常态密切相关。

表 6－3　失地农民就业质量影响因素的有序 Logit 模型检验结果

变量类别	变量	2008 年		2015 年	
		OR	dy/dx	OR	dy/dx
工作特征	*jobtype*	－2. 422 **	0. 003	－0. 475 *	0. 027
	industry	1. 298	－0. 002	0. 643	－0. 036
	inwage	2. 534 *	－0. 025	0. 518 **	－0. 005
	pension	2. 502	－0. 001	1. 032 **	－0. 085
	medical	3. 840	－0. 007	0. 266	－0. 017
社会资本	*jobway*	－2. 043	0. 001	－0. 138	0. 008
征地补偿	*enploreset*	5. 411	－0. 098	0. 185	－0. 011
	Landsatis	2. 096	－0. 001	0. 023	－0. 001
控制变量 人力资本	*edu.*	5. 251 *	－0. 003	0. 325 *	－0. 018
	exp.	2. 236 **	－0. 001	0. 185 ***	－0. 010
	expsq	－0. 072 **	0. 000	－0. 006 ***	0. 000
	train	6. 249	－0. 001	0. 305	－0. 018
	health	5. 435 **	－0. 002	1. 007 ***	－0. 056
个人特征	*age*	－0. 204	0. 001		0. 003
	male	4. 231	－0. 001	－0. 061 **	－0. 021
	marital	－4. 184 *	0. 092	0. 357	0. 018
	hukou	6. 368 **	－0. 005	－0. 376 0. 275 *	－0. 015
	LR chi2	60. 79		84. 79	2. 280
	Pro > chi2	0. 000 0		0. 000 0	0. 003 0
	Pseudo－R2	0. 1651		0. 1171	

注："***" 表示 p < 1%；"**" 表示 p < 5%；"*" 表示 p < 10%。

6.5 稳健性检验

根据心理学研究的基本发现，与自己身边的人相比较，个人对自身就业质量的评价往往偏好，因此一个人社会关系数量的多寡、交往半径的大小都会对其评价有重要的影响，特别是不同性别个体处在不同地域和行业时，这种比较的差异会更加凸显。比如处于发达地区、垄断行业的被调查者回答“较为满意”，但所包含的就业质量信息应当是有所差别的，即当地区、行业就业质量存在较大差距时，所处这些地区和行业的劳动者对个人就业质量的评价也会有所差别。为了检验本章结果稳健性，厘清这些因素对估计结果可能的影响，基于样本规模和数据可得性（两个年份失地农民样本总体规模有限，加之处在垄断行业就业的失地农民占比偏少，目前不足10%），过于具体的分类可能会导致模型的显著性下降，甚至无法准确估计，本章重点采用分性别的方法对前面结果做进一步判别。

从稳健性检验的结果来看，总体而言，通过分样本回归剔除性别影响后，两个年份模型的回归结果中，各因素机会比值、系数正负以及边际效应与表6-3中反映的状况基本趋同，与其结果一致，验证了前面的估计结果具有较好的稳健性。稳健性检验结果详见表6-4。

表6-4　失地农民就业质量影响因素回归的稳健性检验

变量	2008年				2015年			
	男性		女性		男性		女性	
	OR	dy/dx	OR	dy/dx	OR	dy/dx	OR	dy/dx
受教育程度	6.403*	-0.006	4.099*	-0.011	0.935*	-0.006	0.047*	-0.014
工作经验	2.348**	-0.004	2.124**	-0.007	0.100***	-0.006	0.419***	-0.013
工作年限平方	-0.076**	0.000	-0.068**	0.000	-0.003***	0.000	-0.013***	0.000
职业培训	7.875	-0.003	4.622	-0.007	0.077	-0.005	0.971	-0.038
健康状况	5.281**	-0.002	5.589**	-0.003	0.797***	-0.048	1.468***	-0.045
求职途径	-2.069	0.040	-2.017	0.021	-0.566	0.034	-0.304	0.009
就业类型	-2.205**	0.005	-2.639**	0.024	-0.126*	0.008	-1.687*	0.051
就业行业	1.696	-0.002	0.9	-0.001	0.818	-0.049	1.039	-0.032

续表

变量	2008 年				2015 年			
	男性		女性		男性		女性	
	OR	dy/dx	OR	dy/dx	OR	dy/dx	OR	dy/dx
工作收入	3.093*	-0.046	1.975*	-0.054	0.486**	-0.029	1.504**	-0.046
养老保险	2.136	-0.002	2.868	-0.001	1.373**	-0.134	1.364**	-0.078
医疗保险	4.682	-0.010	2.998	-0.023	0.185	-0.012	0.711	-0.030
就业安置	6.467	-0.017	4.355	-0.009	0.129	-0.023	0.241	-0.021
年龄	-0.016	0.002	-0.392	0.002	-0.525**	0.003	-0.105**	0.003
婚姻状况	-5.228*	0.012	-3.14*	0.005	-0.393	0.028	-0.803	0.018
户籍状况	7.081**	-0.003	5.655**	-0.005	0.100*	-0.006	0.593*	-0.008
LR chi2	60.01		65.71		52.74		54.64	
Pro > chi2	0.0000		0.0000		0.0000		0.0000	
Pseudo - R^2	0.1565		0.2156		0.1154		0.2047	

注："***" 表示 p<1%；"**" 表示 p<5%；"*" 表示 p<10%。

6.6 结论与政策建议

本章以我国城镇化进程较快的特大型城市北京地区的城市居民家庭就业状况跟踪调查数据为基础，通过构建有序 Logit 回归模型，对比研究北京地区城镇化进程中失地农民就业质量的变化及其相关影响因素，旨在分析影响失地农民就业质量的内在原因，促进失地农民就业质量与城镇化质量的良性互动。研究发现：在其他条件不变的情况下，失地农民的婚姻状况、户籍、受教育程度、工作年限、健康状况、工作类型、行业分布、工资水平等对其就业质量有显著影响。具体来看，失地农民未婚、城镇户口、较高教育程度、较多工作年限、身体健康状况良好、自雇型就业、在垄断行业就业和工资水平越高，其就业质量越高。由于受教育程度、工作年限、健康状况都属与人力资本变量，可以得出失地农民人力资本要素的积累有助于提高其就业质量的结论。就业特征，包括就业岗位、就业行业和工资收入等要素也对失地农民的就业质量产生重要影响。随着城镇化进程的推进，2015 年和 2008 年影响失地农民就业质量的要素变化不是很大，影响失地农民就业质量的机制趋同，但是个别要素的显著性还是发生了变化，如失地农民的年龄变量和养老保险变量的系数在2015年数据输出结果中均通过了5%显著性水平检验。这表明，随着失地农民年龄的增大，有养老保障的失地农民的就业质量明显高于没有养老保障的失地农民。婚姻（marital）变量系数在2015年的实证结果中表现为不显著，这意味着随着我国城镇化水平的稳步提升，婚姻变量对失地农民就业质量的影响发生了变迁，影响的程度越来越低，这可能与我国的人口结构变化与经济新常态密切相关。

根据《中共中央关于制定国民经济和社会发展第十三个五年规划的建议》文件精神，“要推进以人为核心的新型城镇化……促进有能力在城镇稳定就业和生活的农业转移人口举家进城落户，并与城镇居民有同等权利和义务”，我们认为，解决失地农民的就业问题是失地农民最好的保障，提升失地农民就业创业能力是推进失地农民充分就业、体面就业、和谐就业的关键。为此提出以下政策建议：

第一，针对失地农民，应开展形式多样、实用有效的职业技能培训和继续教育，切实提高失地农民可雇佣的能力。失地农民整体年龄偏大，学历偏低，区域之间也会存在较大差异，如何结合本区域失地农民的自身情况，开展有针对性的培训是当地主管部门和社区居委会需要认真研究和考虑的问题。失地农民都是家庭的中流砥柱，如果能促进失地农民的专用性人力资本和通用性人力资本的积累，必将释放大量人口红利，为当地经济做出贡献，实现社会与失地农民的互动双赢。为此，要开展社会调查，为不同群体失地农民提供有针对性的培训，比如针对男性和女性、年长和年少、学历高与学历低等群体，分别有选择地开展技术性培训、技能性培训和职业道德培训；针对失地农民就业群体开展形式多样的继续教育，包括学历教育和非学历教育，网上教学和现场讲授，实验教学和实践教学等形式；建立培训与推荐就业一条龙服务，实现就业必培训，“培训推就业”的机制，真正发挥职业培训的作用。

第二，结合目前国家提出的大众创业驱动战略，政府应制定相关扶持政策，鼓励采取失地农民自主创业为主，其他就业方式为辅的安置方式。研究发现，帮助失地农民就业创业，比货币安置、入股安置、买断安置、“社保+补偿费”等安置方式更具可持续性，这种方式有利于形成尊重劳动、热爱劳动的社会风尚，有助于贯彻国家的创业就业方针。为此，政府应通过消除失地农民等、靠、要的就业思想，通过政策扶持、银行信贷等多种方式，激发失地农民的创业热情。此外，政府还要强化公共就业创业服务，如搭建失地农民就业创业公共服务平台，提供多元化公共就业创业服务，充分调动专业就业指导机构工作积极性和实效行，为失地农民创业提供项目开发、开业指导、融资服务、跟踪扶持等贴心服务，使更多失地农民乐于创业、敢于创业、善于创业，勇争做“创客”。事实上，失地农民有一定的社会阅历，且有一定的创业资金，又了解农村、农业、农民发展的实际情况，鼓励他们创立特色农业产业，既能带动身边的失地农民就业创业，又有助于推动新型城镇化的建设。

第三，应进一步完善失地农民的社会保障体系。社会保障是解决失地农民后顾之忧的重要途径，是推进失地农民就业的重要因素，是提升失地农民就业质量的前提和基础。为此，在经济新常态背景下，政府应既做到基本社会保障广覆盖，又需适度提高社会保障水平，这将有利于激发失地农民劳动潜能，使他们没有后顾之忧地就业、创业，使他们大胆走入劳动力市场去择业。即便是对那些不愿工作的失地农民，健康的体魄对其个人（家庭）和社会也都有较大的好处。

7. 失地农民与未失地居民收入差距研究

7.1 问题的提出

随着我国城镇化速度的加快，失地农民数量大幅攀升（见图 7－1）。土地的城镇化推动人口的城镇化，人口的城镇化推动人口的市民化，然而失地农民要融入城镇生活，首先要解决好收入问题，这关系到我国城镇化的质量、进程，关系到我国经济结构的转型。目前，失地农民土地被征用后，往往容易沦落为“无农田、无工作、无收入、无保障”的“四无”人员，极易引发各类社会矛盾。如 2011 年北京师范大学中国劳动力市场研究中发布的《中国劳动力市场发展报告》显示，失地农民在家待业的比例为 14.41%；60% 的失地农民存在生活困难。中国社科院发布的《2014 年中国法治发展报告》显示，2001～2014 年，百人以上群体性事件有 871 起，其中拆迁征地引发的占一成。征地事件的核心是失地农民的收入问题，这关系到失地农民的生活水平，关系到失地农民融入城镇生活的程度，因此城镇化进程中失地农民的收入问题尤其值得关注。

本章关注的主要问题包括：失地农民[①]与非失地居民（城镇居民和未失地农民）之间的家庭收入结构、个人收入分布有何特征，他们之间的个

① 按照北京市失地农民安置的有关规定，失去土地的农民可能会很快获得非农户籍。为避免字面表达上的混淆，我们将二者统一表述为“失地农民”，即本书所指“失地农民”为因土地被征用而成为非农户籍的居民和土地被征用，但依然为农业户籍的居民，本质上与其他文献中提及的“失地农民”概念相同。此外，本书所使用数据中所指的“失地农民”均为实质上的“失地农民”，但其户籍类型可能是“农业”或“非农业”。

人收入差距具体多大，多少能够被解释，在可解释的影响收入差距特征中，不同因素的贡献多大，政府帮扶的贡献多大①，失地农民与未失地居民（包括城镇居民和未失地农民）收入变化有何趋势，失地农民与未失地居民（包括城镇居民和未失地农民）之间的收入差距是扩大还是缩小了，如何解释这种变化的趋势，等等。

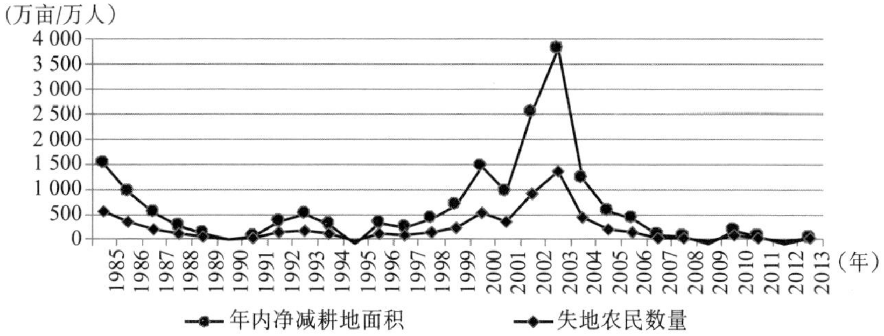

图 7-1　全国失地农民数量测算

资料来源：国家统计局，1986~2015 年《中国统计年鉴》，北京：中国统计出版社。

我们以我国城镇化率最高、城市规模最大的北京地区失地农民和未失地居民作为研究对象，基于金融危机时期的 2008 年和经济新常态背景下的 2015 年居民家庭就业状况调查数据，分析失地农民与未失地居民（城镇居民和未失地农民）的收入结构和收入差距。相比于已有文献，贡献主要在于：其一，基于关注特大城市失地农民这一特殊群体的收入差距问题，研究结论更具代表性和借鉴性；其二，基于比较分析的视角，定量研究了失地农民与未失地居民（包括城镇居民和未失地农民）之间的收入差距，进而分析失地农民的家庭收入和个人收入特征，从而更清晰地反映失地农民的处境；其三，基于对 2008 年和 2015 年的跨期对比分析，发掘前述问题的时间演变趋势。

① 按照《北京市建设征地补偿安置办法》，北京市将对失地农民提供就业方面帮扶，例如规定"转非劳动力的就业应当坚持征地单位优先招用、劳动者自主择业、政府促进就业的方针"。关于政府促进就业的效果，本文也进行了讨论。

7.2 文献综述

欧美发达国家学者从20世纪就开始关注农民非农就业收入问题，但研究是基于市场经济条件下农民非农就业（Rural non - agricultural employment，简称RNAE）的收入问题。已有研究可以归纳为三个方面：

第一，从宏观层面，研究经济增长、城镇化与劳动者非农就业收入之间的关系。如Blanchard等（1992）研究了第二次世界大战后的40年里，美国各州经济增长的波动与劳动力市场之间的关系，发现各地区经济增速会对就业人口数量产生影响，进而影响到劳动力非农就业的流动，导致劳动力收入的变化。Yao（1999）基于1978～1996年的公开数据，研究了经济增长与收入不平等之间的关系，发现城乡分割和非农产业的工资性收入不平等是导致地区间收入不平等的主要原因。Isgut（2004）以洪都拉斯的农村地区为例，研究区位因素对农民非农就业的影响，发现在城镇化进程中，靠近中心市区近郊的农民容易获得非农就业机会，远郊农民自我雇佣的非农就业模式较为普遍，因此市区近郊农民容易获得更高的非农就业收入。Pfeiffer等（2009）使用2003年墨西哥全国农村住户调查数据，研究了城镇化进程中非农就业与农业生产之间的竞争关系，发现非农就业收入对农业生产有负向影响，但对农业投资产生正向影响，非农就业能显著提高居民的家庭收入水平。

第二，基于比较分析视角，研究劳动者非农就业过程中的收入不平等问题。如Reardon和Taylor（1996）研究发现，农民从事非农就业的门槛高，进入以后的收入也相对较高，因为门槛高导致一部分没有就业竞争力的农民只能继续从事传统农业，从而导致农村的收入不平等。Reardon等（2000）研究发现，与传统农业相比，非农就业对农村收入不平等的影响是非常复杂的。非农就业人数增加和小微企业的发展并不能解决劳动者的收入不平等问题，行业壁垒、行业的资金壁垒、就业机会不平等都是造成非农就业不平等的主要原因。Canagarajah等（2001）的研究发现，在加纳和乌干达的农村地区，非农就业收入对男性和女性都很重要，与低收入群体相比，高收入群体组的大部分收入来自非农就业收入。进一步分析发现，对收入不平等贡献最大的是自我雇佣，其次是工资收入的不平等，再次是农业收入，究其原因，受教育程度、年龄、位置和区域特点是影响收入差距的主要因素。Mat 等（2012）基于吉打州地区农民非农就业的数据，运用基尼系数分解方法研究非农就业收入对劳动者收入不平等的影响，研究发现，非农就业有助于劳动者脱贫致富，但加剧了当地居民的收入不平等。Jena 等（2015）使用不丹 2012 年的生活调查数据，研究发现受教育程度对农民非农就业收入的贡献度最高，穷人和受教育程度较低的农民参与非农就业的机会少，非农收入低。进一步分解分析发现，非农就业收入增加了农民收入的不平等，自我雇佣对收入不平等的影响相对较弱。

第三，从影响居民收入的要素出发研究劳动者非农就业收入问题。如 Reardon 等（1998）研究认为，非农就业对于农民脱贫致富、粮食生产都至关重要，但出生在贫困家庭的农民没有受过良好的教育、缺乏技能，也没有资金去投资创业，进而非农就业的收入水平受到直接影响。Jonasson（2008）认为，农村非农就业的平均收入高于农业，但未来的发展格局不确定。在控制了工人和家庭等变量后发现，熟练工人和受教育程度高的居民在非农行业就业能获得更高的教育收益率。Bezu 和 Barrett（2012）研究了埃塞俄比亚农民是否选择低回报的农业和高回报的非农就业之间的关系，研究发现，农民的初始资产总量、存取款情况和信用额度是影响农民从事非农就业和收入水平的重要因素，从而导致农民不愿流动到低回报的农业行业就业。Atamanov 和 Van den Berg（2012）基于吉尔吉斯共和国 2005 年和 2006 年的两次家庭调查数据，运用 Double - Hurdle 和 Heckman 模型分析了影响农民非农就业和收入的因素，研究发现贫困是刺激农民非农就业的主要动因，但受教育程度和性别因素是影响农民非农就业收入水平的主要因素。Vasco 和 Bilsborrow（2016）基于随机效应的 Tobit 模型研究发现，自我雇佣一般都是受教育程度比较低的家庭，受教育程度高的家庭自我雇佣的比例相对较低，受教育程度较高的土著或混血人更容易获得非自我雇佣的岗位，进而获得高的非农就业收入。

国内研究农民非农就业收入差距的文献相对较多（李实和赵人伟，1999；王美艳，2005；余吉祥和沈坤荣，2010；李实，2015），但以失地农民群体为研究对象的相关文献相对稀缺。如黄建伟和喻洁（2010）以我国7省1市的实地调查数据，通过描述性统计分析了失地农民土地补偿与收入的关系，研究发现，失地农民补偿标准低，50%以上的失地农民收入比失地前减少。赵翠霞等（2015）基于济南城郊400名失地农民的调查数据，通过描述性统计和Tobit模型分析了失地农民收入的“极化”现象，研究发现失地前高收入群体的年收入均值是低收入群体的1.7倍，失地后的差距扩大到16倍。究其原因，非农生产经营和财产性收入是导致“极化”的主要因素。

通过上述文献的整体梳理发现，国外关于城镇化进程中劳动者非农就业收入差距的研究相对较多，文献一致认为，经济增长能提升城镇化水平，推动劳动者从农业转向非农就业，进而提高劳动者的收入水平；非农就业的群体之间、行业间存在收入不平等；劳动者的受教育程度、区位优势、工作的熟练程度、家庭背景等因素对居民非农就业收入产生重要影响。国内文献关于失地农民收入差距的研究主要以区域小规模的调查数据为主，比较不同失地农民之间、失地农民失地前后收入差距的变化。已有文献认为，失地农民失地以后，群体间的收入不平等进一步扩大，大部分失地农民失地后的收入比失地前减少了。纵观已有文献，国外文献对非农就业收入差距的动因分析以及得出的较为一致结论为本书的研究提供了思路和研究方法方面的借鉴，国内文献为本书研究提供了研究方向。

虽然研究劳动者非农就业收入差距方面的文献较多，但也存在共同的不足：西方文献中的农民非农就业和农民工的情况比较类似，农民可以根据自己的意愿选择是否同意征地，选择是获取非农就业报酬还是农业就业报酬，主动权在劳动者自身，而失地农民在城镇就业和以往的农民工之间最大的差别在于，后者失去土地这一传统保障，但是获得了一定的土地补偿金和城市户口这一新的保障。比较失地农民（无城镇户口）和未失地居民（包括城镇居民和未失地农民），可以看出土地这种传统保障或者说财富对于农民的价值，这个价值可能是较高的。比较失地农民（有城镇户口）与城镇居民可以看出城市户口对于新进入者的价值，这个价值可能是较低的。此外，针对特大城市失地农民这一群体研究的文献少，国内城镇化率高的特大型城市，失地农民的问题更为集中、更为复杂，研究此类问题具有一定得代表性和借鉴性。进一步讲，国内关于失地农民收入差距的文献很少，开展定量研究、跟踪研究的文献更少。

与前人文献不同，本章的研究重点和分析角度表现在五个方面：一是研究对象的特殊性。我们选择我国城镇化率最高、具有代表性的特大城市北京地区的失地农民作为研究对象，分析失地农民与未失地居民（城镇居民和未失地农民）之间的收入差距；北京地区失地农民的收入差距问题可以折射全国失地农民的收入状况，缩小收入差距的策略和举措值得全国其他省份借鉴和参考。二是调查时期的特殊性。我们的调查时间分别为2008年和2015年，两次调查都处在经济调整时期，为此调查数据更能真实反映失地农民的收入状况。三是调查数据的连续性。本研究是基于对北京地区连续多次的一手社会调查数据，数据的连续性保证了研究结果的相对准确性。四是不同群体的可比性。本书研究基于同一时期失地农民与未失地居民（城镇居民和未失地农民）之间的收入差距，同时比较三类人群之间的收入差距问题，更能够全面反映失地农民的收入状况，更能够说明农民失地后的收入变化情况。五是构建计量模型，研究失地对劳动力收入所产生的影响大小，试图剖析失地农民不愿征地的深层次原因。

7.3 收入差距研究

7.3.1 北京地区失地农民整体状况

《中国统计年鉴》数据显示，2014年末北京地区常住人口为2 152万人，排名全国城市的第三位；城镇化率高，位居全国第二。《北京统计年鉴》数据显示，1985～2014年北京地区城镇化率由59.73%提高到86.40%，年均增长0.95个百分点。这30年间年净减少耕地面积约301.26万亩，年均征地10.76万亩。如果按照学者（李明月和胡竹枝，2012；李永友和徐楠，2011）共识的计算方法，按照1.4亩/人的耕地面积来测算，北京市失地农民（包括半失地农民）的数量应该在217.45万人。如果按照最为保守的估计方法，按照2.8亩/人的耕地面积来测算，北京市失地农民（包括半失地农民）的数量应该在108.72万人。从统计数据上看，北京地区失地农民的数量出现大幅增长主要在两个波段，一个是1996年，另一个是2000～2005年。1996年出现的临时性的大幅波动与《中国统计年鉴》的统计口径调整有关，《中国统计年鉴》同一时段的耕地面积数量也出现了大幅变化，但我们对这一时段失地农民的数量并未进行调整，因为通过对北京地区失地农民的入户调查发现，很多乡镇或村级土地被征用、手续不全的土地征用并没有计入统计年鉴，实际征地面积可能远大于统计年鉴的数据，为此对1996年《北京统计年鉴》净耕地面积出现的异常波动值未给予调整。2000～2005年，净耕地面积出现大幅缩减可能与北京地区申奥成功、各区县借此大力推进城镇化有关。北京地区征地与失地农民的数量统计见图7－2。

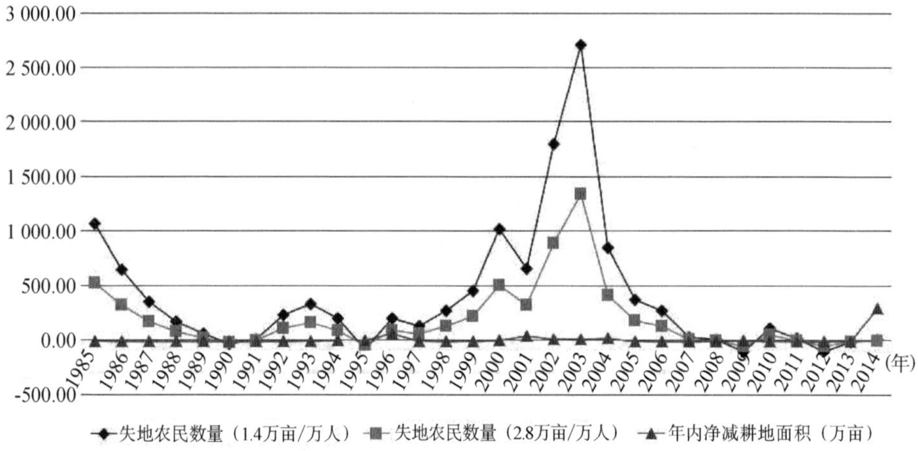

图7－2 北京地区失地农民数量测算

资料来源：国家统计局（编），1986～2015年《中国统计年鉴》，北京：中国统计出版社。

7.3.2 对研究数据的进一步说明

（1）样本选取原则。为了调查数据的可比性，两次调查均采用相同的原则来选取调查样本。具体原则如下：①区域选择性原则，主要选取北京城区近郊的居民作为调查对象，特别是北京市规划重大项目所在的区域，包括高教园区建设、公共设施建设、大型场馆建设、大型商业区建设等，这些区域的失地农民比较多，农民失地后一般都是就近安置，对这些重点区域开展失地农民和未失地居民（城镇居民和未失地农民）的入户调查，有助于不同群体间的比较。②重点对象选择原则，主要将失地农民家庭的主要就业者作为调查对象，家庭主要就业者的就业收入状况一般能反映一个家庭的整体收入情况。③性别、年龄、婚姻等方面侧重原则。一般来说，失地农民家庭的主要就业者一般为男性居多，并且正处于就业年龄，一般都为已婚人士[①]。对这些群体侧重调查才更有研究意义，所以样本的年龄和性别上可能存在不均衡。④研究样本的随机性原则。本研究主要根据当地居委会提供的居民名单随机抽取，同一区域同一家庭不重复抽样，同一区域的调查样本尽可能不集中，防止调查数据雷同。⑤调查时间的选择原则。受经济波动或金融危机的影响，失地农民的收入也会出现大幅波动，为此两次调查都选择在金融危机和经济新常态背景下进行，这些所得数据更为真实准确，便于比较。需要说明的是，两次调查数据在部分调查点及调查对象上存在重合，如北京近郊区的大学城、大面积的商业开发区等重点区域，但由于失地农民土地被征用后流动性较大，本研究无法准确计算调查对象的重合率。

（2）数据介绍。①调查数据说明。本书研究中的调查数据相关情况前面章节已有专门介绍，此处不再赘述。调查样本的具体情况可参见表 7－1、表 7－2。②征地时间及征地用途说明。2008 年和 2015 年调查的统计结果显示，2000～2008 年征地的比例为 75.11% 和 63.27%，其余年份征地相对较少；征地被用于国家道路等基础设施建设、北京城市建设（如场馆、高教园、机场、商业用地）和绿化建设需要征收的比例分别为 75.82% 和 71.46%，其中北京城市建设需要征收土地的比例最高，分别为 40.49% 和 47.56%，乡镇和村集体用地的比例相对较低。两次调查结果比较接近，调查数据涵盖了《北京统计年鉴》显示的两次北京地区失地农民数量的大幅波动，调查结果与统计年鉴基本吻合，说明两次调查数据相对合理可信。③失地农民与未失地居民（城镇居民和未失地农民）的界定。本书所研究的失地农民是指农民的土地部分或全部被政府、企业或社区等征用，包括农业户口和非农业户口两类。城镇居民是指没有发生过土地征用、户口为非农业户口的城镇居民。未失地农民是指土地未被征用、户口为农业户口的农民。总的来说，两个年份样本中失地农民、城镇居民和未失地农民的占比非常接近。调查样本的区域分布情况如表 7－1 所示。

① 本研究的调查对象主要是失地农民家庭，失地农民家庭中的主要劳动力一般为户主，所以户主一般以男性居多。他们一般正处在就业年龄，已婚劳动者偏多。

表 7-1　　调查样本的区域分布

区	2008 年		2015 年	
	数量（份）	占比（%）	数量（份）	占比（%）
丰台区	522	20.15	373	11.70
房山区	360	13.89	412	12.82
顺义区	312	12.04	207	6.44
通州区	277	10.69	265	8.24
大兴区	263	10.16	249	7.74
昌平区	197	7.60	163	5.07
石景山区	187	7.22	184	5.72
朝阳区	161	6.21	487	15.14
海淀区	133	5.13	185	5.75
门头沟	81	3.13	49	1.52
西城区	48	1.85	122	3.79
东城区	39	1.50	177	5.50
怀柔区	5	0.19	62	1.93
延庆区	2	0.08	38	1.18
平谷区	2	0.08	176	5.47
密云区	2	0.08	67	2.08
合计	2 591	100.00	3 216	100.00

注：表格中不统计问卷区域项缺失数据。

表 7-2 给出了两个调查年份样本的主要描述性统计量。从表 7-2 可以看出，与 2008 年相比，2015 年被调查者中男性比例有所下降，未婚比例较低，已婚比例相对较高；分布于城区的未失地农民占比在 2015 年相对较高。其他特征大体相当，如受教育水平、党员比例等。若仅看正在就业并且获得个人收入的劳动力样本（简称为就业者）[①]，两个年份的调查都覆盖了较多的男性劳动力，女性劳动力占比相对较少，这符合本书样本选取的原则。在受教育水平的分布上，大多数劳动力都是高中及以上水平，其中城镇劳动力的受教育水平相对较高，未失地农民和失地农民的受教育水平

① 具体的界定标准：一是正在就业且个人收入大于 0；二是行业、所在单位性质、职业和获取工作途径不为空。受到第二个条件的限制，且两个年份数据中均包含一些缺失值，这里的数值并不能用于失业率的计算。

分布相差不大。在政治面貌的分布中，城镇居民在两个年份均有 35% ~40% 的共产党员，而未失地农民和失地农民中仅有 10% 左右为共产党员。

表 7 – 2　　样本的描述性统计量

	2008 年				2015 年			
	合计	失地农民	城镇居民	未失地农民	合计	失地农民	城镇居民	未失地农民
全部（人）	2 286	321	1 382	583	2 303	379	1 397	527
其中，就业者（人）	1 341	190	899	252	2 224	371	1 354	499
占比（%）								
男性	77.30	84.74	72.65	84.22	66.57	60.42	66.57	70.97
受教育水平为高中及以上	67.10	45.48	83.79	39.45	66.26	45.91	78.88	47.44
城区	41.21	26.79	58.32	8.58	43.20	21.11	57.12	22.20
党员	25.55	10.90	35.75	9.43	26.01	13.19	34.50	12.71
婚姻状况								
未婚	3.72	3.43	4.85	1.20	0.30	0.00	0.29	0.57
已婚	89.85	91.28	88.28	92.80	92.66	93.93	92.91	91.08
离婚	3.02	1.87	3.11	3.43	4.60	2.90	4.80	5.31
丧偶	3.41	3.43	3.76	2.57	2.43	3.17	2.00	3.04
就业者中的占比（%）								
男性	77.30	84.74	72.65	84.22	66.57	60.42	66.57	70.97
受教育水平为高中及以上	67.10	45.48	83.79	39.45	66.26	45.91	78.88	47.44
城区	41.21	26.79	58.32	8.58	43.20	21.11	57.12	22.20
共产党员	25.55	10.90	35.75	9.43	26.01	13.19	34.50	12.71

资料来源：北京市居民家庭就业状况调查（2008 年、2015 年）。

说明：本表中的“占比”是相对于每列合计的被调查者数目。“就业者”的界定详见正文脚注。

7.3.3　家庭收入构成及其变化

表 7 – 3 报告了 2008 年和 2015 年不同类型被调查者所在家庭的月收入构成。从家庭总收入看，有两个主要特征：第一，从家庭总收入的绝对数看，“2008 年城镇居民收入 > 失地农民收入 > 未失地农民收入”。然而，2015 年未失地农民家庭总收入超过了失地农民家庭总收入。第二，从家庭收入增长速度看，2008 ~ 2015 年，未失地农民的收入增长速度最快，年均

增速达15%，失地农民收入增速最慢，年均仅7.7%；城镇居民收入增速居中。相对应的是，2008～2015年我国农村社会保障力度不断加大，对未失地农民的收入增加起到了关键作用。然而，从我们的数据看，失地农民似乎受益相对较少。

从收入构成上看，失地农民家庭2008年和2015年的主要收入来源均是工资性收入、做生意收入和房屋出租收入，不过三者之间的比例发生了一些变化，工资性收入和房屋出租收入增加较多，而做生意收入增加相对较少。其他收入类型占比都很小。与失地农民家庭相比，城镇居民家庭的主要收入来源也是这三块，但做生意收入和房租收入的增速相对更快，入股分红收入在2015年也达到了5.4%。相比之下，失地农民的收入来源更广，可以更多地从资本市场获取收入，不局限于劳动力市场的收入。未失地农民的收入构成中占比最大的几类是工资性收入、做生意收入、农业收入和房租收入。不过，在最近的七年，农业收入和做生意收入增速较慢，占比分别下跌了4.5个和12个百分点，房租收入和入股分红收入分别上升了5.8个和4.9个百分点。随着农村产业的发展，未失地农民逐渐可以从资本市场获取收入，收入来源更多样化。以上分析表明，目前失地农民家庭收入构成仍较为单一，主要依赖工资性收入，没有机会获得更多入股分红收入。

表7-3　2008年和2015年不同类型家庭的月收入

	2008年			2015年			年均变化		
	失地农民	城镇居民	未失地农民	失地农民	城镇居民	未失地农民	失地农民	城镇居民	未失地农民
家庭人口数（人）	3.75	3.40	3.90	—	—	—	—	—	—
家庭收入（元）	4 614	4 969	3 291	9 095	13 356	10 324	7.7	12.5	15.0
工资收入（元）	1 742	3 690	1 361	6 405	8 238	5 607	17.7	9.6	19.6
房租出租收入（元）	315	298	162	826	1 726	1 100	12.1	25.6	28.5
入股分红（元）	90	151	24	231	725	582	11.8	22.2	54.0
做生意收入（元）	508	429	998	879	2215	1 858	5.7	23.5	6.8
农业收入（元）	107	17	399	310	184	788	13.8	37.1	7.7
国家补贴（元）	25	22	37	79	117	130	15.4	23.8	16.9
其他收入（元）	1 828	360	305	366	151	258	-22.4	-13.7	-4.6

续表

	2008 年			2015 年			年均变化		
	失地农民	城镇居民	未失地农民	失地农民	城镇居民	未失地农民	失地农民	城镇居民	未失地农民
家庭收入占比（%）	100.0	100.0	100.0	100.0	100.0	100.0	—	—	—
工资收入（%）	37.7	74.3	41.3	70.4	61.7	54.3	9.3	-2.6	4.0
房租出租收入（%）	6.8	6.0	4.9	9.1	12.9	10.7	4.2	11.6	11.7
入股分红（%）	2.0	3.0	0.7	2.5	5.4	5.6	3.8	8.6	33.8
做生意收入（%）	11.0	8.6	30.3	9.7	16.6	18.0	-1.9	9.8	-7.2
农业收入（%）	2.3	0.3	12.1	3.4	1.4	7.6	5.7	21.8	-6.4
国家补贴（%）	0.5	0.5	1.1	0.9	0.9	1.3	7.2	10.0	1.6
其他收入（%）	39.6	7.3	9.3	4.0	1.1	2.5	-27.9	-23.3	-17.1

资料来源：北京市居民家庭就业状况调查（2008 年、2015 年）。

说明：家庭总收入的“年均变化”计算中扣除了物价因素。2015 年的消费物价指数（CPI）根据前 10 个月同比 CPI 的平均值计算得到，2008 年至 2015 年的累计 CPI 是 117.6（2008 = 100），数据来自国家统计局网站（http：//data. stats. gov. cn）。

7.3.4 劳动力个人月收入的特征

表 7 -4 的数据说明，劳动力个人收入的特征可以归结为如下几个方面：

第一，在不同类型劳动力收入差距方面，城镇居民的月收入明显高于失地农民和未失地农民，未失地农民与失地居民的差距在 2008 年并不明显，但在 2015 年差异较大。2008 年至 2015 年，城镇居民和未失地农民的收入增加率都达到 14% 至 15%，而失地农民的收入增加率仅 8.5%。失地农民的收入增速过低。结果是，2015 年城镇居民和未失地农民的收入比失地农民高出 112% 和 50%。

第二，在不同个人特征的劳动力中，本章报告了性别、受教育水平、是否属于城区、婚姻状况和政治面貌等方面的情况。在性别方面，男性高于女性，二者之间的差距对于失地农民和未失地居民（城镇居民和未失地农民）之间存在差异——失地居民的收入差距有所扩大，男性收入增长率明显高于女性；然而，城镇居民和未失地农民的女性收入增长率明显高于男性。失地农民中的女性收入没有得到较快增长，可能是失地农民整体收入增速较低的一个重要原因。

在受教育水平方面，失地农民中集中了较多的低技能劳动力（本书定义为教育水平在初中及以下），其收入增速较慢，低于高技能劳动力。相对应地，城镇和未失地农民中低技能劳动力的收入增速却很快，尤其是未失地农民中的低技能劳动力收入远高于高技能劳动力。如何让失地农民中的低收入劳动力获得更多收入，需要得到重视。

在其他方面，城六区的失地农民和城镇居民收入增加较快，而非城六区的未失地农民收入增加较快。是否在城区对于不同类型人群收入的影响并不相同，在合理的条件下，未失地农民在农村地区更能获得增收的机会。失地农民由于没有原来赖以生存的土地资源，在城区能获得更多机会。同时，党员身份对失地劳动力的影响并不明显，但城镇居民和未失地农民中非党员的收入增速较快。

第三，在就业相关的因素中，我们主要比较了所在行业、单位性质、职业类型和获得工作的途径。行业之间的个人收入差距有拉大的趋势，2008 年平均收入较高行业的收入增加率明显较高，如工业和餐饮娱乐业，三类居民中的增速都相对较快；而收入较低的物业管理和保洁业，收入增速最慢。2008 ~2015 年，乡镇企业的发展较为迅猛，相关单位性质的个人收入增速甚至达到 20% 以上。另外，个体经营和私营企业的劳动力收入增长较快。政府推动私营企业发展确实让包括失地农民在内的诸多居民受益。在职业类型分布中，个体户和负责人的收入增加也显然较快，而固定单位普通员工的收入增长相对较慢。

通过政府安排工作和自我经营的个人收入增速相对较快，通过这两类途径获得工作的失地农民收入增加率达到 11.1%，通过朋友介绍和自己寻找获取工作的失地农民收入增加率较低，且远低于城镇居民和未失地农民。可见，给予失地农民更多职业保障措施是非常必要的。

表 7 -4　　劳动力月收入结构及其变化

		2008 年			2015 年			年均变化率		
		失地农民（元）	城镇居民（元）	未失地农民（元）	失地农民（元）	城镇居民（元）	未失地农民（元）	失地农民（%）	城镇居民（%）	未失地农民（%）
全部		2 044	3 069	2 025	4 261	9 035	6 377	8.5	14.0	15.1
性别	男	2 065	3 228	2 096	4 693	9 271	6 167	9.9	13.6	14.0
	女	1 920	2 564	1 629	3 608	8 561	6 894	6.9	16.1	20.1

续表

		2008 年			2015 年			年均变化率		
		失地农民（元）	城镇居民（元）	未失地农民（元）	失地农民（元）	城镇居民（元）	未失地农民（元）	失地农民（%）	城镇居民（%）	未失地农民（%）
受教育水平	初中及以下	1 527	2 048	1 713	3 128	7 864	6 104	8.2	18.4	17.2
	高中及以上	2 541	3 214	2 388	5 583	9 345	6 683	9.3	13.8	13.2
区域	第一类	2 274	3 168	2 688	6 306	9 896	6 708	13.0	15.0	11.3
	第二类	1 948	2 928	1 940	3 710	7 884	6 285	7.1	12.6	15.6
婚姻状况	未婚	1 343	2 769	2 167	—	7 000	11 600	—	11.6	24.2
	已婚	2 023	3 003	2 063	4 246	9 075	6 398	8.6	14.4	14.9
	离婚	4 960	5 957	1 423	3 320	7 100	5 832	-7.7	0.2	19.5
	丧偶	1 133	2 239	1 058	5 560	12 100	5 713	22.6	24.3	24.3
政治面貌	共产党员	3 040	3 817	2 682	6 406	10 071	5 558	8.7	12.2	8.4
	非党员	1 909	2 595	1 949	3 933	8 479	6 499	8.3	15.7	16.1
行业	农林牧渔业	1 500	2 392	1 925	3 801	11 892	5 090	11.6	22.9	12.3
	工业	2 102	2 726	2 124	6 046	11 760	8 464	13.6	20.4	19.0
	餐饮娱乐业	2 170	2 548	1 967	6 821	10 214	5 922	15.1	19.1	14.4
	交通运输、仓储和邮政业	1 854	2 618	2 146	4 955	6 265	5 714	12.4	10.7	12.4
	物业管理和保洁业	1 167	2 424	1 350	2 381	5 859	3 715	8.2	10.8	12.9
	其他行业	2 831	3 608	2 198	6 308	7 800	6 709	9.6	9.1	14.6
单位性质	国有企业	2 363	2 907	3 003	3 177	9 994	5 372	1.9	16.6	6.2
	个体经营或私营企业	2 124	3 072	2 290	5 041	9 079	6 446	10.6	14.1	13.3
	乡镇企业	1 426	1 920	1 540	6 875	8 319	5 531	22.3	20.5	17.3
	其他类型企业	2 491	3 793	1 565	3 723	8 281	6 816	3.5	9.2	20.6
职业	负责人	4 196	4 673	4 959	9 269	15 624	13 950	9.4	16.1	13.3
	技术人员	2 300	3 048	2 280	4 279	8 265	6 957	6.8	12.7	14.6
	固定单位普通员工	1 592	2 222	1 893	3 401	5 652	4 987	8.9	11.6	12.2
	个体户	3 184	3 569	2 611	9 024	11 743	7 959	13.4	15.8	14.6
	其他职业	1 199	2 531	1 429	3 166	6 052	4 473	12.2	10.7	15.0

续表

		2008 年			2015 年			年均变化率		
		失地农民（元）	城镇居民（元）	未失地农民（元）	失地农民（元）	城镇居民（元）	未失地农民（元）	失地农民（%）	城镇居民（%）	未失地农民（%）
获得工作途径	政府安排	2 093	2 920	2 180	5 154	7 888	6 480	11.1	12.6	14.2
	朋友介绍	1 584	2 483	1 778	3 462	11 544	5 013	9.3	21.7	13.3
	自己寻找	2 129	2 827	1 691	3 518	7 665	5 892	5.0	12.7	16.8
	自我经营	3 237	5 141	2 971	7 932	11 209	8 998	11.1	9.2	14.5
	其他途径	1 873	3 256	1 626	5 753	8 736	4 850	14.7	12.5	14.2

资料来源：北京市居民家庭就业状况调查（2008 年、2015 年）。

说明：“年均变化”计算中扣除了物价因素。2015 年的消费物价指数（CPI）根据前 10 个月同比 CPI 的平均值计算得到，2008 年至 2015 年的累计 CPI 是 117.6（2008 = 100），数据来自国家统计局网站（http：//data. stats. gov. cn）。

7.4 对个人收入差距的解释

7.4.1 个人月收入的条件均值差距

由于存在样本结构的影响，直接比较无条件均值可能产生错误的结论。回归模型可以得到条件均值的比较，即在其他因素相同的情况下比较不同类型劳动力的收入差距。一般地，当回归模型的被解释变量为收入的对数形式时，某个虚拟变量对收入值的边际效应是 $\exp(\hat{\beta})-1$，其中，$\hat{\beta}$为系数估计值①。这里使用的回归模型为②

$$\ln(income_i)=\beta_0+\beta_1 type_i^1+\beta_2 type_i^2+\beta_3 X_i+\mu_i \tag{7-1}$$

其中，$\ln(income_i)$表示第 i 个就业者的个人收入对数；$type_i^1$和$type_i^2$分别表示就业者的类型为城镇居民和未失地农民，参照组为失地农民；X_i表

① 推导如下：$\hat{\beta}=\ln y-\ln x=\ln\left(\frac{y}{x}\right)\Rightarrow\frac{y}{x}=\exp(\hat{\beta})\Rightarrow\frac{y-x}{x}=\exp(\hat{\beta})-1$。本书所有虚拟变量的边际效应均按此方法计算得到。

② 由于数据限制，很难单独区分雇主和雇员，因而工资方程的部分估计系数可能与一些研究的估计结果不太一样。

示其他控制变量。结合明瑟方程的设定思路，本书模型中的控制变量包括：①劳动力的个人特征，例如受教育水平、年龄、年龄平方、性别等；②劳动力就业特征，包括行业、职业特征等；③获取工作的途径，其中是否来自“政府安排”等指标可以作为政府行为的影响；④一些地区特征，考虑到城区和非城区的巨大差异，以“东城区”和“西城区”为中心，距离远的区一般发展程度较低。因而，我们按被调查者所在区与东城区和西城区的距离远近分为两类：第一类为东城区、西城区、海淀区、朝阳区、石景山区和丰台区；第二类为昌平区、顺义区、通州区、大兴区、房山区、门头沟区、延庆区、怀柔区、密云区、平谷区。我们主要关注居民类型$type_i^1$和$type_i^2$的系数估计值及其显著性。

从模型结果看，当控制其他变量时，2008 年失地农民劳动力的个人收入并没有显著偏低。城镇居民和未失地农民的系数估计值在统计上都不显著。2015 年城镇和未失地农民的个人收入显著高于失地居民。按照系数估计值推算，在控制其他变量以后，城镇居民的收入比失地农民高出 23% 左右①，而未失地农民的收入比失地农民高出 15% 左右②。根据前一部分的个人月收入无条件均值差异，2015 年城镇居民和未失地农民比失地农民高出 112% 和 50%③。这表明，在未失地居民（城镇居民和未失地农民）与失地农民个人收入差异大部分可以通过本部分的控制变量进行解释。

在其他影响个人收入的因素中，受教育水平影响较强；是否居住于城区（地理位置因素）和婚姻状况在 2015 年的影响较强，但在 2008 年不显著；党员身份在 2008 年显著，但 2015 年不显著。这表明个人收入的竞争性增强，处于更好的地理位置能够有机会获得更多收入，而身份等因素的影响减弱。不同职业类型的收入差距在 2008 年和 2015 年非常类似，负责人的个人收入普遍高于其他类型的劳动力，其次是个体户和技术人员。获取工作途径中，模型中以“自己寻找”作为基准。相对而言，政府安排和朋友介绍的收入相对较低，自我经营的收入相对较高。这个指标可能间接

① $\exp(0.207)-1=0.2300$。

② $\exp(0.144)-1=0.1549$。

③ 根据表 7－5 的检验结果，城镇居民的个人月收入与失地农民个人月收入之比为 212%，未失地农民与失地农民的个人月收入之比为 150%。这反映了不同类居民个人收入之间的无条件均值差异，其中包含由于教育水平、区域分布、行业分布等因素导致的可解释部分，也包含一些不可解释部分的差异。

反映了能力因素的影响——能力较强的劳动力更倾向于自己寻找工作或进行自我经营。政府安排工作的收入虽然相对不高，但也是解决部分人群就业问题的重要途径，并且2015年政府安排工作的收入已经与自己寻找工作的收入水平差不多（见表7－5）。

表7－5　　不同类型劳动力个人收入的条件均值差异

变量		2008年		2015年	
		系数估计值	标准误	系数估计值	标准误
常数项		7.085***	0.146	7.784***	0.098
居民类型	失地居民（基准）				
	城镇居民	0.015	0.061	0.207***	0.044
	未失地农民	0.017	0.067	0.144***	0.046
工作经验		0.005	0.004	0.017*	0.007
工作经验平方/100		－0.005*	0.003	－0.029	0.018
受教育水平		0.290***	0.050	0.072*	0.030
城区		0.048	0.040	0.102***	0.028
已婚且配偶健在		0.053	0.068	0.142***	0.050
共产党员		0.194***	0.044	0.019	0.031
行业	农林牧渔（基准）业				
	工业	0.178*	0.082	0.110*	0.055
	餐饮娱乐业	0.147	0.111	0.107	0.066
	交通运输、仓储和邮政业	0.245***	0.089	0.103	0.063
	物业管理和保洁业	0.085	0.112	－0.390***	0.068
	其他行业	0.277***	0.080	0.036	0.052
单位性质	国有企业（基准）				
	个体经营或私营企业	－0.147***	0.054	0.009	0.036
	乡镇企业	－0.263***	0.074	0.087	0.068
	其他类型企业	－0.062	0.054	0.038	0.035
职业	固定单位普通员工（基准）				
	负责人	0.503***	0.053	0.524***	0.038
	技术人员	0.283***	0.058	0.179***	0.037
	个体户	0.307***	0.096	0.364***	0.057
	其他职业	－0.253***	0.069	－0.210***	0.052

续表

变量		2008 年		2015 年	
		系数估计值	标准误	系数估计值	标准误
获取工作途径	自己寻找（基准）				
	政府安排	-0.193*	0.076	-0.024	0.039
	朋友介绍	-0.106	0.076	-0.080*	0.035
	自我经营	0.075	0.098	0.098*	0.047
	其他途径	-0.142*	0.085	0.076	0.062
调整的可决系数		0.294		0.305	
样本量		1341		2224	

注："***"表示 $p<0.01$，"**"表示 $p<0.05$，"*"表示 $p<0.10$。

7.4.2 收入差距的分解

（1）分解方法。以上比较了失地居民和未失地居民（城镇居民和未失地农民）的家庭收入差异程度。总的来说，失地居民的收入相对较低。这些差异一部分来自受教育水平等能力因素的影响，还有一些来自行业分布、职业分布等特征的影响，也有可能存在歧视的成分。各种影响对这些差异能够产生多大贡献？这是更需要阐明的问题。本部分根据计量模型将两类人群的收入差距进行分解，挖掘其中的合理成分和不合理成分。

分组差距的分解研究中，最早期的方法是 Oaxaca - Blinder 分解（Oaxaca, 1973; Blinder, 1973），但这种分解方法的问题是，选择不同分解方式时，得到的结果可能存在差异。为避免这一问题，Cotton（1988）扩展了 Oaxaca - Blinder 方法。Cotton 方法的主要模型是：

$$E(\mathrm{Ln}Wage_i^1)=\alpha_i^1+E(X_i^1)\beta_i^1 \quad (7-2)$$

$$E(\mathrm{Ln}Wage_i^2)=\alpha_i^2+E(X_i^2)\beta_i^2 \quad (7-3)$$

其中，$\mathrm{Ln}Wage_i^1$和$\mathrm{Ln}Wage_i^2$分别是两组样本的收入对数，X_i^1和X_i^2表示两组样本的解释变量，α_i^1、α_i^2、β_i^1和β_i^2分别是两个模型的参数。将上述两个方程按如下方式相减：

$$E(\mathrm{Ln}Wage_i^1)-E(\mathrm{Ln}Wage_i^2)=(\alpha_i^1-\alpha_i^2)+\frac{1}{2}[E(X_i^1)+E(X_i^2)](\beta_i^1-\beta_i^2)+\frac{1}{2}[E(X_i^1)-E(X_i^2)](\beta_i^1+\beta_i^2) \quad (7-4)$$

式（7－4）右侧第一部分是模型不能解释的部分；第二部分来自系数差异，即由于两组样本边际系数（β_i^1和β_i^2）不同而产生的差异；第三部分来自特征差异，即由于两组样本解释变量取值不同而产生的差异，例如受教育水平差异、年龄差异等带来的收入差距。

（2）分解结果。我们采用 Cotton 分解方法分解了 2015 年三类居民之间的收入差距，结果见表 7－6①。其中“分解 A”表示城镇居民与失地农民的收入差距分解结果，“分解 B”表示未失地农民与失地农民之间收入差距的分解。我们注意到，无论对于城镇居民和失地农民的收入差距，还是未失地农民与失地农民的收入差距，可解释部分（特征差异）的占比均相对较高。前者特征差异的贡献比例为 66%，后者特征差异的贡献比例为 58%。这与前一部分回归结果的一个结论基本一致，即相比于无条件收入差距，控制其他解释变量以后的条件均值差异大幅下降（如城镇居民与失地农民的无条件收入均值差异为 112%，控制其他解释变量以后的条件均值差异为 23%）。需要注意，本部分 Cotton 分解的贡献比例是按“收入对数”进行比较，而前一部分虽然使用收入对数作为被解释变量，但实际比较的是未取对数的收入值。因而，这里的结果在数值上与前一部分不同。不过，他们的结论一致，即模型中所选择解释变量的特征差异能够解释不同类型居民收入差距的大部分份额。

具体对于不同解释变量的贡献情况，我们分四个方面进行报告。

第一，教育、培训和工作经验方面。从总的贡献看，教育和工作经验都是负值，说明均缩小了未失地居民（城镇居民与未失地农民）与失地农民之间的收入差距。但它们的特征差异的贡献均为正值，这说明从平均水平上看，未失地居民的平均受教育年限高于失地农民，但教育回报率低于失地农民。工作经验具有类似的特征。培训对于城镇居民和失地农民的差异也有类似特征，但对未失地农民和失地农民的差异具有相反的特征。培训扩大了后者的差距，主要原因是未失地农民的培训回报率（13%）远高于失地农民的培训回报率（2%），虽然前者的培训比例（59%）略低于失地农民（37%）。

第二，政治面貌、婚姻状况和地理位置因素。这三类因素是可能影响

① 由于篇幅所限，这里没有报告分解模型的回归结果；有兴趣的读者可以向作者索取。

个人收入来源的一些客观因素，对于一定年龄阶段的劳动力（样本个体的年龄大多分布于35岁以上)，短期改变这些状态的可能性较低。共产党员身份在劳动力市场中可能带来额外收益，进而影响收入差距。不过在2015年城镇居民与失地农民的收入差距中，党员身份的贡献很低，总贡献不到2%。对于未失地农民与失地农民之间的收入差距，党员身份的贡献也仅为-3.24%，略微缩小了收入差距，主要原因是系数差异，即由于失地农民的党员变量系数估计值相对较高带来的差异。婚姻状况在收入差距中的贡献较大，并且扩大了收入差距，其中主要来源是系数差异，几乎不存在特征差异。因而，是否已婚对未失地城镇居民和未失地农民收入的影响更强，在统计上对城镇居民的系数估计值非常显著；而对失地农民的影响很弱，系数估计值非常低，并且在统计上不显著。

劳动力所在地理位置的影响较强，不过两组分解的结果差异较大。对于城镇居民与失地农民的收入差距，特征差异扩大了收入差距，而系数差异缩小了收入差距。由于城区的收入水平相对较高，前者表明城镇居民大多数分布于城区，从而增加了其收入水平；后者表明处于城区给失地农民带来的边际回报更高。从这个结果看，让失地农民尽可能迁入城区或给失地农民提供类似于城区的工作机会，将会有利于失地农民的增收。相对而言，由于城区人口压力较大，提供更好的工作机会应该是更为可行的方案。对于分解B，未失地农民与失地农民之间的特征差异贡献很小，几乎为0，而系数贡献显著为负，表明是否在城区对失地农民的边际影响同样显著高于未失地农民。给予失地农民更多工作条件，将会使他们更容易获得高回报。

第三，所属行业、单位类型或职业类型因素。在行业分布中，物业管理和保洁业的贡献较大，并且扩大了分解A和分解B的差距，其中主要来源于特征差异。该行业的工资水平相对较低，失地农民大多数流入物业管理和保洁业是导致他们与未失地居民（城镇居民和未失地农民）收入差距的一个重要原因。此外，若让失地农民更多地进入工业部门，收入差距很有可能会缩小。但工业的特征差异贡献率为正，仅系数差异为负，这说明虽然进入工业部门能够有利于失地农民增收，但失地农民就业于工业部门的比例相对较少。从政策意义角度看，引导失地农民进入工业部门或许有利于降低他们与未失地居民（城镇居民和未失地农民）的收入差距。结合单位性质的分解结果，合理引导失地农民进入乡镇企业也是不错的途径。

第四，获取工作的途径。分解 A 中获取工作途径变量的贡献非常低，几乎没有明显影响。分解 B 中自我经营的贡献较大，并且贡献为正（10.2%），其中大多数来自特征差异（7.5%）。这表明，未失地农民大多数从事自我经营类工作，并且获得了更多收入。然而，失地农民由于已经失去土地，难以从事自我经营类工作。本书样本数据的不同类型人数分布结果也能够支持这个分析。这种差异明显扩大了未失地农民与失地农民的收入差距。由于失地农民失去土地，难以继续通过土地实现增收，就业上的流动性比较强，经朋友介绍就业能够有效缩小他们与非失地农民的收入差距。分解 B 中“朋友介绍”的特征贡献仅为 1.5%，而系数贡献达到 -6.7%，表明“朋友介绍”对失地农民的收入影响更强，并且能够在一定程度上缩小收入差距。

表 7-6　城镇居民、未失地农民与失地农民之间个人收入差距的分解　单位：%

		A：城镇居民与失地农民			B：未失地农民与失地农民		
		总差异	特征差异	系数差异	总差异	特征差异	系数差异
合计		100.00	65.73	34.27	100.00	58.39	41.61
工作经验		55.16	16.06	39.11	11.79	6.71	5.08
工作经验平方/100		-33.71	-7.76	-25.95	-1.73	-0.18	-1.55
受教育水平		-7.84	4.55	-12.39	-7.41	0.63	-8.04
城区		1.71	8.58	-6.87	-6.22	0.65	-6.88
党员		1.88	0.75	1.13	-3.24	0.11	-3.35
培训		-11.88	2.29	-14.17	10.17	-4.83	15.00
已婚且配偶健在		29.41	-0.05	29.46	17.04	-0.26	17.30
行业	农林牧渔（基准）业						
	工业	-10.50	3.59	-14.09	-6.83	4.57	-11.40
	餐饮娱乐业	-1.45	1.22	-2.67	0.12	2.80	-2.68
	交通运输、仓储和邮政业	-5.68	0.47	-6.16	3.03	6.98	-3.95
	物业管理和保洁业	16.56	15.17	1.40	31.02	16.46	14.56
	其他行业	-20.82	3.36	-24.17	4.52	10.13	-5.60
单位性质	国有企业（基准）						
	个体经营或私营企业	-6.06	0.06	-6.12	11.35	2.10	9.25
	乡镇企业	-2.82	-0.57	-2.25	-3.66	-0.65	-3.01
	其他类型企业	4.68	-0.15	4.83	13.53	0.24	13.29

续表

		A：城镇居民与失地农民			B：未失地农民与失地农民		
		总差异	特征差异	系数差异	总差异	特征差异	系数差异
职业	固定单位普通员工（基准）						
	负责人	13.96	10.52	3.43	7.84	0.67	7.17
	技术人员	5.73	1.29	4.45	10.25	-0.01	10.26
	个体户	3.18	2.42	0.76	1.47	6.32	-4.85
	其他职业	2.88	2.56	0.32	-4.36	-3.09	-1.27
获取工作途径	自己寻找（基准）						
	政府安排	-1.92	-0.41	-1.52	-0.50	0.01	-0.51
	朋友介绍	0.05	1.04	-0.99	-5.22	1.45	-6.67
	自我经营	-1.63	0.78	-2.41	10.24	7.54	2.71
	其他途径	-0.64	-0.02	-0.62	-3.17	0.05	-3.22
残差		69.74	0.00	69.74	9.97	0.00	9.97

7.5 结论与讨论

7.5.1 结论

本章根据2008年和2015年北京市居民家庭就业状况调查数据研究失地农民、城镇居民和未失地农民的收入差距问题，并且研究了引起这些差距的主要原因。研究结果表明，无论是否控制样本结构的影响，失地农民的收入水平均相对较低，且与城镇居民和未失地农民的差距在2015年有所扩大。北京地区快速城镇化带来了城镇高企的房价，一些本地居民可以借此获得很多房租收入。靠近城区的失地农民一般可以获得更加体面的安置房，有条件将其出租出去并获取房租收入。加上房租价格的上涨，失地农民家庭收入构成中，房租收入的构成占比出现了上升。

城镇化的另一个影响是经济结构的变化，工业企业逐渐被搬离城区，受影响的对象从原来的城区非农居民逐渐转向近郊的未失地农民。这对于郊区的失地农民是有利的。由于工业企业的工资相对较高，距离城区较远的居民即使失去了土地，也能够获得更多就业机会和收入回报。城镇化的进程还压缩了城区非农居民在交通运营等行业的就业规模和回报，将这些行业的就业机会向周边区域扩散，使得更多农业户籍劳动力受益。城镇化过程也逐渐规范了劳动力市场，使得失地农民中“临时工”占比减少、领取固定工资的劳动力比例大幅上升，这对失地农民都是非常有利的。经济结构变化中市场化程度较高的行业收入回报增速较快，但一些市场化不是很好的行业却被动地遭受着不公平。例如，物业管理和保洁业是2015年失地农民的主要就业领域，但其收入水平很低，仅占农林牧渔业平均收入的68%左右。

7.5.2 讨论

在当前情况下，为了减少失地农民的收入劣势，缩小失地农民与城镇居民的收入差距，让失地农民更好地融入城镇生活，需要多方面的共同参与。从个人能力角度，受教育水平和技能水平能够给各类劳动力带来更好的就业机会和收入回报，特别是失地农民，虽然2015年的边际效应有所减弱，但失地农民接受更多的教育和培训增加了他们进入高收入行业的可能，如目前的第二产业和现代服务业。从政府的角度，应该继续加大力度推进失地农民继续教育和专业技能培训，进一步完善城乡统一的劳动力市场，缩小行业间的收入差距，让有能力的就业者都能获得更多机会，而不是设置独立的失地农民就业市场去保护失地农民低质量的就业和隐形失业。此外，在经济结构转型中，政府也应有意识地为失地农民规划更多、更好的就业机会，让劳动力不再集中于收入较低的几个行业，而是可以有机会进入一些更稳定、收入更高的行业。应逐步引入征地市场竞争机制，除政府公共用地之外，其他商业用地根据市场价值给予失地农民补偿，失地农民得到土地补偿资金后，自己决定职业发展。

总的来说，失地农民在劳动力市场上仍然属于政府保护的对象，但在目前我国劳动力市场相对开放的市场环境中处于不利地位，年龄相对较大，受教育程度相对较低，收入也相对较低，收入主要来自平均收入相对较低的行业或职业。2008~2015年，失地农民与未失地居民（城镇居民和未失地农民）之间的收入差距甚至扩大了。2008~2015年也是北京市城镇化进程不断完善的时期，各种政策及其经济结构的变化给失地农民带来很多经济上的福利，但也增强了劳动力市场的竞争性，对一些能力较弱的失地农民也有着许多不利。因此，政府在安置失地农民方面还有不少工作需要完善。受到样本量、调查内容、研究区域的限制，调查的结果还存在一些不足，但失地农民的收入回报或与经济福利相关的一些问题是创建和谐社会、实现中国梦的重要方面，理应得到更多重视。希望本书的研究结论能够抛砖引玉。

8. 失地农民教育收益与收入不平等研究

8.1 问题的提出

党的十九大明确提出了“乡村振兴战略”，2018年1月2日中共中央、国务院联合发布了《中共中央国务院关于实施乡村振兴战略的意见》，2018年5月31日，中共中央政治局召开会议审议《乡村振兴战略规划（2018~2022年）》，2018年7月5日中共中央总书记、国家主席、中央军委主席习近平对实施乡村振兴战略作出重要指示强调，实施乡村振兴战略，是党的十九大做出的重大决策部署，是新时代做好“三农”工作的总抓手。各地区各部门要把实施乡村振兴战略摆在优先位置，坚持五级书记抓乡村振兴，让乡村振兴成为全党全社会的共同行动。上述行动纲领说明，新时代乡村振兴工作是我国经济工作中的重心。推动乡村振兴，鼓励外出劳动力返乡就业和创业，以此带动区域经济发展，这是推动我国乡村振兴战略的前提和基础。鼓励外出劳动力返乡就业，除了地方政府出台相应的政策外，决定他们是否返乡就业的另一个重要因素就是他们的工资收入。如果他们返乡就业的工资收入与外出打工的工资收入相当或高于外出打工收入，那么他们就会在劳动力市场的作用下选择回乡就业。反之，他们会选择工资收入高的异地就业。这种劳动力就业迁移现象就是经典的人口迁移理论——“推拉理论”（Lee，1966）。

教育收益是就业收入的直接反映，教育收益率是工资收入高低的决定性因素，那么研究农民返乡就业的教育收益率就显得尤为必要。我国返乡就业农民的教育收益率如何变化？教育收益与就业收入的变化趋势如何？

返乡农民的教育收益率与城镇居民的教育收益率是否存在差异？差异有多大？什么原因导致这种差异？在乡村振兴战略下，如何提高返乡农民的教育收益和缩小返乡农民与城镇居民的收入差距？上述问题关系着农村劳动力返乡就业的动力，关系着城乡收入的差距，关系着我国乡村振兴战略实施的成败，关系着我国城乡经济的均衡发展。

为了研究我国返乡农民的教育收益率，我们进一步将农民工划分为失地农民和未失地农民，划分的原因在于农民因为失去土地后，由于当地政府实施就业安置、创业扶贫等乡村振兴政策，失地农民选择在家乡附近就业（王轶等，2018），他们是比较典型的返乡就业群体。未失地农民因为不存在失地，可以自由选择就业区域。这就自然形成了返乡就业的失地农民群体与自由就业的未失地农民群体教育收益及收入的比较。同时，失地农民与城镇居民也可以进行上述内容的比较研究。通过比较，可以分析返乡就业失地农民、自由就业未失地农民与城镇居民教育收益及其就业收入是否存在差异。

8.2 文献综述

关于教育收益的测算方法，我们可以追溯到20世纪70年代，著名经济学家明瑟（Mincer，1958）提出了明瑟方程，以此估计教育收益率。从20世纪80年代开始，国内外学者大多都基于“明瑟回报率”的研究方法来衡量不同群体的教育收益率。目前农民教育收益率的已有研究主要从以下几个方面展开：

（1）研究方法。多数学者基于明瑟方程来测算不同级别的教育收益率（姚先国和张海峰，2004；Oancea et al.，2017）。一些学者基于明瑟方程，再结合其他实证模型来计算农民的教育收益率。如苑会娜（2009）通过建立联立方程及三阶段最小二乘法，分析农民工的教育收益率；高梦滔、姚洋（2006）基于非参数回归方法对影响农户收入差距的因素进行研究，研究发现教育和在职培训提高了劳动力的教育收益率，不同的回报率是拉大农户收入差距的主要原因。徐舒（2010）利用Blinder－Oaxaca分解和RIF回归分解方法，验证了教育收益率与收入不平等。还有一些学者应用其他理论和研究方法来分析劳动力的教育收益率。如 Cebolla - Boado 等（2015）采用随机常数模型（random constant models）来分析西班牙本地农民与外来移民教育收益率的差异。Appleton 和 Owens（2018）基于斯里兰卡国家数据，采用工具变量（Instrumental Variables）方法分析不同层次农民工人的教育收益率。

（2）研究所使用的主要数据库。本书主要研究国内返乡农民的教育收益率问题，在此只总结用我国的调查数据来研究农民的教育收益及收入问题。目前，国内具有代表性的数据库有：①利用中国城乡居民收入分配数据库（CHIPS）分析各级教育的回报率及其长期变动趋势。此类研究成果很多，具有代表性的有李实和丁赛（2003）等的研究结论。②运用中国综合社会调查（CGSS）的数据分析劳动力的教育收益及收入问题。如杜省和彭竞（2010）分析城乡劳动力的教育收益率，范静波（2011）分析不同教育水平农民工的教育收益率。③运用中国城镇居民家庭收支调查（CUHIES）数据分析我国的教育收益率。如李雪松和赫克曼（2004）分析20 世纪末我国不同群体的教育收益率及收入差距。④运用中国家庭营养与健康调查数据库（CHNS）分析各级教育的收益率及收入差距。如钟甫宁和刘华（2007）、徐舒（2010）分析不同级别教育的收益率。⑤使用其他数据库进行的教育收益率测算。如姚先国和张海峰（2002）利用浙江省企业调查和在湖南、广东等地进行的农村劳动力流动调查数据分析当前我国教育市场上收益率的城乡收入差异。

（3）研究内容。已有文献主要关注不同群体区域教育收益差异及收入问题，如性别、不同受教育水平、不同就业领域等方面。①关于区域教育收益差异的研究。如邹薇和张芬（2006）基于人力资本视角解释了我国农村各地区之间收入差异的扩大主要与各地农民的受教育水平密切相关，受教育水平低，教育收益率就低，收入自然就低。杜育红和孙志军（2003）测算了欠发达地区农民的教育收益率，发现欠发达地区的收入差距很难通过教育收益率来解释。邢春冰等（2013）研究了教育收益率的地区差异及其对劳动力流动的影响，研究结果发现，农民工教育收益率存在明显的地区差异，东部地区和发达城市的教育收益率明显高于中西部地区。王美艳（2009）研究了城市外来劳动力与城市本地劳动力在不同教育阶段的教育收益，研究发现，两类人群初中教育对提高工资的边际作用不大，农民工接受高中或中专教育是提高其工资收入的重要转折点，城市本地劳动力接受大专及以上教育是提高其工资收入的重要转折点。Ferrer 和 Riddell（2004）基于 1981～2001 年人口普查数据，研究了加拿大劳动力市场上务工移民的教育收益率，研究发现，移民的人力资本积累都比本地人少，包括受教育年限、工作年限，所以其教育收益率低，当外地移民的人力资本积累超过本地人以后，其教育收益率要高于本地人。张兴祥和林迪珊（2014）利用 2008 年全国外来务工人员的调查数据，研究了外来务工人员的收入与教育收益率的性别差异。②关于农民工性别、不同就业行业教育收益的研究。如 Jolliffe（2004）基于发展中国家的数据，研究发现农民从事农业和非农就业的教育收益率是有差异的，从事非农就业的教育收益率明显高于农业领域。姜晓宇（2009）认为贫困地区女性教育投入不足，导致农村女性教育收益率的下降和男女工资收入差异。赵西亮（2017）认为农民劳动力接受过大学教育以后，更容易突破户籍制度的限制，获得与城镇居民同等的教育收益率。

（4）测算结果的估计。已有研究发现：①教育收益率的差异是影响我国城乡收入差距的最重要因素（陈斌开等，2010），增加教育投入能有效缩小收入不平等（De Gregorio 和 Lee，2002），目前城乡工人的基础教育和专业教育的回报率分别为 1.8% 和 3.0%（诸建芳和王伯庆，1995），提高教育收益率能缩小收入差距（Lin，2007）。②目前我国农民的教育收益率有明显提高（赖德胜，2001），制度性障碍正在减少（高霞，2015），应加大对农村教育的投入，持续提高农民的教育收益率，是缩小城乡收入差距的关键（王泽彩和费之光，2017；杜鑫，2018）；地区间回报率的差异也有所降低，并呈现出向均值收敛的特征（邢春冰等，2013）。Lauer 和 Steiner（2016）研究发现，男性工人的教育收益率高于女性，全职高于兼职；不同领域的教育收益率也存在明显差异，公共部门就业的教育收益率高于私营企业。

上述文献关于农民教育收益率的研究比较多，研究方法对本研究有很大启发，但存在以下不足：①文献多基于自由开放的市场经济，区域教育收益和收入差异相对较小，对于农民是否愿意返乡就业或创业纯属自愿行为，而我国处于市场经济转型期，直接用国外文献研究国内问题存在一定局限性。国内研究多关注广义上的农民群体，对于失地农民群体及返乡就业创业群体教育收益及收入问题的研究，涉及较少。②在数据库使用方面，目前几个有代表性的数据库研究城乡居民的教育收益率，但少有数据库同时调查失地农民、未失地农民和城市居民的教育收益率，更没有连续性的调查数据库。③在研究内容方面，已有文献主要研究区域、不同性别、不同受教育水平和不同行业农民的教育收益及收入问题，但少有文献研究返乡农民工，特别是失地农民，同时比较失地农民、农民和城镇居民教育收益及收入的文献更少。④研究结论方面，已有文献一致认为，农民的教育收益率在不断提升，城乡教育收益率在缩小，但是失地农民返乡就业与当地未失地农民的教育收益及收入是否存在差异，以及上述两类群体与城镇居民之间是否存在差异等问题，已有文献也很少涉及。

针对已有文献的不足，本章主要想解决如下问题：失地农民返乡就业创业（统称为就业）的教育收益及收入的变化趋势是怎样的；与未失地农民自由就业和城镇居民本地就业相比，教育收益率及其收入是否存在差异；这种差异随着时间的变化，是在扩大还是在缩小；哪些因素影响失地农民的教育收益率，影响的程度有多大，影响的核心要素是什么；如何缩小失地农民与未失地农民和当地城镇居民之间的教育收益率及收入差距，有何有效政策举措等。

我们选择我国城镇化水平较高、失地农民较多的北京地区近郊区的失地农民、未失地农民和北京地区的城镇居民作为研究对象，基于 2008 年金融危机时期和 2015 年经济新常态背景下的两次大规模调查数据，采集到北京地区失地农民、未失地农民和城市居民的家庭教育与收入数据，采用明瑟方程方法，测算三类群体的教育收益率与收入之间的关系，以及他们教育收益率及其收入的演进趋势；为了克服能力偏差的影响，在明瑟方程法基础上，建立分解分析方法，分析影响他们教育收益及收入差异的关键要素，以及这些要素的作用程度；最后结合我国乡村振兴战略，提出提升我国失地农民教育收益、缩小收入差距的相关政策建议。

8.3 理论分析

8.3.1 农民选择返乡就业的“推—拉理论”

20世纪50年代伯格（Bogue，1959）提出了人口迁移的“推—拉理论”（push and pull theory）。该理论主要是从运动学的视角出发，阐述人口迁移受到不同方向力量的影响。根据我国农民返乡就业或创业的实际情况，我们绘制了我国农民返乡就业的“推—拉理论”框架图（见图8-1）。农民根据推力和拉力的方向选择返乡或在异地就业。

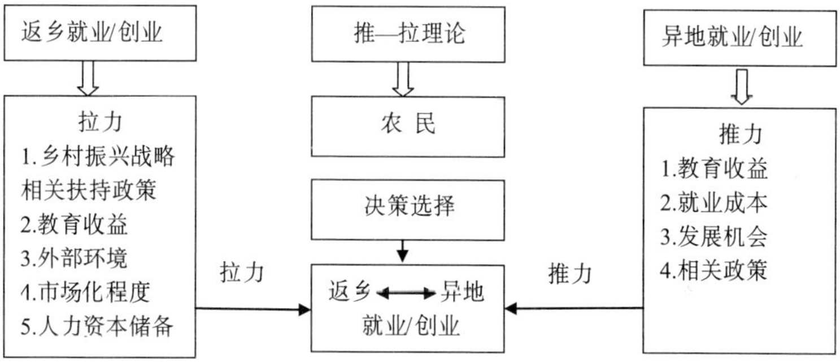

图8-1 农民返乡就业的“推—拉理论”框架

目前农民决定是否返乡的主要拉力因素有：（1）国家提出的乡村振兴战略。战略内容包括就业安置政策、创业扶持政策、金融扶持、税收扶持等。（2）教育收益的高低。教育收益率的直接反映就是就业/创业的工资收入。如果农民受过同等的教育，他们返乡就业/创业的收入与异地就业/创业相当或更高，他们就会选择在家乡附近就业/创业。（3）外部环境，包括交通的便利化程度、信息化的建设程度、基础设施的完备程度及产业的区位优势等。（4）市场化程度，包括劳动力市场的开放程度、市场经济的开放程度等。（5）人力资本储备，主要指劳动者的受教育程度、专用型人力资本储备、身体健康状况等因素。

决定农民是否异地就业/创业的主要推力因素有：（1）教育收益。如果异地就业的工资收入或创业收入明显高于返乡，那么他们会选择继续留在异地。因此，农民的教育收益率是决定他们是否异地就业/创业的关键。(2) 就业成本，包括住房成本、医疗成本、养老成本、孩子养育成本、交通成本等。(3) 发展机会。职业发展机会是影响农民选择的重要条件。如果未来职业有很广阔的发展前景，他们会选择异地就业/创业，否则在同等条件下，他们会返乡就业/创业。(4) 相关政策，包括在异地就业/创业的税收政策、金融政策、创业扶持政策等都是影响农民异地就业/创业的重要因素。

8.3.2 农民教育收益率测量模型——明瑟（Mincer）方程

明瑟方程一般主要考虑从学校教育获取的间接知识与工作实践积累的直接技能两类人力资本形式对个人收入或工资的影响。个人工资收入一般采用收入的对数形式，从学校教育获取的间接知识一般用教育年限表示，工作实践积累一般用工龄来表示。由于劳动者技能水平与年龄之间的关系是一种非线性的关系，存在某种“倒 U 形”特征，模型中一般同时引入工作年限及其平方。于是，明瑟（Mincer）方程的人力资本收入函数就可写成模型（8－1）：

$$\ln W = \alpha + \beta Edu + \gamma Exp + \theta Exp^2 + \varepsilon \tag{8-1}$$

在模型（8－1）中，$\ln W$ 为个人工资收入的对数；W 表示工资收入；Edu 为受教育年限；Exp 表示劳动者的工作年限；ε 为误差项；β 系数表示不考虑教育成本的情况下的教育收益率；而 γ 和 θ 表示工作年限的个人回报率。

考虑到劳动者的政治面貌、就业行业类型、工作类型、求职途径及培训情况都有可能对劳动者的教育收益率的决定机制产生影响，我们在模型（8－1）的基础上引入相关控制变量，尽可能地分离出教育变量对个人工资收入的直接效应，具体见模型（8－2）。

$$\ln W = \alpha + \beta Edu + \gamma Exp + \theta Exp^2 + \varphi_i Z_i + \varepsilon \tag{8-2}$$

其中，Z_i表示相关控制变量；φ_i为相应控制变量的系数。

8.3.3 教育收益率差异分解模型——Oaxaca－Blinder 分解

Oaxaca－Blinder（1973）分解经常用于研究两种不同人群（如性别、种族等）差异，是一种基于线性回归模型、用反事实方式对对数工资的平均差异进行分解的常用方法。

我们需要估计失地农民和未失地农民（或城镇居民）的工资收入方程：

$$\ln W = X\rho + \varepsilon \tag{8-3}$$

其中，X 表示劳动者的个人特征向量，包括受教育年限、工作年限及其平方、性别、政治面貌、行业类型、工作类型、求职途径及培训时间等；ρ 为相应的系数估计值。

于是，劳动者的平均对数工作收入为：

$$\overline{\ln W_i} = \overline{X_i}\hat{\rho}_i,\ i \in L,\ S,\ U \tag{8-4}$$

其中，L、S、U 分别代表失地农民、未失地农民及城镇居民；$\overline{\ln W_i}$ 表示 i 类劳动者的平均对数工作收入；$\overline{X_i}$ 为 i 类劳动者样本中相关自变量的均值；$\hat{\rho}_i$ 为方程（8-3）的回归系数。此时，失地农民与未失地农民之间的收入差异可分解为：

$$\ln W_L - \ln W_S = (X_L - X_S)\hat{\rho}_S + (\hat{\rho}_L - \hat{\rho}_S)X_L \tag{8-5}$$

同理，失地农民与城镇居民的收入差异分解为：

$$\ln W_L - \ln W_U = (X_L - X_U)\hat{\rho}_U + (\hat{\rho}_L - \hat{\rho}_U)X_L \tag{8-6}$$

据此，我们将失地农民与未失地农民之间、失地农民与城镇居民之间的收入差异分解为两部分；方程（8-5）或方程（8-6）等号右边的第一部分为可解释部分，即为特征效应，由特征、禀赋上的差异得到；方程（8-5）或方程（8-6）等号右边的第二部分则为不可解释的部分，即为系数效应，此部分差异起因于各种特征的不同市场回报，无法通过特征上的差异得到解释，可以将其视为一种歧视；当然，这种歧视只是其中的子集，一些被遗漏的变量对工作收入的影响以及变量的测量误差都被包括在不可解释部分（邓曲恒，2007）。

8.4 数据及变量说明

8.4.1 我国失地农民和未失地农民数量统计

由于失地农民、未失地农民是本书的主要研究对象，有必要交代一下相关的数据。根据历年《中国统计年鉴》和《中国国土资源公告》进行测算，1985～2017年我国的城镇化率从23.71%提升到58.52%，年均提高1.51个百分点，失地或半失地农民数量保守估计至少在6 500万人以上（按照人均耕地面积2.8亩进行推算），2017年全国新增失地农民数量至少65.25万人。农民工从1985年的5 960万人增加到2017年的28 652万人，年均递增687万人。具体情况见图8－2。

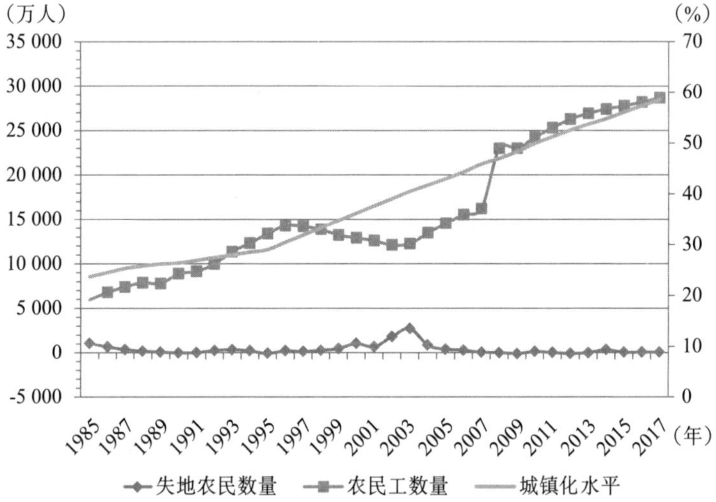

注：统计数据来自历年《中国统计年鉴》和《中国国土资源公告》，失地农民数量是根据统计年鉴的“年内净减耕地面积”计算而得，部分年份农民工数量是根据已公布的统计年鉴数据推算而来。

图8－2　全国农民工数量及失地农民数量统计

8.4.2　北京地区失地农民和未失地农民数量统计

通过整理《北京统计年鉴》发现，1985～2017年北京地区城镇化率由59.73%提高到89.60%，年均增长0.91个百分点，目前北京地区城镇化率全国排名第二。这期间年净减少耕地面积约301.26万亩，年均征地10.76万亩，由此可以测算，北京市失地农民的数量保守估计至少在109.55万人以上。2017年北京地区耕地面积按照2015年来推算（从2015年开始没有更新过耕地面积数据，所以只能参照2015年标准进行测算），新增失地农民数量为0.43万人；2017年北京地区本地农民工的数量为72.4万人。北京地区失地农民和未失地农民数量统计见图8－3。

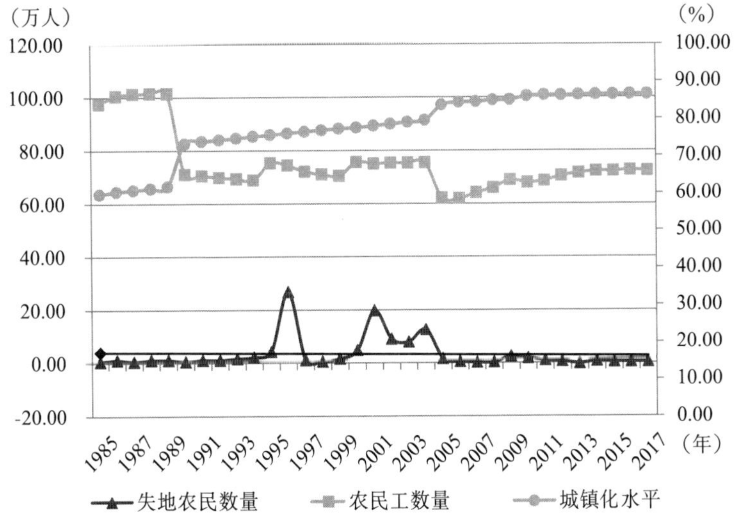

注：统计数据来自历年《北京统计年鉴》，失地农民数量是根据统计年鉴的“年内净减耕地面积”计算而得，农民工的数量是按照2016~2017年农民工占北京市乡村人口的比例推算出来。

图8-3　北京地区失地农民及农民工数量统计

8.4.3　变量说明

（1）核心变量。根据明瑟方程，收入、受教育水平与工作年限是分析的三大核心变量。需要说明的是，我们在调查时将务农作为工作的一种类型用以探讨失地农民的相关问题；对于收入，我们选用每月工作收入；对于受教育水平，分为小学及其以下、初中、高中、中专、大专、本科及以上等六类水平，并转化为对应的受教育年限（6年、9年、12年、12年、15年和16年）；工作年限为实际填写年份。

（2）培训情况。对于失地农民，我们关心各种培训是否对失地农民境况的改善发挥作用，选用每年接受培训的时间（天）进行衡量。

（3）类别变量。本书将讨论性别、政治面貌、行业类型、工作类型以及求职途径等多个方面对教育收益及收入的影响。

对于政治面貌，2008年调研考虑了共产党员、共青团员、民主党派及群众四类，而2015年没有统计共青团员，加之两个时期内民主党派数据较少，我们进行了合并处理，将政治面貌分为党员与非党员两类，用数字1、2表示。

对于行业类型，2008年与2015年均划分了14个行业类别，作为辅助分析，本书将其合并为第一、二、三产业展开讨论，分别用数字 1、2、3 表示。

对于工作类型，2015 年调查增加了“临时工”，为可比性考虑，我们进行了合并处理，划分为务农、自主创业、稳定工作、待业及其他职业（包括“临时工”）四种类型，分别用数字 1、2、3、4 表示 。

对于求职途径，由于 2008 年与 2015 年调研差异，为分析方便与可比性，本文合并为利用社会资源求职（包括政府安排与亲戚介绍）、市场途径求职（包括用人单位直接招工、中介机构介绍及互联网上应聘）及自我雇佣三类，分别用数字 1、2、3 表示。

8.5 失地农民、未失地农民、城镇居民教育收益及收入的实证分析

8.5.1 样本的描述性统计

表 8 - 1 ~ 表 8 - 2 给出了失地农民、未失地农民及城镇居民主要变量的描述性统计。从表 8 - 1 可以看出，无论失地农民、未失地农民，还是城镇居民，户主均是以男性为主，特别是 2008 年的失地农民与未失地农民男性户主达到 80% 以上。随着经济社会发展，三种类型家庭的女性当家的比例都有所上升，表明随着经济的发展，女性的家庭地位越来越高，开始更多地分担家庭经济收入，其中失地农民家庭女性当家比例上升最快，由 14. 99% 变为 38. 52% ，这也从一个侧面反映了征地以后，失地农民原有的家庭经济基础受到冲击，更多的女性承担家庭的理财任务，承担更多的经济重担。

从工作收入上看，2008 年失地农民与未失地农民相差不大，城镇居民则是失地农民与未失地农民收入的 1. 5 倍。到了 2015 年，未失地农民与城镇居民工作收入均增加了 2 倍，而失地农民则只增加了 1 倍。根据北京历年征地情况，2008 ~ 2010 年是失地高峰期，2008 年可以说是农民刚刚失去土地的阶段，其收入水平与未失地农民差异并不明显；而随着时间推移，到 2015 年，失去土地对农民家庭收入的影响便开始显现，其收入增

加水平远远落后于未失地农民与城镇居民。

从工作年限上看，2008 年失地农民与未失地农民相差不大，他们工作年限分别为 19.89 年和 19.20 年，城镇居民的工作年限平均为 24.57 年。其中，失地农民女性的工作年限高于男性，男女未失地农民的工作年限相当，男性城镇居民的工作年限略高于女性。2015 年的调查数据显示，失地农民、未失地农民和城镇居民的平均工作年限分别为 15.44 年、18.70 年和 22.70 年，可以看出，第二次调查数据中，未失地农民的工作年限长于失地农民。两次数据调查显示，在年龄相当的三类群体中，城镇居民的工作年限最长，失地农民与未失地农民的工作年限相当。

对于受教育水平，失地农民与未失地农民相似，都普遍低于城镇居民；2015 年较 2008 年，受教育年限普遍上升，但失地农民与未失地农民上升幅度小，2015 年平均在 10.80 年左右；而城镇居民平均受教育年限则增加明显，达到 1 年多，2015 年达 13.88 年。

对于培训情况，失地农民与未失地农民存在明显性别差异。2008 年，失地农民的培训时间明显高于未失地农民，到 2015 年，失地农民的培训时间略低于未失地农民。女性失地农民和未失地农民的培训时间低于男性。城镇居民的培训时间明显高于失地农民和未失地农民，不过，2015 年的年均接受培训时间相对 2008 年大幅下降，特别是失地农民与城镇居民，估计的原因是政府及企业减少了培训预算费用，导致政府和企业培训时间的减少。

表 8-1　　2008 年和 2015 年三类人群人力资本与收入情况统计

	失地农民			未失地农民			城镇居民		
	全体	男性	女性	全体	男性	女性	全体	男性	女性
2008 年									
工作收入（元）	2 033.59	2 017.61	2 130.88	2 023.67	2 083.46	1 720.59	3 063.18	3 214.20	2 578.22
工作收入对数	7.37	7.36	7.39	7.37	7.40	7.22	7.80	7.83	7.68
工作年限（年）	19.89	19.61	21.19	19.20	19.40	18.12	24.57	24.84	23.82
工作年限平方	471.32	465.18	499.95	536.03	565.30	402.12	651.86	665.34	614.75
受教育年限（年）	10.35	10.25	10.94	10.11	10.07	10.31	12.16	12.23	11.99
培训时间（天）	21.24	24.06	5.77	13.62	14.18	10.62	39.78	36.06	49.40
年龄（岁）	46.64	46.28	48.65	47.01	46.96	47.22	48.07	47.93	48.43
女性比例（%）	14.99			16.14			26.81		
观测值	367	312	55	638	535	103	1 604	1 174	430

续表

	失地农民			未失地农民			城镇居民		
	全体	男性	女性	全体	男性	女性	全体	男性	女性
2015 年									
工作收入（元）	4 468.03	4 973.35	3 655.70	6 549.28	6 188.55	7 440.88	9 886.42	10 258.03	9 106.20
工作收入对数	8.13	8.28	7.89	8.47	8.45	8.51	8.83	8.86	8.78
工作年限（年）	15.44	17.19	12.60	18.70	19.03	17.89	22.70	23.15	21.78
工作年限平方	311.34	370.66	215.27	414.57	430.60	375.44	564.74	587.86	517.25
受教育年限（年）	10.96	11.22	10.55	10.83	10.80	10.88	13.38	13.40	13.34
培训时间（天）	7.93	8.70	6.85	10.43	11.08	8.76	12.02	11.98	12.09
年龄（岁）	45.50	46.25	44.30	45.84	46.14	45.12	47.46	47.89	46.59
女性比例（%）	38.52			29.25			32.80		
观测值	431	265	166	612	433	179	2 177	1 463	714

对于政治面貌，从表 8 - 2 可以看到，2008 年失地与未失地农民党员占比较低，分别为 12.02% 和 9.39%，而城镇居民党员占比则达到 36.52%；随着时间推移，失地农民、未失地农民和城镇居民党员比例均出现不同程度的上升，2015 年增加了 4.03%、4.99% 和 5.84%，说明三类群体中，党员占比不断增加已经形成趋势。

对于行业类型，2008 年，失地农民、未失地农民及城镇居民主要集中在第三产业，其中城镇居民最高达到 68.54%，失地农民为 56.39% 次之，最后是未失地农民，有 42.75%；第二产业，失地农民与未失地农民相差不大，城镇居民较多达 29.11%；第一产业，未失地农民最高达 36.27%，失地农民有 21.43%，城镇居民仅为 2.36%。对比未失地农民，由于失去土地，失地农民更多的是从第一产业流向了第三产业。根据 2015 年情况，我们进一步分析行业类型的演变情况。无论失地农民、未失地农民，还是城镇居民，均表现出劳动力逐步向第三产业转移的特征；失地农民第三产业的增加分别来自第一产业与第二产业的下降，分别下降 13.4%、9.04%；未失地农民第三产业的增加则主要源自第一产业的减少，其第二产业变化不大；城镇居民则展示出劳动力从第二产业向第三产业的转移，其第一产业存在小幅回升。

对于工作类型，2008 年，失地农民与未失地农民在自主创业与稳定工作的比例相差不大，差异主要集中在务农、待业及其他两方面；务农比例失地农民较未失地农民低18.76%，待业及其他职业的比例，失地农民较未失地农民高12.16%，表明失地农民失去土地后并未能获得稳定的就业机会；城镇居民主要集中于稳定工作岗位，比例达到67.22%；自主创业比例，失地农民与未失地农民均比城镇居民高出4%～5%。2015年，待业及其他职业的比例，失地农民、未失地农民及城镇居民均呈现不同程度的下降，城镇居民占比下降明显，表明三类居民就业状况均得到改善，城镇居民状况改善最为显著；城镇居民的劳动力主要从待业及其他职业流向了自主创业与稳定工作；失地农民的劳动力主要从务农与自主创业流向稳定工作；未失地农民劳动力则主要从务农流向稳定工作。城镇居民状况的改善更多体现为就业状况的改善，失地农民与未失地农民状况的改善则主要体现在工作类型的转移。

对于求职途径，2008年，失地农民、未失地农民及城镇居民主要通过其社会资源获取工作，即通过政府安排与亲戚朋友介绍；城镇居民利用社会资源比例最高达67.43%，失地农民次之为60.97%，未失地农民相对较低为51.19%。这也间接说明，我国劳动力市场在三类群体的就业过程中，劳动力市场的作用有限。2015年，失地农民、未失地农民及城镇居民获取工作的途径呈现出明显的市场化转移趋势，通过市场寻找工作均达到40%以上，而通过社会资源寻找工作相应出现不同程度的下降，说明随着市场经济的发展，各项制度日趋完善，劳动力市场的作用越来越明显。

表8-2　　2008年和2015年三类群体政治面貌和就业情况统计

	类型	2008年 1	2008年 2	2008年 3	2008年 4	2008年 样本量（人）	2015年 1	2015年 2	2015年 3	2015年 4	2015年 样本量（人）
失地农民	政治面貌	12.02%	87.98%			366	16.05%	83.95%			430
	行业类型	21.43%	22.18%	56.39%		266	8.03%	13.14%	78.83%		411
	工作类型	25.07%	15.43%	30.58%	28.93%	363	8.76%	11.92%	54.01%	25.30%	411
	求职途径	60.97%	20.82%	18.22%		269	43.77%	45.72%	10.51%		409
未失地农民	政治面貌	9.39%	90.61%			640	14.38%	85.62%			612
	行业类型	36.27%	20.98%	42.75%		386	17.12%	19.46%	63.42%		555
	工作类型	43.83%	14.87%	24.53%	16.77%	632	17.81%	17.46%	52.03%	12.70%	567
	求职途径	51.19%	23.21%	25.60%		336	30.24%	43.60%	26.16%		539

续表

类型		2008 年					2015 年				
		1	2	3	4	样本量（人）	1	2	3	4	样本量（人）
城镇居民	政治面貌	36.52%	63.48%			1 599	42.36%	57.64%			2 172
	行业类型	2.36%	29.11%	68.54%		1 230	4.73%	22.05%	73.22%		2 091
	工作类型	1.14%	10.44%	67.22%	21.20%	1 580	2.42%	14.70%	75.82%	7.06%	2 109
	求职途径	67.43%	21.07%	11.51%		1 182	40.89%	43.80%	15.31%		2 064

注：表中类型 1、2、3、4 的含义见变量说明。

8.5.2 失地农民教育收益及收入的实证分析

根据明瑟方程，我们对 2008 年和 2015 年失地农民的教育收益展开计算，在全样本中引入了女性虚拟变量，用 SATAT 13.0 软件分别对男性与女性失地农民进行了明瑟回归，结果见表 8－3。

从表 8－3 可以看到，2008 年失地农民教育收益率为 11.25%，其中男性为 9.69%，女性为 22.30%；到 2015 年，失地农民的教育收益率普遍下降，其中整体回报率为 5.23%，男性为 3.85%，女性为 8.13%。除了 2008 年女性失地农民的教育收益率过高达到 22.30% 外，其他结果均在可接受范围内，具有可比性。例如，赵力涛（2006）测算出 1996 年中国农村教育收益率为 6.5%；姚先国和张海峰（2004）得到湖南、广东等地 2003～2004 年农村教育收益率在 4% 左右的结论；黄斌和钟晓琳（2012）对 2009～2010 年浙江、安徽和陕西三省六县的农村地区个人教育收益率估计结果则达到 13.1% 的较高水平。为什么会出现教育收益率的下滑？我们认为，有两个方面的原因：一是征地政策的变化。2008 年之前，北京地区正处于奥运会筹备阶段，为了推动北京地区征地的顺利进行，北京制定了一些有利的征地措施，主要实行征地就业安置、现金补贴等方式，失地农民失去土地后，主要是通过政府等渠道解决就业安置问题，奥运会之后，北京地区征地主要实行现金补贴、房产补贴等方式，失地农民主要通过当地的劳动力市场求职。二是劳动力市场的作用。2008 年以前，失地农民的就业市场较为封闭，60.79% 的失地农民是通过社会关系求职，到了 2015 年，通过社会关系求职的比率下降到 43.77%，说明失地农民逐步实现通过劳动力市场求职。对于女性失地农民的教育收益率普遍高出男性，我们认为这主要与女性受教育程度和稳定的就业行业有关。

工作年限、工作年限平方以及培训时间均未能通过显著性检验，表明失地农民失地前的务农经验对其再就业工作收入不存在显著影响；相关的培训也未能对其收入提高带来效果，估计的原因是目前失地农民的就业培训针对性不强，对其再就业帮助不大。

对于相关控制变量，2008 年女性虚拟变量不显著，而 2015 年显著且为负值，表明 2008 年失地农民不分性别地受到失去土地的冲击，也使其收入的性别差异不明显，而随着对于失去土地状态的逐步适应，2015 年工作收入的性别差异恢复了常态，女性失地农民收入水平较男性低 15.33%。

政治面貌对于失地农民收入差异存在影响。全样本下，2008 年、2015 年非党员收入比党员分别低 25.19% 和 28.37%，2008 年通过 10% 的显著性检验。对于不同性别的样本，2008 年均未通过检验，2015 年仅女性样本通过检验，其系数为 -0.5720，表明 2015 年女性非党员收入较党员低 57.20%，存在巨大差异。这些结果表明，北京失地农民收入受到其政治面貌的影响，特别是劳动力市场更成熟的 2015 年，党员特别是女性党员较非党员有着更大的就业优势与更高的收入水平。

对于行业类型，2008 年无论第二产业还是第三产业，均未能通过显著性检验，表明在行业类型方面，失地农民不存在收入差异；而对于失去土地多年后的 2015 年，第二产业虚拟变量显著，全样本、男性样本及女性样本从事第二产业的失地农民分别较第一产业高出 55.82%、39.54% 及 125.31%；2015 年第三产业虚拟变量仅女性失地农民显著，其收入高出第一产业女性失地农民 62.96%。这表明，失地农民在刚失去土地时，其收入水平不存在行业差异，随着时间推移，失地的冲击可能会强化行业的差异；这也说明，行业之间的确存在收入差异，第二产业的收入水平明显高于传统的第一产业——农业。

对于工作类型，2008 年失地农民收入差异仅在是否为稳定工作上存在差异，而劳动力市场化更高的 2015 年失地农民收入差异则体现在各种工作类型上。2008 年全样本与男性样本的失地农民拥有稳定工作会比务农分别高出 45.55%、43.34%；2015 年全样本与男性样本的失地农民进行自主创业比务农分别高出 32.16%、44.83%，并且在 10% 和 5% 的水平下显著。通过比较也可以发现，失地农民返乡创业的教育收益率是最高的，其次是稳定就业（即有稳定工作）。通过趋势分析发现，失地农民刚开始创业时的教育收益率是不明显的，随着劳动力市场的不断完善，失地农民通过创业获得的收入越来越高，其教育收益率也越来越高，这正是劳动力市场作用的结果。

对于求职途径，2008 年全样本及男性样本利用市场途径求职比利用社会资源获取工作收入分别高出 28.78%、28.75%，但只通过 10% 显著性检验；而全样本及男性样本自我雇佣收入比利用社会资源求职收入分别高出 78.97%、98.28%；女性样本不存在求职途径带来的收入差异。2015 年女性样本自我雇佣比利用社会资源获取工作高 70.52%，其他情况不存在差异。这表明，在以社会资源为找工作的主要途径的 2008 年，虽然失地农民获取工作困难，但若能通过市场途径求职或通过创业实现自我雇佣，其教育收益率明显高于通过社会资源获得工作的情况。随着劳动力市场化程度的提高，就业途径对失地农民教育收益率影响的差异有所减弱，劳动力市场所发挥的作用趋于明显，通过创业实现自我雇佣以及劳动力市场求职的教育收益率明显高于通过社会关系求职。

表 8-3　　失地农民教育收益的回归结果

	2008 年			2015 年		
	全样本	男性	女性	全样本	男性	女性
受教育年限	0.112 5***	0.096 9***	0.223 0**	0.052 3***	0.038 5**	0.081 3***
	(4.393 1)	(3.288 1)	(2.648 3)	(3.823 5)	(2.178 3)	(4.090 9)
工作年限	0.017 8	0.022 9	-0.144 9	0.021 6	0.011 6	0.017 6
	(0.765 8)	(0.961 6)	(-0.635 1)	(1.428 8)	(0.571 6)	(0.823 0)
工作年限平方	-0.000 5	-0.000 6	0.003 8	-0.000 2	-0.000 1	0.000 1
	(-0.752 5)	(-0.903 0)	(0.676 1)	(-0.483 2)	(-0.178 2)	(0.190 8)
女性	-0.180 4			-0.153 3**		
	(-1.292 8)			(-2.235 6)		
非党员	-0.251 9*	-0.130 5	-0.727 3	-0.283 7***	-0.199 0	-0.572 0***
	(-1.703 3)	(-0.758 1)	(-1.810 7)	(-2.893 5)	(-1.597 9)	(-3.651 9)
第二产业	0.161 7	0.076 1	1.107 0	0.558 2***	0.395 4**	1.253 1***
	(0.923 8)	(0.401 9)	(1.149 3)	(3.503 3)	(1.993 7)	(4.730 8)
第三产业	0.194 3	0.137 8	0.727 0	0.068 7	-0.028 7	0.629 6***
	(1.253 5)	(0.825 6)	(0.763 1)	(0.523 0)	(-0.174 4)	(2.784 2)

续表

	2008 年			2015 年		
	全样本	男性	女性	全样本	男性	女性
自主创业	0.060 2	-0.102 9	-0.121 8	0.321 6*	0.448 3**	-0.442 5
	(0.287 8)	(-0.434 9)	(-0.069 5)	(1.853 0)	(1.982 9)	(-1.434 8)
稳定工作	0.455 5***	0.433 4***	-0.271 2	0.020 8	0.248 1	-0.405 1**
	(2.984 6)	(2.708 4)	(-0.301 9)	(0.150 8)	(1.260 4)	(-2.363 6)
待业及其他职业	0.074 1	0.055 5	-1.427 9	-0.288 3**	-0.294 3	-0.445 8**
	(0.387 1)	(0.272 7)	(-1.139 5)	(-2.002 9)	(-1.394 0)	(-2.545 5)
市场途径求职	0.287 8*	0.287 5*	-0.126 4	-0.086 8	-0.092 9	0.007 0
	(1.952 4)	(1.738 9)	(-0.081 2)	(-1.251 1)	(-0.965 5)	(0.075 7)
自我雇佣	0.789 7***	0.982 8***	0.381 4	0.163 5	0.115 7	0.705 2***
	(4.610 4)	(4.715 5)	(0.563 7)	(1.074 6)	(0.594 2)	(2.665 7)
培训时间	-0.000 0	0.000 2	0.001 8	-0.000 5	-0.001 2	0.006 5
	(-0.017 6)	(0.190 0)	(0.093 9)	(-0.189 5)	(-0.416 6)	(1.250 3)
截距	5.776 4***	5.845 9***	6.191 7**	7.524 7***	7.709 1***	6.965 4***
	(14.832 4)	(13.109 1)	(2.812 3)	(30.776 4)	(24.165 7)	(19.211 8)
R^2	0.434 1	0.420 2	0.783 3	0.477 6	0.400 6	0.656 9
bic	258.069 2	222.367 2	50.793 8	391.688 8	259.343 3	140.421 1
F 值	6.786 3	5.796 9	2.108 0	15.469 8	6.906 8	13.401 0
样本量	129	109	20	234	137	97

注:"***""**""*"分别表示在1%、5%和10%水平下显著;括号内为T值,性别变量中的男性、政治面貌中的党员、就业产业中的第一产业、就业类型中的务农、求职途径中的利用社会资源求职作为基准变量。

8.5.3 不同类型居民教育收益的比较分析

为进一步讨论失地农民、未失地农民及城镇居民的教育收益的差异,我们进一步对 2008 年、2015 年未失地农民与城镇居民展开明瑟回归分析,具体结果见表 8-4 和表 8-5。

对于教育收益率,2008 年除了女性未失地农民未通过 1% 显著性检验外,其他均通过,均值在 7.67% ~9.42%,且都普遍低于相应的失地农民,说明 2008 年,失地农民征地初期,其教育收益率普遍高于未失地农民。而城镇居民的教育收益率与其收入水平显著正相关,并通过 1% 的显

表 8-4　　2008 年未失地农民与城镇居民教育收益率的回归结果

	未失地农民			城镇居民		
	全体	男性	女性	全体	男性	女性
受教育年限	0.076 7***	0.081 2***	0.081 8	0.088 5***	0.094 2***	0.079 1***
	(2.904 1)	(2.723 6)	(0.983 6)	(7.628 3)	(6.761 1)	(3.724 2)
工作年限	-0.003 6	0.000 9	0.087 0	0.040 5***	0.043 8***	0.022 3
	(-0.475 0)	(0.111 2)	(0.818 4)	(3.596 0)	(3.234 1)	(1.059 6)
工作年限平方	0.000 0	-0.000 0	-0.002 5	-0.000 7***	-0.000 8**	-0.000 2
	(0.168 9)	(-0.351 3)	(-0.945 8)	(-2.650 0)	(-2.526 4)	(-0.453 9)
女性	-0.230 1*			-0.133 6***		
	(-1.793 1)			(-2.828 2)		
非党员	0.040 5	0.028 8	0.021 8	-0.251 0***	-0.270 4***	-0.181 8**
	(0.253 4)	(0.159 6)	(0.052 2)	(-5.602 3)	(-5.153 6)	(-2.065 6)
第二产业	0.028 2	0.046 9	0.004 9	0.060 8	0.026 0	0.025 2
	(0.165 6)	(0.258 1)	(0.008 2)	(0.436 3)	(0.154 1)	(0.100 2)
第三产业	0.025 0	0.011 3	0.144 6	0.200 8	0.166 5	0.185 5
	(0.151 9)	(0.062 3)	(0.308 9)	(1.480 2)	(1.011 3)	(0.767 9)
自主创业	0.693 8***	0.585 8***	1.239 2**	0.837 9**	0.862 4**	-0.086 7
	(3.797 6)	(2.905 4)	(2.341 1)	(2.067 6)	(2.054 0)	(-0.351 8)
稳定工作	0.450 8**	0.401 0**	0.591 9	0.845 5**	0.815 8*	0.243 9*
	(2.588 5)	(2.001 6)	(1.281 5)	(2.101 6)	(1.960 7)	(1.888 8)
待业及其他职业	0.265 7	0.187 5	0.518 7	0.489 2	0.368 1	.
	(1.152 4)	(0.693 4)	(0.830 7)	(1.195 5)	(0.860 9)	.
市场途径求职	-0.072 5	-0.054 2	-0.031 0	0.052 7	0.081 1	0.006 5
	(-0.607 5)	(-0.408 8)	(-0.096 9)	(1.064 0)	(1.351 5)	(0.074 6)
自我雇佣	0.243 5*	0.323 4**	-0.733 4	0.483 2***	0.414 7***	0.856 9***
	(1.683 0)	(2.087 3)	(-0.728 3)	(5.329 0)	(4.054 8)	(4.133 7)
培训时间	-0.000 7	-0.000 6	-0.000 3	0.000 1	0.000 1	0.000 0
	(-1.376 9)	(-1.128 6)	(-0.135 6)	(0.483 5)	(0.318 0)	(0.253 5)
截距	6.276 5***	6.191 9***	5.080 2**	5.315 9***	5.299 7***	6.024 4***
	(15.741 2)	(13.650 7)	(2.778 8)	(12.105 9)	(11.371 8)	(13.755 5)
R^2	0.229 3	0.208 2	0.442 0	0.283 9	0.277 8	0.289 4
bic	379.559 1	313.235 7	92.151 4	1 346.023 2	1 040.781 2	344.976 2
F 值	3.616 5	2.782 6	1.254 3	22.836 6	17.754 4	6.812 5
样本量	172	140	32	763	567	196

注:"***""**""*"分别表示在 1%、5% 和 10% 水平下显著；括号内为 T 值，性别变量中的男性、政治面貌中的党员、就业产业中的第一产业、就业类型中的务农、求职途径中的利用社会资源求职作为基准变量。

表 8-5　2015 年未失地农民与城镇居民教育收益率的回归结果

	未失地农民			城镇居民		
	全体	男性	女性	全体	男性	女性
受教育年限	-0.014 1	0.020 9	-0.056 4	0.050 4***	0.053 4***	0.041 5**
	(-0.635 5)	(0.821 9)	(-1.038 2)	(5.136 8)	(4.406 8)**	(2.375 4)
工作年限	-0.031 9	-0.016 4	-0.130 7	0.004 9**	0.003 4**	0.027 1
	(-1.058 2)	(-0.514 9)	(-1.586 0)	(0.331 5)	(0.190 4)	(1.005 4)
工作年限平方	0.001 3	0.000 8	0.004 4	-0.000 1**	-0.000 1**	-0.000 5
	(1.494 1)	(0.831 3)	(1.594 2)	(-0.142 7)	(-0.253 0)	(-0.739 6)
女性	0.085 9			-0.074 6		
	(0.670 4)			(-1.486 5)		
非党员	-0.018 8	0.203 0	-0.593 1	-0.097 3**	-0.110 3*	-0.076 3
	(-0.125 5)	(1.264 2)	(-1.652 1)	(-1.979 2)	(-1.744 8)	(-0.990 0)
第二产业	-0.000 8	-0.066 3	0.438 1	0.172 0	0.124 0	0.481 7*
	(-0.003 4)	(-0.264 1)	(0.779 2)	(1.397 4)	(0.854 5)	(1.703 5)
第三产业	-0.077 5	-0.031 3	0.047 8	-0.034 4	-0.068 3	0.217 6
	(-0.398 0)	(-0.153 6)	(0.100 3)	(-0.297 7)	(-0.506 7)	(0.794 9)
自主创业	0.837 0***	0.978 5***	0.035 3	0.182 1	0.161 7	0.198 1
	(3.163 3)	(3.268 3)	(0.062 3)	(0.974 1)	(0.764 3)	(0.395 7)
稳定工作	0.471 5**	0.411 2	-0.073 8	0.137 2	0.154 5	0.048 8
	(2.147 1)	(1.641 6)	(-0.148 9)	(0.766 5)	(0.767 7)	(0.099 2)
待业及其他职业	0.441 7	0.684 2**	-0.511 5	-0.100 5	-0.209 6	0.045 5
	(1.642 2)	(2.260 6)	(-0.935 0)	(-0.523 8)	(-0.931 5)	(0.092 9)
市场途径求职	0.165 0	0.080 4	0.236 9	0.043 7	-0.013 1	0.138 5*
	(1.274 5)	(0.571 4)	(0.844 6)	(0.900 9)	(-0.204 9)	(1.905 0)
自我雇佣	0.305 9	-0.220 8	0.863 2*	-0.068 0	-0.017 0	-0.213 3
	(1.427 0)	(-0.852 0)	(2.018 7)	(-0.673 2)	(-0.133 6)	(-1.279 3)
培训时间	0.001 8	0.003 2	-0.006 5	-0.000 3	0.000 7	-0.001 3
	(0.278 5)	(0.485 8)	(-0.371 6)	(-0.113 6)	(0.229 4)	(-0.376 1)
截距	8.178 6***	7.628 8***	10.152 6***	7.916 8***	8.021 3***	7.482 7***
	(20.688 6)	(18.982 4)	(8.722 1)	(37.005 9)	(32.038 2)	(15.591 5)
R^2	0.120 3	0.182 1	0.395 7	0.103 6	0.106 7	0.133 5
bic	411.076 4	282.229 2	140.034 8	1 376.298 4	981.199 6	432.356 7
F 值	1.587 9	1.966 2	1.800 9	6.180 4	4.558 2	2.887 6
样本量	165	119	46	709	471	238

注:“***”“**”“*”分别表示在 1%、5% 和 10% 水平下显著;括号内为 T 值,性别变量中的男性、政治面貌中的党员、就业产业中的第一产业、就业类型中的务农、求职途径中的利用社会资源求职作为基准变量。

著性检验，其教育收益率普遍高于同年度未失地农民，与失地农民相当。到了2015年，未失地农民与城镇居民的教育收益率均出现了大幅下滑的态势，城镇居民教育收益率下降近一半，未失地农民则不显著，不过城镇居民的教育收益率与失地农民相当。另外，从性别上看，2008年，男性失地农民的教育收益率高于未失地农民，与城镇居民相当；到了2015年，男性失地农民的教育收益率高于未失地农民，但低于城镇居民。2008年和2015年，女性失地农民的教育收益率高于未失地农民，明显高于女性城镇居民，其原因可能与女性失地农民的就业行业、就业岗位有关。

对于工作年限，2008年和2015年城镇居民全样本与男性样本工作年限及工作年限平方的系数分别为正、负，呈现“倒U形”特征。然而，2008年及2015年，未失地农民与失地农民一样未通过显著性检验，说明这两类人群工作年限对其收入水平不产生影响，也说明失地农民的工作年限，主要是务农经验对其收入的变化没有太多影响。

对于培训时间，未失地农民、城镇居民同失地农民一样均未通过检验，表明培训对于工资收入未产生显著影响，估计的原因在于，培训并不能直接改变上述三类人群的工资收入。

对于性别的收入差异，2008年未失地农民全样本与城镇居民全样本中，女性虚拟变量分别通过10%、1%水平检验，并展示出女性收入水平较男性低23.01%和13.36%，不过女性失地农民变量未能通过检验；到2015年，与男性失地农民相比，女性失地农民的教育收益率为-15.33%，而其他两类群体均未通过检验，表明不存在差异。不过，整体来看，无论是失地农民、未失地农民还是城镇居民，男性的教育收益率普遍高于女性。

对于政治面貌，2008年及2015年的未失地农民是否为党员均不存在收入差异；2008年城镇居民存在明显差异，非党员收入较党员低20%左右，男性非党员较女性差异更大；随着劳动力市场化的提高；城镇居民的非党员收入差异呈现下降趋势，特别是女性样本变得不显著；城镇居民的这种特征及变化态势与失地农民相反。整体来看，失地农民、城镇居民是否为党员对其收入影响显著，党员的工资收入普遍高于非党员，而未失地农民是否为党员对其工资收入影响不明显。

对于行业类型，两个年度的实证结果显示，未失地农民和城镇居民的就业行业对其收入的影响不明显，回归结果均未通过任何显著性检验，说明不存在行业类型的收入差异。失地农民 2015 年的检验结果则显示，他们在第二产业的收入回报明显高于第一产业。

对于工作类型，2008 年，未失地农民自主创业与其收入显著正相关，到了 2015 年，未失地农民自主创业的回报率呈现上升趋势，整体样本在 1% 水平下显著。未失地农民有稳定工作对其收入有影响显著，影响系数比较稳定。未失地农民待业及其他临时性工作对其收入的影响不显著。2008 年，城镇居民自主创业和有稳定工作都与其收入显著正相关，并且在 5% 的水平下显著，到了 2015 年，上述变量对城镇居民收入的影响虽然正相关，但并不显著。比较三类人群的工作类型发现，自主创业和有稳定工作对所有样本人群的工资收入均有正向的影响，在上述两类就业类型中，男性的工资收入明显高于女性。

对于求职途径，2008 年未失地农民与城镇居民通过自我创业实现自我雇佣，也就是自我雇佣与其收入显著正相关，到了 2015 年，自我雇佣对其收入的影响不显著，估计的原因是 2015 年金融危机直接影响了失地农民创业绩效。2008 年未失地农民与城镇居民通过劳动力市场求职途径对其收入不存在差异影响，说明未失地农民与城镇居民在求职途径上的收入差异随劳动力市场化程度提高而减弱，与失地农民的变化趋势相同，且更加明显。

8.5.4 三类人群教育收益率差异的 Oaxaca - Blinder 分解分析

为进一步探索失地农民收入差异及其影响差异的核心要素，我们进一步利用 Oaxaca - Blinder 分解方法，分别研究失地农民与未失地农民、失地农民与城镇居民的差异分解及差异演化趋势，具体结果见表 8 - 6。

从表 8 - 6 可以看到失地农民与未失地农民、失地农民与城镇居民的差异均呈现扩大态势。失地农民与未失地农民从 2008 年的无收入差异，到了 2015 年，失地农民比未失地农民低了 0.3540；失地农民与城镇居民的收入差异从 2008 年的 - 0.3407 扩大到 2015 年的 - 0.7031。

对于失地农民与未失地农民的差异，2008 年失地农民与未失地农民总体收入差异不显著，可解释部分均不显著，体现了无差异的特征，表明刚刚失去土地的农民，土地征收后对其收入的冲击还未显现。随着时间的推移，失去土地的影响则逐渐显现出来，这也体现在 2015 年分解结果上。

表 8-6　　三类人群教育收益率的 Oaxaca-Blinder 分解结果

	2008 年		2015 年					2015 年	
	失地与未失地	失地与城镇		失地与未失地（逐步剔除不显著变量）				失地与城镇（逐步剔除不显著变量）	
收入差异									
失地农民	7.480 7***	7.480 7***	8.117 6***	8.127 7***	8.128 1***	8.128 1***	8.128 1***	8.117 6***	8.127 7***
未失地或城镇	7.466 5***	7.821 5***	8.516 6***	8.482 0***	8.482 0***	8.482 0***	8.482 0***	8.752 7***	8.830 7***
总差异	0.014 3	-0.340 7***	-0.399 0***	-0.354 4***	-0.354 0***	-0.354 0***	-0.354 0***	-0.635 1***	-0.703 1***
可解释部分									
受教育年限	0.017 4	-0.157 3***	-0.01	0.004 6	0.005 4			-0.152 1***	-0.119 2***
工作年限	-0.001 9	-0.182 9***	-0.067 1	-0.077 2***	-0.075 8***	-0.092 4***	-0.093 1***	-0.227 8***	-0.181 8***
工作年限平方	0.005 2	0.138 3***	0.005 7	0.037 9	0.036 8	0.045 6*	0.046 0*	0.135 6*	0.102 7**
女性	0.006 2	0.017 2**	-0.013 2	-0.008	-0.008 5*	-0.009 9*	-0.010 6*	-0.007 2	-0.003 9
政治面貌	0.007 1	-0.056 1***	-0.004 4	0.001				-0.039 9***	-0.033 1***
行业类型	0.006 3	-0.030 6***	-0.015 1	-0.011 2	-0.011 4	-0.009 5		-0.001 9	-0.008 6*
工作类型	0.000 7	0.026 5*	-0.027 9*	-0.014 7*	-0.014 6*	-0.017 2*	-0.017 2*	-0.050 4***	-0.040 7***
求职途径	-0.025 8	0.011 7*	-0.016 1	-0.035 3***	-0.034 5***	-0.033 4***	-0.034 3***	0.006 8	0.008 1*
培训时间	0.003 3	-0.001 6	0.002					0.000 5	
总计	0.018 5	-0.234 8***	-0.146 0***	-0.102 9***	-0.102 7***	-0.116 8***	-0.109 2***	-0.336 5***	-0.276 5***
不可解释部分									
受教育年限	0.634 2	0.473 8	0.734 6**	0.496 2**	0.557 1***			0.073 9	0.351 9**
工作年限	0.62	-0.396 7	0.753 3	0.270 4	0.250 5	0.412 9	0.427 4	0.447 5	0.383 8
工作年限平方	-0.312 4	0.107 7	-0.415	-0.080 6	-0.067 8	-0.150 1	-0.158 3	-0.156 9	-0.155 4
女性	0.050 2	0.022 9	-0.277 2	-0.310 4***	-0.321 9***	-0.386 2***	-0.428 7***	-0.102	-0.225 2**
政治面貌	-0.162 5	0.033 2	-0.390 9	-0.169 4				-0.242 6	0.028 8
行业类型	0.112 4	0.023 2	-0.304 3**	-0.147 6*	-0.153 2*	-0.167 4*		-0.04	0.031
工作类型	0.055 7	0.617 5***	-0.138 6	0.012 3	0.008	0.003 4	-0.002 8	-0.076 1	-0.060 9
求职途径	0.326 8*	0.251 4**	0.132 3	0.001 1	-0.008 4	-0.025 8	-0.002 7	0.266 2**	0.054
培训时间	0.016	0.008 2	-0.054					-0.009 8	
截距	-1.344 6**	-1.246 9**	-0.293	-0.323 5	-0.515 4	0.076	-0.079 7	-0.458 8	-0.834 6**
总计	-0.004 2	-0.106 0*	-0.253 0***	-0.251 5***	-0.251 2***	-0.237 2***	-0.244 8***	-0.298 7***	-0.426 6***

注："***""**""*"分别表示在1%、5%和10%水平下显著；表头中，失地代表失地农民，未失地代表未失地农民，城镇代表城镇居民；2015 年失地与未失地、失地与城镇采取了逐步剔除不显著变量的 Oaxaca-Blinder 分解结果。

我们通过逐步淘汰不显著变量的方法进行 Oaxaca - Blinder 分解，得到了较为稳健的总体差异 -0.3540，可解释部分占总体差异的 30.84%，其中工作年限、性别、工作类型及求职途径分别占可解释部分的 43.13%、9.7%、15.75%及 31.41%。工作年限与求职途径是 2015 年失地农民与未失地农民收入差异的最主要因素，而受教育年限并不影响两者的收入差异，分解结果与描述性统计结果基本吻合，失地农民失去土地以后，很多失地农民依靠政府安排就业岗位，获得的工资收入相对稳定，但一部分失地农民选择自主创业，实现自我雇佣，反倒能够获得可观的工资收入。另外，失地农民与未失地农民的教育收益率无明显差异，估计的原因是两者的受教育程度无明显差异，劳动力市场逐步开放，所以两者的教育收益率无明显差异。

失地农民与城镇居民的收入差异，呈现逐步扩大的趋势，其差异由受教育水平等诸多方面决定。2008 年失地农民与城镇居民的差异可解释部分占总差异的 68.92%，这与 MaurerFazio 等（2004）的城镇居民和流动人口之间 75.11%收入差异可以由特征差异解释接近；而 2015 年可解释部分占 39.33%，与邓曲恒（2007）的 40.48%可解释占比基本一致。虽然这两篇文章都是探讨流动人口与城镇居民的差异，但由于我国流动人口有很大一部分来源于农民，与这些研究结果的相互印证也表明本研究数据的可靠性。失地农民 2008 年与 2015 年的巨大变化，也表明本书考虑的这些因素对于失地农民与城镇居民差异的影响在逐步削弱，同时体现了失地农民状态随失地时间推移发生演变的特殊性。具体来看，2008 年可解释部分主要集中在受教育年限、工作年限、政治面貌、行业类型及性别等几方面，分别占总差异的 46.17%、13.09%、16.47%、8.98%和 5.05%；而工作类型与求职途径对于差异有反向作用但显著性不高，仅通过 10%水平检验。2015 年可解释部分主要集中在受教育年限、工作年限、工作类型、政治面貌及行业类型等几方面，分别占总差异的 16.95%、11.25%、5.79%、4.71%和 1.22%；而求职途径对于差异有反向作用，但显著性不高，仅通过 10%水平检验。很明显，失地农民与城镇居民收入差异随着劳动力市场化的提高进一步扩大，然而，教育、性别及政治面貌带来的两者之间的差异显著下降了，特别是性别带来的差异消失了。2008 年与 2015 年的受教育年限均在可解释部分占据最重要的位置，这同其他关于农民与城镇居民的类似研究结果相同（邢春冰，2008；于潇和孙悦，2017），研究结果表明，教育是影响劳动力发展的重要指标，且具有很高的可靠性。以上分析结果说明，失地农民与城镇居民因为受教育水平、工作年限、工作类型等方面存在显著差异，当劳动力市场逐步开放，不同的受教育程度，导致不同的教育收益率，外在的结果就是两类人群工作类型和工资收入的差异，不过随着时间的推移，男女性别和政治面貌等变量对失地农民与城镇居民收入差异的影响在逐步缩小，并且变得不太明显。

8.5.5 实证分析的稳健性检验

为了进一步验证 Oaxaca – Blinder 分解结果，我们采用了倾向性得分匹配方法（propensity score matching，PSM）进行稳健性检验，具体结果如表 8 – 7 所示。

表 8 – 7　　三类人群实证分析结果的倾向得分匹配方法检验

		2008 年				2015 年			
		失地与未失地		失地与城镇		失地与未失地		失地与城镇	
		t	p>|t|	t	p>|t|	t	p>|t|	t	p>|t|
受教育年限	U	0.750	0.452	-8.890	0.000	-1.050	0.294	-13.070	0.000
	M	-0.890	0.372	0.380	0.703	-0.020	0.985	1.030	0.306
工作年限	U	-0.630	0.531	-6.770	0.000	-3.960	0.000	-14.040	0.000
	M	-0.650	0.516	0.870	0.385	0.190	0.846	0.770	0.443
工作年限平方	U	-0.840	0.402	-6.380	0.000	-3.280	0.001	-12.41	0.000
	M	-0.670	0.503	0.750	0.452	-0.220	0.822	0.620	0.534
女性	U	-0.700	0.483	-2.500	0.012	2.740	0.006	2.110	0.035
	M	0.530	0.596	-0.550	0.580	1.590	0.113	2.620	0.009
政治面貌	U	-1.350	0.179	5.650	0.000	0.560	0.579	7.660	0.000
	M	-1.490	0.138	0.640	0.526	1.810	0.070	2.080	0.038
行业类型	U	0.960	0.339	-3.510	0.000	3.960	0.000	0.280	0.780
	M	-1.580	0.116	0.180	0.861	0.780	0.437	1.980	0.048
工作类型	U	0.270	0.791	-4.060	0.000	2.690	0.007	8.130	0.000
	M	-0.050	0.958	-0.950	0.345	-3.160	0.002	-0.600	0.550
求职途径	U	-2.500	0.013	1.820	0.068	-1.390	0.165	3.600	0.000
	M	-0.920	0.358	-0.680	0.499	-2.660	0.008	-1.210	0.228
培训时间	U	-1.160	0.246	-2.160	0.031	-2.020	0.044	-4.830	0.000
	M	2.460	0.014	0.100	0.921	-4.250	0.000	-1.400	0.162

注：U 为 Unmatched（匹配前变量），M 为 Matched（匹配后变量）；表头中，失地代表失地农民，未失地代表未失地农民，城镇代表城镇居民。

从整体上看，PSM 倾向性得分匹配分析结果显示，除了少量变量存在差异，对于核心解释因素的匹配结果均能对于 Oaxaca – Blinder 分解结果做出有效印证。

具体来看，对于失地农民与未失地农民，2008 年的匹配结果，除了求职途径与培训时间的匹配前后 p 值存在显著差异，其他变量均不存在显著的 p 值变化，表明 2008 年失地农民与未失地农民差异不明显，与 Oaxaca – Blinder 分解结果相匹配；对于 2015 年，工作年限与求职途径匹配前后 p 值存在显著变化，受教育年限匹配前后 p 值变化不显著，支持分解结果。

对于失地农民与城镇居民，2008 年的匹配结果，所有变量匹配前后 p 值均呈现出显著变化，而分解结果仅培训时间不显著，事实上培训时间在明瑟回归中也无一显著，表明结果稳健；2015 年，女性匹配前后 p 值变化不显著与分解结果一致，而受教育年限、工作年限、工作类型等核心变量匹配前后 p 值变化显著支持分解结果。

8.6 结论及启示

新时代乡村振兴工作是我国当前经济工作的重心。推动乡村振兴，鼓励外出劳动力返乡就业和创业，以此带动区域经济发展，这是推动我国乡村振兴战略的前提和基础。改革开放以来，随着城镇化的快速推进，农村大量土地被征用，这就产生了大量的失地农民，他们因为地方政府的就业安置、创业扶贫政策而选择返乡就业。返乡就业或创业，教育收益率是关键，也就是说，同等的教育水平，他们在本地和异地就业/创业所得到工资收入是否存在明显差异，是持久推动农民返乡就业、振兴乡村经济和区域经济的关键。为了测算失地农民的教育收益和收入，我们选定了两类参照人群进行比较，一类是失地农民与未失地农民，另一类是失地农民与城镇居民。前一类比较失地农民返乡就业与未失地农民自由就业的教育收益及其收入是否存在差异；后一类比较失地农民失去土地以后成为城镇居民，在此过程中其与城镇居民的教育收益及收入存在多大差异，这种差异随着时间的变化是在扩大还是在缩小；哪些因素影响失地农民的教育收益率，造成这种差异的核心要素有哪些；在国家实施乡村振兴战略下，结合

“推—拉理论”，应该如何提升失地农民的教育收益及其收入水平。

为此，本章以我国城镇化速度快、失地农民数量相对较多并且集中的北京地区失地农民作为研究对象，采用2008年与2015年两次大规模调查得到的数据，通过建立明瑟方程，对失地农民的教育收益进行测算，分析其变化趋势；比较失地农民与未失地农民、失地农民与城镇居民的教育收益及其收入差距和变化趋势，在此基础上展开Oaxaca－Blinder分解探讨失地农民与未失地农民、城镇居民教育收益及其收入差距，分析影响差异的核心要素；最后采用倾向性得分匹配方法（Propensity Score Matching, PSM）进行稳健性检验，主要得出如下研究结论。

第一，2008年失地农民整体教育收益率为11.25%，到2015年失地农民的教育收益率普遍下降到5.23%，说明随着失地农民就业市场的逐步完善和开放，在劳动力市场的作用下，其教育收益率逐步回归理性。政治面貌、工作类型和求职途径对其工资收入的影响显著，具体说来，2008年、2015年非党员收入比党员分别低25.19%和28.37%；失地农民自主创业、有稳定工作的工资收入明显高于在家乡务农；失地农民通过创业实现自我雇佣获得的工资收入明显高于通过社会关系求职和劳动力市场求职，从趋势上看，社会关系求职与劳动力市场求职的收入差距不明显。失地农民工作年限、培训时间和从事的行业类型对其工资收入的影响不显著。

第二，在失地农民与未失地农民教育收益率差异的比较上，失地农民征地初期，其教育收益率普遍高于未失地农民，两者之间无明显收入差异，到了2015年，教育收益率普遍下滑，不过教育收益率对失地农民收入的影响依然显著，而对未失地农民的收入未产生明显影响，反而未失地农民的收入明显高于失地农民。自主创业对失地农民和未失地农民的工资收入影响显著。培训时间、政治面貌、行业类型等变量对未失地农民的收入影响不显著。

第三，在失地农民与城镇居民教育收益率差异的比较上，两次调查数据显示，失地农民的教育收益率与城镇居民相当，不过由于受教育水平的差异，城镇居民的工资收入明显高于失地农民。政治面貌对失地农民和城镇居民的收入影响显著，党员的工资收入普遍高于非党员。城镇居民的工作年限对收入的影响较为显著，但对失地农民的工资收入无明显影响。城镇居民自主创业和有稳定工作都与其收入显著正相关，培训时间、行业类型等变量对其收入的影响不显著。

整体来看，无论是失地农民、未失地农民还是城镇居民，男性的教育收益率普遍高于女性；自主创业和有稳定工作对所有样本人群的工资收入均有正向的影响，不过，自主创业对他们收入的影响更为显著。求职途径对失地农民、未失地农民与城镇居民收入差异的影响随着劳动力市场化程度提高而减弱。

第四，分解分析结果显示，失地农民与未失地农民、失地农民与城镇居民的差异均呈现出增加态势。对于失地农民与未失地农民，2008 年总体收入差异不显著，到了 2015 年，失地农民的收入水平低于未失地农民，分解结果显示，求职途径是最主要影响因素，而受教育年限并不影响两者的收入差距。对于失地农民与城镇居民的收入差异，2008 年和 2015 年可解释部分主要集中在受教育年限、工作年限、政治面貌及行业类型等几方面。

针对上述研究结论，根据农民返乡就业/创业的“推—拉理论”框架，提高失地农民返乡就业的拉力，具体建议如下：政府在征用土地过程中提取失地农民教育基金，基金可以通过反补贴的形式，支持失地农民接受继续教育、专业技术教育的学习，提高失地农民的受教育程度，扩大其专用性人力资本储备。根据国家的乡村振兴战略和返乡就业创业的激励政策，制定创业扶持、金融支持、税收减免等具体举措，鼓励失地农民返乡就业或创业。建立完善城乡统一的劳动力市场，让市场在失地农民求职和劳动报酬中发挥应有的作用；建立税收再分配制度，缩小不同人群和不同行业之间的收入差距。消除性别歧视，切实落实男女同工同酬的相关制度。

9. 失地农民与未失地居民的社会保障变化趋势研究

9.1 问题的提出

2018年中央农村工作会议强调，走中国特色社会主义乡村振兴道路，必须重塑城乡关系，推动新型城镇化、农业现代化同步发展，走城乡融合发展之路。2020年，国家发展改革委《关于印发〈2020年新型城镇化建设和城乡融合发展重点任务〉的通知》指出，推进以县城为重要载体的新型城镇化建设，促进大、中、小城市和小城镇协调发展，提升城市治理水平，推进城乡融合发展，实现1亿非户籍人口在城市落户目标和国家新型城镇化规划圆满收官，为全面建成小康社会提供有力支撑。城乡融合除了取消户籍制度的限制之外，更重要的就是社会保障制度的衔接，也就是要建立城乡统一的社会保障制度。这几年，国家在大力的推动城乡社会保障制度建设，特别是2014年，中国人力资源社会保障部等多个部门出台《城乡养老保险制度衔接暂行办法》，推动了大批农民工群体和城镇非从业居民参保。2019年，人力资源社会保障部《关于建立全国统一的社会保险公共服务平台的指导意见》进一步推动全国建立统一的社会保险服务体系，推动了社会保障服务的均等化。

那么，这些政策文件出台前后，特别是2014年《城乡养老保险制度衔接暂行办法》出台前后，为推进我国新型城镇化建设，从拥有土地的农民变成了失去土地的农民（本书中的失地农民），他们的社会保障水平与未失地农民和镇居民之间是否存在差异？如果存在差异，差异有多大？导致差异的原因是什么？研究清楚这些问题，对建立城乡一体化的社会保障制度、消除城乡之间的社会保障差异有着重要理论和实践意义。理论意义体现在，研究成果为各省份制定城乡统一的社会保障制度提供理论参考，对查找社会保障差异提供理论依据。实践意义体现在，在操作层面，有利于厘清如何实现失地农民与城镇居民社会保障的融合统一，有序推进城镇化建设和城乡融合发展，实现我国的乡村振兴。

为回答上述问题，本章内容安排如下：第一部分“文献综述”整理国内外失地农民社会保障相关文献，提出研究思路；第二部分阐述研究数据、模型及方法；第三部分通过模型实证分析我国一线城市失地农民与非失地居民（城镇居民和未失地农民）的社会保障问题，分析他们之间的差异，对不同群体之间社会保障水平进行比较。第四部分总结与启示基于研究结论，提出相应对策建议。

9.2 文献综述

社会保障一词最早源于1935年美国颁布的《社会保障法》，后被国际劳动组织所认可并沿用，但各国社会保障的内涵存在差异。如美国将社会保障制度界定为一种“社会安全网”（Social Safety Net），包括为疾病、年老（公寓）、伤残、死亡、失业等社会问题提供的安全性保护。我国2010年颁布的《中华人民共和国社会保险法》规定，“国家建立基本养老保险、基本医疗保险、工伤保险、失业保险、生育保险等社会保险制度，保障公民在年老、疾病、工伤、失业、生育等情况下依法从国家和社会获得物质帮助的权利”。本章所研究的失地农民社会保障问题主要围绕《中华人民共和国社会保险法》包含的内容展开，即主要研究失地农民的养老、医疗、失业和最低生活保障等相关方面的内容。

社会保障一词得到世界上多数国家的普遍认可之后，国外学者对社会保障与经济社会发展的关系、社会保障的运行机理进行了一系列的研究（Myrdal，1950；Castles和Mitchell，1990；Behrendt等，2009），由于国外并没有失地农民（land - lost farmers）这一概念，相关研究主要基于在完全市场竞争条件下土地征用、农民非农就业与社会保障之间的关系。主要包括以下几个方面：

9.2.1 国外学者的研究

（1）基于不平等视角，研究居民非农就业的社会保障问题。如 Rejda（1977）研究了美国劳动保障计划（The Social Security Program）的不公平性，研究发现，美国的劳动保障计划存在歧视，公务员获得很高的退休保障金，与从事非农就业的群体相比，农民加入劳动保障计划需要更为严格的条件，并且获得比非农就业群体更低的社会保障金，这对从事农业群体产生了消极影响。Foly（1986）以 1991 年澳大利亚新南威尔士州的农村妇女为例，研究了妇女在非农就业过程中的地位及其相关的社会保障，研究发现，当地农村妇女在非农就业过程中面临严重的性别歧视，妇女在社会上普遍处于“二等公民”地位，性别工资严重不平等，在农村就业的妇女并没有得到相应的社会保障。Lilley（1987）基于美国北卡罗来纳农场的调查数据研究发现，从事非农就业的农民，退休后 66% 的收入来源于当地的社会保障，其次是利息收入，再次是租金和伤残津贴等。Sakthivel 和 Joddar（2006）研究发现，印度劳动力市场上 95% 的人都在非正规部门就业，由于这些非农就业群体的经济承受能力有限，加之缺乏相应的体制机制，几乎没有任何社会保障，在正规部门就业的群体，则享有养老金、公积金、生育险、医疗保险等。

（2）从土地征用视角，研究土地与社会保障的关系。如 Platteau（2002）研究了土地与社会保障之间的关系，认为一旦土地从粗放型向集约型的利用方式转变，土地产权也将失去其保险的作用。Tuyen（2010）以越南西贡为案例，分析了 1993 年土地法和新自由主义政策的出台，土地已经成为商品分布在市场流通，土地商品化加剧了富人和穷人之间的收入差距，农民因为生计出卖土地，暂时改善了生活，但非农就业和社会保障并没有得到改变，反而增加了土地的竞争力和土地使用权的不安全感。

（3）从社会保障的作用视角，研究社会保障与非农就业的关系。如 Bharadwaj 和 Findeis（2007）基于 1980 年美国农业调查局对 2 661 个农家妇女的电话调查数据，分析美国妇女从事非农就业的内外在动机，研究发现，美国参与非农就业的比例越来越高，原因在于从事非农就业能提高家庭收入、获得经济独立和更全面的社会保障。Caucutt 等（2007）研究发现，随着农民从农村到城市的迁移，其生存的概率和劳动生产率都发生了很大变化。美国各州的社会保障水平是投票决定的，没有迁移到城市之前，居民不愿意实施社会保障计划，迁移至城市以后，居民更倾向于实施积极的社会保障。Henningsen（2009）以波兰农业部门为例，分析了波兰农业落后的主要原因。文章认为，与农民非农就业相比，从事农业伴随低报酬、低技术水平和高劳动强度，但农民的社会保障补贴水平高，导致很大一部分人愿意从事农业而非非农行业。Roka 等（2009）研究发现，国外相关文献普遍认为，在非农就业领域，不同行业、不同区域之间，居民的社会保障水平存在差异；土地具有一定得社会保障功能；非农就业与社会保障存在关联性，从事非农就业有助于提高其社会保障的水平；社会保障的水平与收入密切相关。

9.2.2 国内学者的研究

国内在社会保障领域的研究相对较晚，如部分学者（范恒山，1998；郭于华和常爱书，2005；郑功成，2002；王诚，2004；陈曦等，2018）从分别从国别比较、社会保障的评估、生命周期与社会保障的关系出发研究了我国社会保障问题，但从失地农民这一特殊群体出发研究其社会保障问题的文献相对较少，已有文献主要包括以下三个方面：

（1）从社会保障作用的视角，分析农民失地问题。如江维国和李立清（2017）认为，我们应该先健全失地农民社会保障供给，再促进失地农民市民化，进而推进新型城镇化。苏海涛（2013）基于湖北三个市级城市的调查数据，通过描述性统计分析了失地农民社会保障方面状况，研究发现31.1%的失地农民表示失去土地后最担心养老问题，多数失地农民还是完全依靠自己来实现医疗保障。马晓磊（2010）通过定性方法分析了城镇化进程中失地农民的社会保障问题，他认为失地农民生活无保障，最低生活保障、养老保障和医疗保障等方面区域差异很大。王轶（2009）的调查数据显示，特大型城市失地农民无任何养老保障的比例为30.81%，无任何医疗保障的比例为13.30%。陈正光和骆正清（2008）基于合肥市217份调查问卷数据分析当地失地农民的社会保障问题，研究发现，失地农民偏好建立养老保险，其次是医疗保险。陈信勇和蓝邓骏（2004）结合我国城镇化进程中大量集体土地被征用的背景，以及全国各地在征地过程中失地农民社会保障面临的问题，提出首先要解决失地农民的养老和医疗保障，其次是其他类型社会保障。卢海元（2004）从失地农民社会保障安置的低水平入手，分析了失地农民社会保障安置的必要性和重要性，并就安置的思路提出的建议。鲍海君和吴次芳（2002）提出以征地补偿安置费和土地转让后的增值收益作为失地农民社会保障的主要资金来源，以此建立失地农民社会保障体系。

（2）从社会保障政策出发，分析失地农民市民化及社会保障制度问题。如张文武等（2018）认为，社保政策对农民市民化有显著影响，城市社保对农民市民化有显著的正向影响，农村社保有显著的负向影响。刘家强等（2007）基于成都市的调查数据，采用描述性统计分析方法研究了失地农民社会保障制度在替代土地解决农民生存与保障方面的作用，提出通过制度建设解决失地农民的社会保障问题。杨翠迎（2004）以浙江省 10 个市的整体数据为例，从政策层面分析了浙江省失地农民的养老保障制度，并就如何进一步完善失地农民保障制度提出了相应建议。赵锡斌等（2003）针对我国土地征收过程中失地农民面临的利益保障问题，提出要使失地农民融入社会，需要健全失地农民社会保障制度及相关的法律援助体系，保障失地农民的合法权益。

（3）从社会保障影响因素入手，分析失地农民问题。许庆陆、钰凤（2018）分析了非农就业、土地流转与土地社会保障之间的关系，认为促进非农就业有助于弱化土地保障的功能，进而促进土地流转。杜鑫（2018）从历史演变的视角分析了城乡收入差异的变化，以及城乡收入差距与农民市民化、土地流转之间的关系。赵光和李放（2012）基于江苏省沭阳县的一手调查数据，采用结构方程模型研究了农民非农就业、社会保障与其土地转出意愿与行为的关系，研究发现完善非农就业环境与社会保障制度有助于推动农民土地转让。Zhou（2011）基于我国南京市农户问卷调查数据，采用 Logit 模型分析农民职业分化、养老保障与农村土地流转之间的关系，结果发现，商业养老保险等对农村土地流转具有显著的促进作用，家庭养老保障对农村土地流转有显著的负面作用，但非农业收入比重、社会养老保障等对农村土地流转没有显著影响。

9.2.3 已有研究的成果和局限

综上所述，关于失地农民社会保障问题的研究，国外文献没有失地农民这概念，已有文献主要是基于完全市场经济的背景下，研究居民农民土地流转与社会保障之间的关系，研究方法值得借鉴，但是研究主体和研究背景与我国存在显著差异。国内文献侧重于失地农民社会保障的制度和现状分析，认为我国失地农民社会保障制度存在缺陷。部分文献通过小规模调查数据分析失地农民土地征用、就业与社会保障的关系，认为失地农民的社会保障水平不高，土地与社会保障之间的关系较为复杂，作用方向也不一致。已有文献无疑开阔了本书研究的视野，奠定了研究基础，但也存在不足，主要体现在以下四个方面：（1）少有文献开展比较研究，研究失地农民与未失地居民（城镇居民和未失地农民）社会保障方面的差异，关于失地农民社会保障差异方面的研究更有助于发现问题和解决问题；（2）少有研究就同一个区域开展多次调查，分析失地农民社会保障的变化趋势，趋势性的研究容易把握失地农民社会保障的变化与趋势；（3）少有研究关于我国特大城市近郊区失地农民的社会保障状况，我国特大城市近郊区失地农民的社会保障状况其实是我国失地农民社会保障问题的一个缩影，是一个大的试验田，特大城市近郊区失地农民社会保障问题的有效解决，将对我国其他地区失地农民社会保障的解决起到很好的示范作用和借鉴意义；（4）少有研究从多维度分析失地农民的社会保障问题，如失地农民家庭成员、家庭收入、就业、土地补偿等视角，多维度的综合分析消除了变量之间的互补或替代关系，更能够准确地分析失地农民社会保障的状况。为此，本章以我国特大型城市——北京地区近郊区的失地农民为研究对象，选取金融危机的 2008 年和经济新常态背景下 2015 年两次调查数据，分析失地农民与未失地居民（城镇居民和未失地农民）社会保障之间的差异，以及失地农民社会保障的变化趋势，进而分析失地农民社会保障所面临的问题。

9.3 数据、变量及方法

9.3.1 数据补充说明

为分析失地农民和未失地农民社会保障的变化情况，我们也结合北京市统计局发布的2018年统计数据和《2018年北京市农民工检测报告》数据，对本章的研究结论进行佐证，以验证研究结论的可靠性。

9.3.2 变量选取与描述统计

（1）变量选择。

①社会保障变量。为了改善北京城乡居民的社会保障状况，经过多年的摸索和实践，北京市逐渐建立和完善了包括以养老保险、医疗保险、失业保险、最低生活保障等为主要内容的城镇社会保障体系。当前参与城镇社保主要依托城镇用人单位和企业，个体劳动自由职业人员也可以自发参与，除此以外，其他人员（如农民）参加城镇社会保险还处在改革探索阶段。由于2008年与2015年调查期间北京地区居民社会保障制度方面存在差异，两次调查设计的保险内容也存在一些差异。2008年社会保障只包含医疗保险与养老保险，2015年则包含医疗保险、养老保险、失业保险、工伤保险、生育保险、最低生活保障等多种类型。所有类型社会保障变量均只涉及是否参与此类保障的调研内容。

②核心影响因素。对于社会保障的影响因素，本章主要考虑年龄、工作收入、受教育水平以及健康状况几方面。年龄是保费缴纳的重要依据，对社会保障有着重要影响力；收入则是保费缴纳的核心来源，这里为月均收入（单位为千元）；文化水平决定了人们对社会保障的认知程度，我们的研究将受教育水平分为小学及其以下、初中、高中、中专、大专、本科及以上等六类水平，用1、2、3、4、5、6表示；健康状况是参加保障的核心依据，我们分为很健康、健康、一般、不太健康及不健康等5种程度，用1、2、3、4、5表示。

③类别变量。本章将讨论婚姻、性别、政治面貌、行业类型及工作类型等多个方面对于社会保障的影响。婚姻，本章将婚姻状况分为已婚、离婚、丧偶及未婚四种状况，用1、2、3、4表示。性别，本章亦将考虑男女差异对于是否参与各类社会保障存在何种影响，男性为0，女性为1。政治面貌，由于两年的调研对于政治面貌存在差异，2015年未考虑共青团员，而民主党派在两次调查中占比均很少，我们对数据进行了合并，将政治面貌分为党员与非党员两类，用数字0、1表示。行业类型，我们将调研的14个行业类别划分进行了合并，分第一、二、三产业展开讨论，用

1、2、3 表示。工作类型，2015 年较 2008 年的调查多了临时工，为此进行了合并处理，分为务农、自主创业、稳定工作、待业及其他职业（包括“临时工”）等 4 种类型，用 1、2、3、4 表示。

④政策变量。政府对失地农民的相关就业帮助工作可能会对失地农民的社会保障状况产生影响。由于两次调研有所差异，政府提供就业也存在区别。2008 年包括是否成功安置及提供就业安置次数两方面；2015 年包括是否成功安置、提供就业岗位、提供就业培训、提供就业信息服务、提供就业指导及其他途径等 6 类就业安置措施。

（2）描述性统计。

表 9－1 给出了 2008 年与 2015 年两次调研中各类社会保障的情况以及个体特征等主要变量的描述性统计。

表 9－1　2008 年与 2015 年社会保障与个体特征描述统计

	全样本		失地农民		未失地农民		城镇居民		样本取值范围	
	均值	样本量	均值	样本量	均值	样本量	均值	样本量	最小值	最大值
2008 年										
医疗保险	0.88	2 486	0.867	361	0.88	606	0.883	1 519	0	1
养老保险	0.779	2 480	0.597	357	0.628	605	0.883	1 518	0	1
年龄（岁）	47.608	2 600	46.639	366	47.009	636	48.068	1 598	39	90
工作收入（千元）	2.717	1 709	2.034	241	2.024	331	3.063	1 137	0	50
受教育水平	3.111	2 594	2.6	360	2.438	637	3.495	1 597	1	5
健康状况	2.14	2 593	2.281	363	2.321	636	2.036	1 594	1	5
婚姻状况	1.217	2 607	1.186	366	1.125	638	1.261	1 603	1	4
女性	0.225	2 609	0.15	367	0.161	638	0.268	1 604	0	1
非党员	0.736	2 604	0.88	366	0.906	639	0.635	1 599	0	1
行业	2.495	1 882	2.35	266	2.065	386	2.662	1 230	1	3
工作类型	2.79	2 575	2.634	363	2.142	632	3.085	1 580	1	4
2015 年										
医疗保险	0.981	3 183	0.981	426	0.968	602	0.984	2 155	0	1
养老保险	0.922	3 183	0.937	426	0.848	605	0.941	2 152	0	1
失业保险	0.338	3 215	0.416	430	0.212	612	0.358	2 173	0	1
工伤保险	0.35	3 220	0.492	431	0.283	612	0.34	2 177	0	1
生育保险	0.165	3 215	0.33	430	0.096	612	0.152	2 173	0	1

续表

	全样本		失地农民		未失地农民		城镇居民		样本取值范围	
	均值	样本量	均值	样本量	均值	样本量	均值	样本量	最小值	最大值
最低生活保障	0.145	3 214	0.135	429	0.139	612	0.148	2 173	0	1
年龄（岁）	46.891	3 220	45.497	431	45.84	612	47.463	2 177	30	72
工作收入（千元）	8.551	3 050	4.468	412	6.549	552	9.886	2 086	1	1 000
受教育水平	3.84	3 220	2.942	431	2.861	612	4.293	2 177	1	6
健康状况	1.677	3 220	1.752	431	1.962	612	1.582	2 177	1	5
婚姻状况	1.099	3 220	1.093	431	1.134	612	1.091	2 177	1	4
女性	0.329	3 220	0.385	431	0.292	612	0.328	2 177	0	1
非党员	0.665	3 214	0.84	430	0.856	612	0.576	2 172	0	1
行业	2.648	3 057	2.708	411	2.463	555	2.685	2 091	1	3
工作类型	2.835	3 087	2.959	411	2.596	567	2.875	2 109	1	4

注：医疗保险、养老保险、失业保险、工伤保险、生育保险、最低生活保障为虚拟变量，1 表示有，0 表示无，受教育水平分为小学及以下、初中、高中、中专、大专、本科及以上 6 类水平，用 1、2、3、4、5、6 表示；健康状况是参加保障的核心依据，分为很健康、健康、一般、不太健康和不健康 5 种程度，用 1、2、3、4、5 表示；婚姻状况分为已婚、离异、丧偶和未婚 4 种状况，有 1、2、3、4 表示。考虑性别差异可能对是否参与各类社会保障存在影响，设定男性为 0，女性为 1。政治面貌分为党员与非党员两类，用数字 0、1 表示。本书将调研的 14 个行业类别划分进行了合并，分第一、第二、第三产业展开讨论，用 1、2、3 表示。工作类型方面，2015 年较 2008 年的调查多了非稳定就业项目，为此进行了合并处理，分为务农、自主创业、稳定工作、待业及其他（包括“临时工”）等 4 种类型，用 1、2、3、4 表示。

①社会保障情况。从医疗保险看，总体样本参保率由 2008 年的 88% 变为 2015 年的 98.1%，增长显著；三种类型居民 2008 年差别不大，但到 2015 年失地农民、未失地农民及城镇居民参保率分别增长了 11.4%、8.8% 和 10.1%，变化差异明显。

从养老保险看，总体样本参保率由 2008 年的 77.9% 变为 2015 年的 92.2%，增长显著；2008 年参保率存在显著的城乡差异，失地农民与未失地农民参保率均较低分别为 59.7% 和 62.8%，而城镇居民参保率较高，为 88.3%；2015 年失地农民、未失地农民及城镇居民医疗保险参保率存在显著的变化差异，分别增长了 34%、22% 和 5.8%。很明显，随着北京经济发展，城乡居民养老保险参保意识明显增强，特别是失地农民失去土地的冲击影响甚大，参保率明显提高而城镇居民本身参保率较高，故其增长空间有限。

从整体样本来看，失业保险、工伤保险、生育保险、最低生活保障等的参保率分别为 33.8%、35%、16.5% 和 14.5%，相比医疗保险、养老保险，参保率低了许多。失地农民在失业保险、工伤保险及生育保险等三方面参保率最高，城镇居民次之，未失地农民最低。失地农民参保率较未失地农民高，甚至超过城镇居民，失去土地的冲击显然在其中发挥了重要作用。最低生活保障方面，失地农民与未失地农民之间的差异不明显。

②核心影响因素。从年龄来看，2008 年与 2015 年户主平均年龄分别为 47.6 岁、46.8 岁，户主主要为中年人；三种类型居民之间差别不大，城镇居民稍高，未失地农民次之，失地农民较低。

从工作收入看，2008 年较 2015 年收入存在大幅度提高，全样本均值由 2008 年的 2 717 元提高到 2015 年的 8 551 元，增长 2.147 倍；未失地农民与城镇居民的收入增长较大，分别为 2.236、2.228 倍；失地农民的收入增长较小，只增加了 1.197 倍。无论 2008 年还是 2015 年，城镇居民工作收入均高于全样本平均水平，并远高于未失地农民与失地农民；未失地农民与失地农民工作收入均低于全样本平均水平；2008 年失地农民与未失地农民工作收入水平几乎无差异，分别为 2 034 元和 2 024 元，然而 2015 年未失地农民工作收入水平达到 6 549 元，远高于失地农民的 4 468 元。由此可以看出，随着北京经济飞速发展，城乡居民均出现大幅提高，但城乡收入差距逐步拉大，特别是失地农民受失地的影响较为明显。

从受教育水平看，总体样本均值由 2008 年的 3.11 上升为 2015 年的 3.84，表明高中及以上人员比例呈现较大增长，总体受教育情况有较大程度提升；2008 年失地、未失地农民受教育平均水平分别为 2.6、2.483（在初中到高中之间），而城镇居民受教育平均水平为 3.495（在高中之上）；2015 年失地、未失地农民受教育平均水平分别为 2.942、2.861（仍在初中到高中之间），而城镇居民受教育平均水平为 4.293（在高中与中专之上，向大专靠拢）；2008 年失地、未失地农民同城镇居民的差距分别为 0.895、1.057，而 2015 年分别达到 1.352、1.432，表明城乡居民受教育水平存在较大差距，且差距存在逐步拉大的趋势。由此可见，自 2008 年以来，北京地区居民受教育水平均大幅上升，特别是城镇居民的平均受教育水平已向大专学历发展，城乡存在较大程度的受教育差异，且差异在不断拉大；失地农民与未失地农民在受教育水平上不存在明显差异，且发展情况一致。

从健康状况看，总体样本均值由2008年的2.14下降为2015年的1.667，表明健康人员比例呈现较大增长，总体健康情况有较大程度改善；2008年失地、未失地农民平均健康水平分别为2.281、2.321（介于健康到一般之间），而城镇居民平均健康水平为2.036（更接近于健康）；2015年失地、未失地农民平均健康水平分别为1.752、1.962（介于很健康到健康之间，偏向于健康），而城镇居民平均健康水平为1.582（介于很健康到健康之间，同样偏向于健康，但向很健康的接近程度更高）。由此可见，2008年以来，城乡居民健康状况均得到较大幅度的改善，当然由于平均年龄普遍存在的下降，这种改善可能有一部分是来源于年龄本身；健康状况存在明显的城乡差异，城镇居民有着更高的健康水平，结合城镇居民更高的平均年龄，某种程度上反映了城镇更高的医疗保健水平；失地农民较未失地农民的健康状况更好，这种差异不是特别明显，但却存在扩大的趋势，可能与其更高的参加相关社会保障有关。

从婚姻状况看，总体样本均值由2008年的1.217下降为2015年的1.099，表明已婚人员比例出现一定程度增长，家庭的稳定程度出现改善；2008年失地、未失地农民平均水平分别为1.186、1.125（接近于已婚1），而城镇居民平均水平为1.261（同样接近已婚，但偏离度更大）；2015年失地、未失地农民平均水平分别为1.093、1.134（接近已婚，较2008年更近），而城镇居民平均水平为1.091（接近已婚，较2008年有很大提高，并低于总样本平均水平）；城镇居民与失地农民的婚姻稳定程度均得到一定改善，城镇居民变化最大（均值下降13.5%，由2008年的高于总样本平均水平变为2015年的略低于总体平均样本水平），其次是失地农民（均值下降7.8%，由2008年的高于未失地农民平均水平变为2015年的低于未失地农民平均水平）；未失地农民婚姻稳定程度则出现下降，其平均水平上升了0.8%。由此可见，2008年以来，总体婚姻状况呈现出趋向于稳定的态势，城镇居民改善程度最大，其次是失地农民，而未失地农民出现了恶化的情况。这种情况的发生可能与女性整体经济地位提升有关，使得男女之间话语权的逐步接近，家庭矛盾也更容易调和，造成家庭婚姻稳定程度提高。未失地农民的情况，则可能由于其女性地位在 2015 年落后于城镇居民，特别是落后于失地农民有关。

从性别特征看，三种类型居民的户主以男性为主，特别是 2008 年的失地农民与未失地农民男性户主分别达到 85%、84%；随着经济社会发展，女性开始更多的分担家庭经济收入，其家庭地位也越来越高，在全样本中女性户主比例由 2008 年的 22.5% 上升为 2015 年的 32.9%；特别是失地农民家庭女性户主比例提升了 23.5%，达到 38.52% 的较高比例，表明在失地冲击下，更多的女性不得不承担更多的家庭经济重担，当然也同时提升了家庭地位。2015 年失地农民、未失地农民及城镇居民其女性户主分别占 38.52%、29.25% 和 32.80%，表明女性在家庭中的地位，失地农民最高，其次是城镇居民，最后是未失地农民。

从政治面貌来看，2008 年与 2015 年总体样本非党员比例分别为 73.6%、66.5%，三种类型居民的户主以非党员为主，且呈现出党员比例增加的趋势；党员比例存在显著的城乡差异，无论 2008 年还是 2015 年失地农民与未失地农民非党员户主都达到 84% 以上，城镇居民党员比例则在 2008 年与 2015 年分别达到 36.5%、42.4%；党员比例增加趋势存在城乡差异，城镇居民党员比例增加了 5.9%，而失地农民与未失地农民分别增加了 4%、5%。

从行业类型看，总体样本均值由 2008 年的 2.495 上升为 2015 年的 2.648，表明从业人员在向第三产业集中；2008 年失地、未失地农民行业类型均值分别为 2.35、2.065（介于第二、三产业之间，更偏向于第二产业），而城镇居民行业类型均值为 2.662（更接近于第三产业）；2015 年失地、未失地农民行业类型均值分别为 2.708、2.463（两者均存在较大增长，未失地农民仍偏于第二产业，而失地农民的均值已偏向于第三产业），城镇居民行业类型均值为 2.685（存在微弱增长，仍偏向于第三产业）。由此可见，2008 年以来，随着北京社会经济发展，三种类型居民均表现出向第三产业流动的态势，其中失地农民表现最为显著，这主要来源于其失去土地的巨大冲击。

从工作类型看，总体样本均值由 2008 年的 2.79 上升为 2015 年的 2.835，均介于自主创业 2 与稳定工作 3 之间，且偏向于稳定工作，表明从业人员倾向于获得稳定工作；2008 年失地、未失地农民工作类型均值分别为2.634、2.142（介于自主创业2与稳定工作3之间，失地农民偏向于稳定工作，未失地农民则偏向于自主创业），而城镇居民工作类型均值为3.095（更接近于稳定工作）；2015年失地、未失地农民工作类型均值分别为2.959、2.596（两者均存在较大增长，都偏向于稳定工作），城镇居民行业类型均值为2.867（均值存在下降，仍偏向于稳定工作，但较2008年明显偏离了“待业及其他职业”类型4，是一种就业的改善）。另外，我们还计算了工作类型的均值标准差，2008年失地农民、未失地农民及城镇居民工作类型标准差分别为1.147、1.156和0.596，2015年的标准差分别为0.85、0.923和0.547，分别下降了0.297、0.233和0.049。标准差的下降，表明集中程度的提高，体现了人员的流动程度，失地农民与未失地农民的流动最为显著。综合均值与标准差，我们可以发现，2008年以来，北京地区城乡居民劳动力流动存在差异，失地农民与未失地农民存在显著的向自主创业与稳定工作流动转移的趋势，而失地农民又存在向稳定工作流动的明显倾向性特征；城镇居民劳动力的转移性特征不明显，但存在明显的就业状况改善。

③政府就业安置情况。地方政府对失地农民的就业帮助政策可能也会影响其社会保障的参与程度，为此我们对2008年及2015年政府就业安置情况进行了相应的描述性统计，具体见表9－2。

表9－2　2008年与2015年政府就业安置情况描述统计

变量	均值	标准差	最小值	最大值	样本量
2008年					
成功安置	0.535	0.500	0	1	200
提供安置次数	2.171	1.314	0	4	251
2015年					
成功安置	0.678	0.468	0	1	348
就业岗位	0.413	0.493	0	1	431
就业培训	0.280	0.450	0	1	425
就业信息	0.366	0.482	0	1	429
就业指导	0.266	0.442	0	1	418
其他就业帮助	0.047	0.211	0	1	430

从安置成功率看，2008 年为 53.5%，2015 年为 67.8%，安置效果有明显提升，在此方面政府开展了大量的帮助工作。从安置次数看，2008 年政府为失地农民人均提供安置次数达 2.171 次。2015 年的调查数据显示，政府对失地农民提供了丰富的就业帮助，其中就业岗位帮助的覆盖率达到 41.3%，其次是提供就业信息服务覆盖率达 36.6%，然后是提供就业培训率达 28%，接着是提供就业指导帮助率为 26.6%，其他就业帮助为 4.7%。

9.3.3 倾向性得分匹配方法（PSM）

根据描述统计的初步判断，养老保险、失业保险、工伤保险及生育保险等方面具有明显的居民类型差异，医疗保险有明显的变化差异，一个基本的事实是，失去土地的农民在某些社会保障方面与未失地农民、城镇居民确实存在一定的差异，这些差异可能是由于失去土地而导致的。但失地农民社会保障影响因素，包括年龄、工作收入、受教育水平、健康状况、婚姻、性别、政治面貌、行业类型、工作类型以及政府的就业安置措施等诸多方面。这些因素相互干扰，我们需要找到失去土地带来的冲击作用的净影响，研究三种居民类型差异带来的社会保障差异。

据王轶和熊文（2018）测算，北京市新增失地农民主要集中在 1994 ~ 1995 年、1999 ~ 2003 年两个阶段，2008 ~ 2009 年期间有少量增加。因此，2008 年、2015 年两次调研数据分别为失地早期与失地后期，可以分别反映失地冲击对失地农民带来的短期与长期影响。由于失地农民是从农民中脱离出来，探析失地农民与未失地农民的差异将作为本书的重点研究对象；而农民本身与城镇居民存在差异，通过进一步比较失地农民与城镇居民的差异，可以发现失去土地冲击带来的脱离农民身份而引发的变化，亦能给研究带来更丰富的视角及证据。

为此，我们在研究设计上将分别讨论，失地农民（处理组）与未失地农民（对照组）、失地农民（处理组）与城镇居民（对照组）这两对居民类型差异对社会保障状况的影响，从而多角度的探讨失地带来的短期与长期的冲击影响。

在考察失地农民、非失地农民及城镇居民不同身份带来社会保障差异时的一个关键性问题是，对一个居民而言只能获得其中一种身份，即为典型的反事实因果推断分析框架。Rosenbaum 和 Rubin（1983）提出了倾向性得分匹配（Propensity Score）方法，通过找到与处理组（Treated Group）主要特征尽可能相似的控制组（Comparison Group），比较两者之间的差异效应，从而更加客观的评价不同身份带来的影响差异与效果。倾向性得分被定义为：

$$p(X) = Pr[D = 1 | X] = E[D | X] \tag{9-1}$$

其中，X 为自变量的多维向量，是一系列可能影响居民处理的变量；D 是指标变量，取值 1 表示为处理组居民，取值 0 表示对照组居民。理论上，如果我们可以获得倾向性得分的估计量 $p(X_i)$，ATT（average treatment effect on the treated）则为处理组受到的平均处理效应（Becker & Ichino，2002），如下：

$$\begin{aligned} ATT &= E[Y_{1i} - Y_{0i} | D_i = 1] \\ &= E\{E[Y_{1i} - Y_{0i} | D_i = 1, p(X_i)]\} \\ &= E\{E[Y_{1i} | D_i = 1, p(X_i)] - E[Y_{0i} | D_i = 0, p(X_i)] | D_i = 1\} \end{aligned} \tag{9-2}$$

其中，Y_{1i}和 Y_{0i}分别为处理组与对照组潜在的社会保障参保行为模式。

我们采用 Longit 模型对概率值进行估计，为增强结果的稳健性，使用三种最常用的匹配方法：最近邻匹配（Nearest - Neighbor Matching）、半径匹配（Radius Matching）及核匹配（Kernel Matching）。

9.4 实证分析

9.4.1 社会保障的影响因素分析

对影响各种社会保障的因素进行判断，我们以各种社会保障为因变量，以相关影响因素及类别特征为自变量，运用 STATA 12.0 软件，对 2008 年及 2015 年社会调查样本的社会保障影响因素展开 Logit 回归，具体结果见表 9-3 和表 9-4。

表 9-3　　2008 年居民社会保障影响因素的 Logit 回归结果

变量	医疗保险	养老保险
工作收入		0.123**
		(2.53)
第二产业	0.542**	1.163***
	(2.17)	(4.95)
第三产业	0.527**	1.167***
	(2.39)	(5.59)
个体经营	-1.041***	-0.630***
	(-5.51)	(-3.15)
其他工作	-0.968***	-0.743***
	(-4.38)	(-3.23)
未婚		-1.097***
		(-3.02)
城镇居民		1.122***
		(6.81)
常数项	2.019***	0.011
	(10.02)	(0.06)
调整后 R^2	0.035	0.135
AUC 检验	0.625	0.633
样本量（个）	1 794	1 551

注："***""**""*"分别在 1%、10% 和 1% 水平上显著；括号内为 T 值；第一产业、从事农业、已婚、失地农民为基准变量。

从表 9-3 可以看出，2008 年医疗保险仅受到行业类型与工作类型差异的影响；第二产业、第三产业从业者分别较第一产业参加医疗保险的概率高 71.94%、69.38%；个体经营与其他工作从业者较务农人员参保率分别低 64.69%、62.02%，有稳定工作人员与务农人员之间不存在差异；失地农民、未失地农民及城镇居民之间不存在明显差异。

对于养老保险来说，其不仅受到行业类型与工作类型差异的影响，还受到来自收入水平、婚姻状况以及居民类型的影响；第二产业、第三产业从业者分别较第一产业参加医疗保险的概率高 219.95% 和 221.23%；个体经营与其他工作从业者较务农人员参保率分别低 46.74% 和 52.43%，稳定工作者与务农人员不存在明显差异；工作收入每提高 1 000 元，其参保率将提升 13.09%；未婚者较已婚人员参保率低 66.61%；城镇居民较失地农民参保率高 207.1%，失地农民与未失地农民不存在明显差异。

综合来看，第二、三产业从业较第一产业对参保有明显的正向影响，这种影响对于养老保险更为显著；个体经营及其他从业较务农对参保有反向影响，这种影响对于医疗保险更为明显，稳定工作与务农人员均不存在差异；婚姻能带来养老保险参保率的提升；城镇居民参加养老保险状况显著高于农民，失地农民与未失地农民不存在明显差异。

表 9－4　　2015 年社会保障影响因素的 Logit 回归结果

	医疗保险	养老保险	失业保险	工伤保险	生育保险	最低生活保障
年龄			0.029***	－0.023**		
			(2.86)	(－2.17)		
工作收入		0.035**		－0.008**		
		(2.32)		(－1.98)		
受教育水平		0.097*	－0.076***	0.062**		
		(1.82)	(－2.82)	(2.17)		
健康状况	－0.318**		－0.178***		－0.120*	－0.130*
	(－2.16)		(－3.31)		(－1.72)	(－1.84)
女性			0.142*		0.260**	
			(1.70)		(2.54)	
非党员				0.229**		－0.281**
				(2.56)		(－2.54)
第二产业				0.716***		－0.465**
				(3.80)		(－2.22)
第三产业	0.542*			0.340*		－0.402**
	(1.82)			(1.94)		(－2.22)
个体经营		0.426*				－0.608***
		(1.72)				(－3.21)
稳定工作	1.674***	1.461***	0.678***	1.190***	0.571***	－0.499***
	(5.05)	(6.40)	(6.30)	(10.05)	(4.00)	(－3.55)
其他工作		0.486*	0.518***	0.833***	0.628***	
		(1.88)	(3.35)	(5.04)	(3.27)	

续表

	医疗保险	养老保险	失业保险	工伤保险	生育保险	最低生活保障
离婚	-1.242***	-0.503*				0.527**
	(-3.16)	(-1.87)				(2.42)
丧偶					-0.841*	
					(-1.91)	
未失地农民		-0.922***	-0.882***	-0.828***	-1.428***	
		(-3.70)	(-6.07)	(-5.79)	(-8.07)	
城镇居民		-0.433*	-0.297**	-0.788***	-1.072***	
		(-1.77)	(-2.47)	(-6.32)	(-8.51)	
常数项	3.651***	1.504***	-1.639***	-0.507	-1.008***	-0.628***
	(9.01)	(4.93)	(-3.36)	(-0.96)	(-5.10)	(-2.69)
调整后 R^2	0.112	0.083	0.031	0.056	0.046	0.015
AUC 检验	0.744	0.733	0.616	0.656	0.627	0.578
样本量（个）	3 021	3 013	3 082	3 034	3 082	3 042

注："***""**""*"分别在1%、10%和1%水平上显著；括号内为T值；女性、党员、第一产业、从事农业、已婚和失地农民为基准变量。

从表9-4可以看到，与2008年相比，2015年医疗保险的影响因素有所增加，不仅受到行业类型、工作类型影响，还受婚姻状况及健康状况的影响；第三产业从业者分别较第一产业参加医疗保险的概率高71.94%；第二产业与第一产业之间的差异消失了；稳定工作较务农人员参保率高433.35%；个体经营、其他工作人员同务农人员的差异消失了；离婚较已婚者参保率低71.22%；健康状况每恶化一个层次（即数值上增加1），其参保率将下降27.24%；失地农民、未失地农民及城镇居民之间仍然不存在明显差异。

对于养老保险，工作收入每提高1 000元，其参保率将提升3.56%，与2008年相比影响力有较大下降；个体经营、稳定工作与其他工作三种类型较务农人员参保率分别高出53.11%、331.03%及62.58%，这与2008年的影响方向相反；离婚者较已婚人员参保率低39.53%，与2008年相比未婚与已婚的差异消失了；未失地农民、城镇居民与失地农民相比参保率分别低60.23%和35.14%，比2008年增加了失地农民与未失地农民的差异；较2008年养老保险增加了受教育水平这种影响因素，受教育水平每提高一个层次其参保率将增加10.19%。

对于失业保险，年龄每提高1岁其参保率提升2.94%；而受教育水平每上升一级参保率却降低7.32%，这可能与受教育水平越高失业的风险越低（或者说越容易找到工作）有关；健康状况每恶化一个层次，其参保率将下降16.31%；女性参保率较男性高15.26%；稳定工作、其他工作较务农人员参保率分别高96.99%和67.87%，个体经营与务农不存在差异。另外，未失地农民、城镇居民与失地农民相比参保率分别低58.6%、25.7%。

对于工伤保险，年龄每提高1岁，其参保率下降227%，这可能与年龄越大所面临的岗位风险较低有关；工作收入每提高千元，其参保率将降低0.08%，这可能与高收入岗位面对的受伤风险更低有关；受教育水平每上升一级参保率却上升6.4%，这可能与学识水平越高，失业的风险越低（或者说越容易找到工作）有关；第二、第三产业较第一产业参保率分别高104.26%和40.49%；稳定工作、其他工作较务农人员参保率分别高228.71%和130.02%，个体经营与务农不存在差异。另外，未失地农民、城镇居民与失地农民相比参保率分别低56.31%和54.52%。

对于生育保险，健康状况每恶化一个层次，其参保率将下降16.31%；女性参保率较男性高15.26%；有稳定工作、其他工作的人员较务农参保率分别高77%和87.39%，从事个体经营人员与务农不存在明显差异。另外，未失地农民、城镇居民与失地农民相比参保率分别低76.02%和65.77%。

对于最低生活保障，健康状况每恶化一个层次，其参保率将下降12.19%；第二、三产业从业人员较第一产业参保率分别低37.19%和33.1%；从事个体经营和有稳定工作的人员较务农参保率分低高45.56%和39.29%，而失地农民、未失地农民及城镇居民之间差异不明显。

受教育水平每上升一级参保率提高45.64%；健康状况每恶化一个层次，其参保率将上升14.8%；个体经营、稳定工作与其他工作三种类型人员较务农参保率分别高出130.02%、503.76%和140.61%；离婚、丧偶人员较已婚其参保率分别低36.75%和55.11%；城镇居民较失地农民参保率高71.60%，失地农民与未失地农民之间不存在明显差异。

综合来看，失地农民、未失地农民与城镇居民之间的社会保障差异主要集中在养老保险、失业保险、工伤保险及生育保险上，且其参保率都体现出失地农民高于城镇居民、更高于未失地农民的特征；医疗保险与最低生活保障不存在居民类型差异。

另外，各影响因素与个体特征对于不同社会保障的作用存在一般性和特殊性。年龄越大，保险意识越强，这体现在失业保险上；然而年龄越大其从事危险性工作的可能性下降，故工伤保险的影响是负向的。收入越高，投入养老保险的意识越强；受教育水平越高保险意识越强，养老保险及工伤保险均体现这种特征，然而正是教育带来能力的提升，使其更容易找到工作，失业的可能性也降低，于是其对失业保险的影响变为负向。健康状况与医疗保险、失业保险、生育保险及最低生活保障等几方面都有着同向关系，身体越差，参保率越低。女性有着更高的参保意识，在失业保险与生育保险上均显著更高。第二、三产业的参保率普遍高于第一产业，这体现在医疗保险与工伤保险上；而在最低生活保障上，第一产业高于第二、三产业。个体经营、稳定工作与其他工作的参保率普遍高于务农，并广泛体现在医疗保险、养老保险、失业保险、工伤保险及生育保险等诸多社会保障上；最低生活保障参保率务农则更高。在婚姻状况上，家庭越稳定，参保率越高，已婚者参保率普遍高于离婚及丧偶者，这体现在医疗保险、养老保险及失业保险等多方面；最低生活保障则相反。

9.4.2 PSM 匹配变量选择

根据上面对社会保障影响的 Logit 分析，我们发现失地农民、未失地农民及城镇居民在不同的社会保障上存在各种差异特征，然而由于多种因素与类型特征的干扰，居民类型差异对社会保障影响作用失真。为此，本章进一步采用 PSM（倾向得分匹配）方法对几种居民类型差异带来的社会保障状况的影响展开研究。我们对 2008 年及 2015 年不同居民类型差异展开 PSM 匹配变量的选择，选用 Logit 模型，运用逐步回归的办法，以居民类别变量为因变量、以相关社会保障的影响因素及类型特征为自变量展开分析，具体结果如表 9－5 和表 9－6 所示。

表 9－5　　2008 年 PSM 匹配变量选择结果

	失地农民与未失地农民			失地农民与城镇居民		
	M1	M2	M3	M4	M5	M6
年龄	-0. 030	-0. 010		-0. 093***	-0. 093***	-0. 065***
	(-1. 40)	(-0. 59)		(-3. 95)	(-3. 94)	(-3. 72)
工作收入	-0. 016			-0. 046	-0. 043	
	(-0. 34)			(-0. 98)	(-0. 94)	
受教育水平	0. 272**	0. 200**	0. 205**	-0. 574***	-0. 587***	-0. 624***
	(2. 28)	(2. 04)	(2. 16)	(-5. 26)	(-5. 58)	(-6. 74)
健康状况	-0. 044			-0. 032		
	(-0. 41)			(-0. 28)		
女性	-0. 224	-0. 173		-0. 693***	-0. 688***	-0. 514**
	(-0. 82)	(-0. 70)		(-2. 70)	(-2. 72)	(-2. 32)
非党员	-0. 031			0. 648***	0. 622**	0. 509**
	(-0. 10)			(2. 58)	(2. 51)	(2. 31)
第二产业	0. 139	0. 492**	0. 481**	-1. 141***	-1. 166***	-1. 105***
	(0. 46)	(2. 04)	(2. 03)	(-2. 94)	(-3. 02)	(-3. 09)
第三产业	0. 337	0. 652***	0. 612***	-1. 211***	-1. 231***	-1. 118***
	(1. 27)	(3. 17)	(3. 07)	(-3. 29)	(-3. 36)	(-3. 32)
个体经营	0. 131	0. 041		-2. 613***	-2. 611***	-2. 702***
	(0. 42)	(0. 19)		(-4. 36)	(-4. 41)	(-5. 44)
稳定工作	0. 039			-3. 627***	-3. 621***	-3. 479***
	(0. 14)			(-6. 25)	(-6. 34)	(-7. 20)
其他工作	0. 739**	0. 901***	0. 849***	-2. 428***	-2. 433***	-2. 207***
	(2. 08)	(3. 49)	(3. 42)	(-3. 99)	(-4. 05)	(-4. 40)
离婚	-0. 180	-0. 274		-0. 047		
	(-0. 31)	(-0. 47)		(-0. 08)		
丧偶	0. 645	0. 602		1. 005	0. 958	
	(1. 05)	(1. 10)		(1. 54)	(1. 48)	
未婚	1. 474*	1. 634*		-0. 247		
	(1. 76)	(1. 96)		(-0. 45)		
常数项	0. 161	-0. 972	-1. 430***	8. 534***	8. 520***	7. 141***
	(0. 14)	(-1. 12)	(-5. 13)	(6. 23)	(6. 37)	(6. 63)
调整后 R^2	0. 035	0. 047	0. 037	0. 280	0. 284	0. 278
AUC 检验	0. 626	0. 644	0. 630	0. 832	0. 834	0. 828
样本量（个）	511	640	645	1 278	1 285	1 466

注："***""**""*"分别在 1%、10% 和 1% 水平上显著；括号内为 T 值；女性、党员、第一产业、从事农业、已婚为基准变量。

从表 9 - 5 可以看出，2008 年，失地农民与未失地农民之间的差异主要受到受教育水平、行业类型差异、工作类型差异的影响；失地农民与城镇居民之间的差异则受到更多的干扰，包括年龄、受教育水平、性别、政治面貌、行业类型、工作类型等因素。从表 9 - 6 可以看出，2015 年，失

表 9 - 6　　　2015 年 PSM 匹配变量选择结果

	失地农民与未失地农民		失地农民与城镇居民		
	M1	M2	M4	M5	M6
年龄	0.007		-0.111***	-0.111***	-0.106***
	(0.43)		(-6.95)	(-7.01)	(-6.82)
工作收入	-0.066***	-0.069***	-0.143***	-0.142***	-0.143***
	(-3.53)	(-3.78)	(-6.37)	(-6.35)	(-6.46)
受教育水平	0.076	0.107**	-0.420***	-0.418***	-0.418***
	(1.31)	(1.96)	(-8.88)	(-8.91)	(-8.91)
健康状况	-0.314***	-0.316***	0.105	0.108	
	(-3.47)	(-3.57)	(1.25)	(1.29)	
女性	0.318**	0.335**	-0.166	-0.158	
	(2.11)	(2.29)	(-1.22)	(-1.18)	
非党员	-0.117		0.627***	0.637***	0.639***
	(-0.58)		(3.94)	(4.02)	(4.08)
第二产业	0.299		-0.594**	-0.604***	-0.591***
	(1.04)		(-2.03)	(-3.51)	(-3.45)
第三产业	0.748***	0.603***	0.016		
	(3.04)	(3.88)	(0.06)		
个体经营	0.076		-0.933***	-0.898***	-0.901***
	(0.26)		(-2.98)	(-4.11)	(-4.15)
稳定工作	0.319		-1.038***	-1.006***	-1.023***
	(1.29)		(-3.74)	(-6.36)	(-6.49)
其他工作	1.072***	0.837***	-0.039		
	(3.88)	(4.47)	(-0.13)		
离婚	-0.711*	-0.764**	-1.354***	-1.354***	-1.349***
	(-1.85)	(-2.00)	(-3.63)	(-3.66)	(-3.66)
丧偶	0.029		0.080		
	(0.07)		(0.20)		
未婚	.		.		
	.		.		
常数项	-0.890	-0.346	6.302***	6.279***	6.165***
	(-1.00)	(-1.21)	(7.71)	(7.89)	(7.94)
调整后 R^2	0.077	0.073	0.243	0.243	0.241
AUC 检验	0.693	0.687	0.832	0.832	0.830
样本量（个）	955	959	2 477	2 483	2 483

注："***""**""*"分别在 1%、10% 和 1% 水平上显著；括号内为 T 值；女性、党员、第一产业、从事农业、已婚为基准变量。

地农民与未失地农民之间的差异主要受到工作收入、受教育水平、健康状况、性别、行业类型、工作类型及婚姻状况的影响；失地农民与城镇居民之间差异受到年龄、工作收入、受教育水平、政治面貌、行业类型、工作类型及婚姻状况的影响。

综合来看，由于调研时间的变化、比较对象的变化，居民类型间差异所受干扰的要素均有所不同，我们需要根据相应的差异开展进一步的 PSM 匹配分析。

9.4.3 PSM 匹配效果分析

根据上面 PSM 匹配变量的选择情况，我们进一步匹配变量展开相应的匹配效果检验，由于篇幅的原因，我们在此仅展示部分代表性结果，如图 9－1 所示。

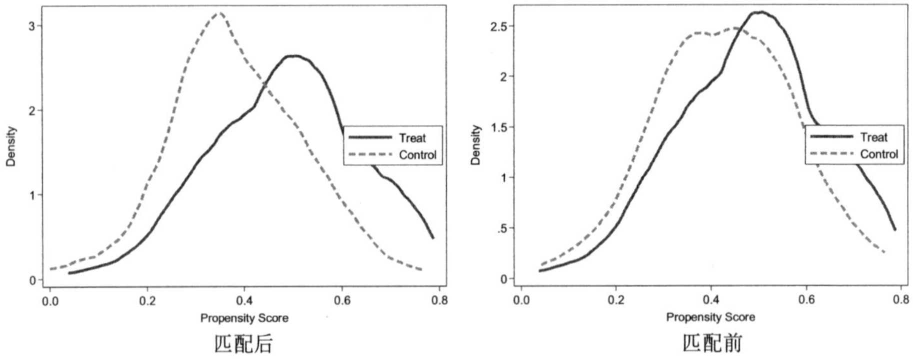

图 9－1　2015 年失地农民与未失地农民匹配前后密度

图 9－1 介绍了 2015 年失地农民与未失地农民匹配前后的密度情况，可以看到匹配前的控制组与处理组的倾向性得分密度情况存在显著的差异，而匹配后处理组与控制组倾向性得分密度情况变得更为接近，匹配效果更为明显。

9.4.4 ATT 结果比较分析

为得到更加可靠的结论，本章采用了最近邻匹配、半径匹配及核匹配三种 PSM 匹配方法，用以增强结论的稳健性，具体结果见表 9－7 ~ 表 9－9。

表 9－7　　2008 年 PSM 匹配 ATT 比较的结果

	处理效应	处理组	控制组	差距	标准误	T 检验
失地农民与未失地农民		失地农民	未失地农民			
医疗保险	匹配前	0.858	0.888	－0.030	0.027	－1.110
	最近邻匹配	0.858	0.858	0.000	0.129	0.000
	半径匹配	0.855	0.875	－0.020	0.031	－0.640
	核匹配	0.858	0.879	－0.021	0.029	－0.720
养老保险	匹配前	0.634	0.701	－0.067*	0.038	－1.750
	最近邻匹配	0.634	0.559	0.075	0.163	0.460
	半径匹配	0.635	0.712	－0.078*	0.044	－1.770
	核匹配	0.634	0.733	－0.099**	0.041	－2.390
失地农民与城镇居民		失地农民	城镇居民			
医疗保险	匹配前	0.858	0.905	－0.047**	0.021	－2.200
	最近邻匹配	0.858	0.803	0.055	0.053	1.050
	半径匹配	0.883	0.861	0.022	0.033	0.670
	核匹配	0.858	0.817	0.041	0.040	1.040
养老保险	匹配前	0.634	0.909	－0.275***	0.023	－11.980
	最近邻匹配	0.634	0.728	－0.094	0.059	－1.610
	半径匹配	0.766	0.869	－0.103***	0.040	－2.600
	核匹配	0.634	0.777	－0.143***	0.044	－3.230
未失地农民与城镇居民		未失地农民	城镇居民			
医疗保险	匹配前	0.890	0.905	－0.015	0.018	－0.840
	最近邻匹配	0.890	0.720	0.170**	0.075	2.270
	半径匹配	0.887	0.839	0.047	0.036	1.310
	核匹配	0.890	0.818	0.072	0.049	1.480
养老保险	匹配前	0.703	0.909	－0.207***	0.020	－10.110
	最近邻匹配	0.703	0.683	0.020	0.069	0.290
	半径匹配	0.734	0.846	－0.112***	0.041	－2.750
	核匹配	0.703	0.765	－0.062	0.051	－1.220

注："***""**""*"分别在 1%、10% 和 1% 水平上显著。

表 9－7 给出了 2008 年的 PSM 匹配的 ATT 结果。

（1）以失地农民为处理组，未失地农民为控制组，探讨失去土地对农民社会保障状况带来的影响。从医疗保险看，无论匹配前还是匹配后，其平均处理效应 ATT 值不显著，表明 2008 年是否失去土地并未对农民的医疗保险带来影响。从养老保险看，匹配前其平均处理效应 ATT 值为负，且通过 10% 的显著性水平，匹配后除了最近邻匹配为正且不显著，半径匹配与核匹配均为负，并且分别通过 10%、5% 的显著性检验，表明失地农民较未失地农民养老保险的参保率低。

（2）以失地农民为处理组，城镇居民为控制组，探讨两类居民身份引起的社会保障差异。从医疗保险看，匹配前 ATT 值为负且显著性水平达 5%，然而匹配后无论何种方法其 ATT 值均不显著，表明失地农民与城镇居民医疗保险参保率不存在差异。从养老保险看，匹配前 ATT 值为 -0.275，通过 1% 显著水平；匹配后，无论何种匹配方法 ATT 值均为负值且绝对值小于匹配前，除了最近邻匹配未通过检验，半径匹配与核匹配均通过 1% 显著检验，表明失地农民养老保险参保率显著低于城镇居民并具有稳健性。

综合来看，2008 年，居民类型的差异并不能带来医疗保险参保率的显著差异，而三种类型居民差异会对养老保险参保率带来影响，城镇居民参保率最高，失地农民最低。另外，失地农民与城镇居民间差异最为显著且稳健。

表 9-8 给出了 2015 年的 PSM 匹配 ATT 值的比较结果。

（1）表 9-8 说明，以失地农民为处理组，未失地农民为控制组，探讨失去土地对农民社会保障状况带来的影响。对于医疗保险及最低生活保障，匹配前 ATT 值均为正且未通过显著性检验；而匹配后无论何种方法其 ATT 值均不显著，表明失地农民与未失地居民（城镇居民和未失地农民）在医疗保险、最低生活保障等方面参保率均不存在差异。

从养老保险看，匹配前其平均处理效应 ATT 值为正，且通过 1% 显著性水平；而匹配后，在各种匹配方法下 ATT 值均为正，但只有核匹配通过 1% 显著性检验，表明失地农民较未失地农民养老保险参保率高，但不具稳健性。这一结果与 2008 年完全相反，表明失去土地的冲击经过多年发酵已经显现出来，失地农民具有更强的危机感。

从失业保险、工伤保险及生育保险看，无论何种匹配方法，匹配前后其平均处理效应 ATT 值均为正且都通过 1% 显著性水平，表明失地农民较未失地农民养老保险参保率高，且具有强稳健性。

表 9 - 8　　　　2015 年 PSM 匹配 ATT 比较的结果

		失地农民（处理组）与未失地农民					失地农民（处理组）与城镇居民				
	处理效应	处理组	控制组	差距	标准误	T 检验	处理组	控制组	差距	标准误	T 检验
医疗保险	匹配前	0.988	0.976	0.011	0.009	1.270	0.988	0.985	0.002	0.006	0.330
	最近邻匹配	0.988	0.995	-0.008	0.013	-0.570	0.988	0.968	0.020	0.032	0.630
	半径匹配	0.983	0.988	-0.006	0.013	-0.410	0.985	0.976	0.009	0.009	0.980
	核匹配	0.988	0.985	0.003	0.010	0.250	0.988	0.972	0.015*	0.009	1.770
养老保险	匹配前	0.938	0.858	0.080***	0.020	3.910	0.938	0.944	-0.006	0.013	-0.500
	最近邻匹配	0.938	0.903	0.035	0.039	0.900	0.938	0.900	0.038	0.045	0.840
	半径匹配	0.930	0.885	0.045	0.033	1.380	0.919	0.915	0.005	0.020	0.230
	核匹配	0.938	0.851	0.087***	0.024	3.680	0.938	0.908	0.029*	0.018	1.660
失业保险	匹配前	0.433	0.223	0.209***	0.030	7.020	0.433	0.367	0.066**	0.026	2.480
	最近邻匹配	0.433	0.178	0.255***	0.053	4.770	0.433	0.218	0.215***	0.075	2.880
	半径匹配	0.360	0.200	0.160***	0.043	3.700	0.300	0.322	-0.022	0.037	-0.590
	核匹配	0.433	0.214	0.218***	0.035	6.310	0.433	0.313	0.119***	0.037	3.260
工伤保险	匹配前	0.515	0.299	0.216***	0.031	6.880	0.515	0.355	0.160***	0.026	6.050
	最近邻匹配	0.515	0.240	0.275***	0.056	4.920	0.515	0.218	0.298***	0.074	4.000
	半径匹配	0.465	0.269	0.196***	0.047	4.220	0.418	0.357	0.060	0.039	1.560
	核匹配	0.515	0.294	0.221***	0.036	6.060	0.515	0.311	0.204***	0.037	5.560
生育保险	匹配前	0.345	0.101	0.244***	0.025	9.580	0.345	0.158	0.187***	0.021	8.890
	最近邻匹配	0.345	0.125	0.220***	0.041	5.310	0.345	0.128	0.218***	0.059	3.710
	半径匹配	0.273	0.102	0.171***	0.035	4.890	0.220	0.132	0.088***	0.031	2.820
	核匹配	0.345	0.100	0.245***	0.030	8.280	0.345	0.137	0.208***	0.031	6.640
最低生活保障	匹配前	0.143	0.133	0.010	0.023	0.430	0.143	0.147	-0.005	0.019	-0.240
	最近邻匹配	0.143	0.110	0.033	0.041	0.790	0.143	0.168	-0.025	0.063	-0.400
	半径匹配	0.136	0.125	0.011	0.033	0.340	0.158	0.176	-0.018	0.028	-0.650
	核匹配	0.143	0.121	0.021	0.026	0.800	0.143	0.168	-0.025	0.026	-0.960

注：“***”“**”“*”分别在 1%、10% 和 1% 水平上显著。

（2）以失地农民为处理组，城镇居民为控制组，探讨两类居民身份引起的社会保障差异。对于医疗保险，匹配前 ATT 值为正，但未通过检验；匹配后，无论何种匹配方法，其 ATT 值均为正，但只有核匹配通过 10% 显著性检验；表明失地农民较城镇居民医疗保险参保率高，但可靠性低；而此结果与 2008 年相比，差异的显著性有所提升，表明失地农民失去土地，且经过长期作用，他们参加医疗保险的意识在不断提升。

对于养老保险，匹配前 ATT 值为负，但未通过检验；匹配后，无论何种匹配方法，其 ATT 值均为正，但只有核匹配通过 10% 显著性检验；表明失地农民较城镇居民养老保险参保率高，但可靠性低；此结果与 2008 年相比，完全相反，表明失地农民失去土地后，随着时间的推移，其危机意识不断增强，其养老保险的参保率在大幅上升。

对于失业保险与工伤保险，匹配前 ATT 值为正，且均通过 1% 显著性检验；匹配后，除了半径匹配未通过检验，最近邻匹配与核匹配均为正且通过 1% 显著性检验；表明失地农民较城镇居民失业保险与工伤保险参保率高，且具有一定的稳健性。

对于生育保险，无论采用何种匹配方法，匹配前后其平均处理效应 ATT 值均为正，且都通过 1% 显著性水平，表明失地农民较未失地农民生育保险参保率高，且具有强稳健性。

对于最低生活保障，匹配前后 ATT 值均为负，且均未通过检验，表明失地农民较城镇居民在最低生活保障方面不存在明显差异。

综合来看，2015 年，居民类型的差异同样不能带来医疗保险参保率的显著差异；三种类型居民差异会对养老保险参保率带来影响，失地农民较高，城镇居民次之，未失地农民最低；三种类型居民差异会对失业保险、生育保险参保率带来显著而稳健的影响，失地农民最高，城镇居民次之，未失地农民最低；就工伤保险来说，失地农民参保率显著且稳健的高，未失地农民与城镇居民无差异；就最低生活保障来说，三种类型居民不存在明显差异。另外，从两次调查数据的比较来看，失地农民的医疗保险参保意识存在小幅提升；失地农民养老保险参保意识大幅增强，从 2008 年的“垫底”，到 2015 年的最高，且略高于城镇居民。

9.4.5 就业安置措施的作用

从上文可知，失去土地给失地农民带来巨大冲击，且这种影响经过长期发酵显得更加明显，给失地农民生活带来不稳定，由此也增强了其危机意识，因此各类保险参保率有着不同程度的提高。政府的安置措施会给失地农民生活状况带来影响，从而影响其参保情况。为此，本书进一步对失地农民样本进行研究，探讨政府相关就业安置措施的影响特征。

我们仍然以各种社会保障为因变量，以相关影响因素特别是政府就业安置措施，及类别特征为自变量，对两次调查的失地农民样本展开 Logit 回归，具体结果见表 9－9 和表 9－10。

表 9－9　2008 年政府就业安置对失地农民社会保障影响的回归结果

	医疗保险	养老保险
个体经营		0.938***
		(2.90)
稳定工作	0.872**	1.876***
	(2.15)	(6.33)
截距项	1.653***	－0.245*
	(9.58)	(－1.67)
调整后 R^2	0.019	0.105
AUC 检验	0.578	0.559
样本量	357	353

注："***""**""*"分别在 1%、10% 和 1% 水平上显著；括号内 T 值。

从表 9－9 可以看到，影响医疗保险与养老保险状况的因素只剩下工作类型通过显著性检验，而相关政府安置措施变量，如是否成功安置及提供安置次数均为能通过检验，表明在 2008 年政府相关就业安置措施对于失地农民社会保障状况并不存在任何影响。

表 9－10　2015 年政府就业安置对失地农民社会保障状况影响的回归结果

	医疗保险	养老保险	失业保险	工伤保险	生育保险	最低生活保障
年龄			－0.057**	－0.058**	－0.062**	
			(－2.24)	(－2.34)	(－2.51)	
受教育水平						
女性			0.854***	0.575**	0.652***	
			(3.48)	(2.43)	(2.67)	
非党员			0.742**	0.843***	0.745**	
			(2.18)	(2.74)	(2.03)	
第二产业	－1.498		－1.755***		－2.017***	
	(－1.62)		(－3.76)		(－3.27)	
个体经营						

续表

	医疗保险	养老保险	失业保险	工伤保险	生育保险	最低生活保障
稳定工作		1.941***	2.019***	1.782***	1.245***	
		(3.83)	(5.08)	(5.58)	(3.32)	
其他工作		1.352**	2.461***	1.713***	1.565***	
		(2.49)	(5.71)	(4.79)	(3.89)	
离婚			-1.363*	-1.997**		
			(-1.77)	(-2.40)		
丧偶						1.092*
						(1.77)
提供就业信息服务			0.528**	0.563**	0.760***	
			(2.18)	(2.42)	(3.16)	
提供其他就业服务				-1.240**	-1.865*	
				(-1.97)	(-1.75)	
常数项	4.756***	1.624***	-0.502	0.198	0.010	-1.903***
	(8.20)	(5.55)	(-0.41)	(0.17)	(0.01)	(-13.04)
调整后 R^2	0.041	0.089	0.217	0.153	0.183	0.008
AUC 检验	0.635	0.601	0.807	0.761	0.785	0.522
样本量	406	406	405	407	404	429

注:“***”“**”“*”分别在1%、10%和1%水平上显著;括号内为T值;女性、党员、第一产业、从事农业、已婚、劳动力市场上求职为基准变量。

从表9-10可以看到,政府相关就业措施仅对失业、工伤及生育保险三方面产生影响。提供就业信息服务,带来失业、工伤及生育保险三方面参保率分别提高69.55%、75.59和113.83%,且均至少通过5%显著性检验,表明在政府就业信息服务的指导下,失地农民的社会保障意识存在明显提升,特别是对失业、工伤及生育保险三方面参保率带来大幅的提升,失业保险最高,工伤保险次之。提供其他就业服务,会带来工伤与生育保险参保率分别下降71.06%和84.51%,且分别通过5%和10%显著性检验。

进一步,我们运用PSM方法探讨了政府提供就业信息服务对失地农民社会保障的影响。在PSM匹配变量选择中,发现失地农民仅非党员、第三产业及其他工作三变量显著,纳入匹配变量。其匹配结果表明,无论是对哪种社会保险，均无法支持政府提供就业信息服务会对失地农民社会保障状况产业显著影响。篇幅所限，我们不再阐述匹配变量选择以及匹配结果。

9.4.6 最新调查数据的佐证分析

上面调查数据的分析全部基于调查组的调查数据。为了验证分析结果的合理和有效性，我们根据《2018 年北京农民工检测报告》和 2018 年《北京统计年鉴》数据再进一步分析。《2018 年北京农民工检测报告》中，关于北京地区近郊区农民工的收入和保障数据能完整反映本书未失地农民的情况。农民工转为城镇居民，主要是征地导致他们搬迁住居地，户口由农业户口转为城镇户口，转移的这部分居民能代表失地农民。《北京统计年鉴》公布的城镇居民数据与本书研究的城镇居民类型一致，定义一致，所以其中的数据可以直接使用。分析内容的核心被解释变量是社会保障水平差异，以及影响社会保障水平差异的主要原因，因影响社会保障水平差异的主要原因有很多，故我们根据实证回归分析以及 PSM 分析结果，只选用北京市城乡居民的收入差距和行业间的收入差距作为影响城乡居民社会保障水平差异的主要原因。

为了数据的具有比性，这部分内容只选取《2018 年北京农民工检测报告》和 2018 年《北京统计年鉴》中 2017 年的数据。公布的数据结果显示，2017 年北京地区城镇居民的月平均工资为 8 467 元，本地农民工的月平均工资为 3 230 元，城镇居民年人均可支配收入为 62 406 元，本地农民年可支配收入为 24 240 元。通过上述简单对比，就能明显发现城镇居民与本地农民收入间的差距。失地农民作为农民群体中的特殊群体，其收入情况与本地农民无明显差异。另外，北京地区城乡居民行业间的工资差距明显。即使在同一行业，城镇居民和本地农民之间的工资差异也非常明显。比如 2017 年的交通运输业，城镇居民的月平均工资为 7 553 元，本地农民工的月平均工资为 4 133 元，工资差异明显。上述数据说明，北京地区失地农民、未失地农民与城镇居民之间的收入差距还是很明显的。

从社会保障水平看，城镇职工社会保险的标准要高于城镇居民社会保险，城镇居民社会保险又高于新型农村合作社会保障。具体的相关规章制度、计算标准等内容不在此赘述。从北京市人力资源和社会保障局公布的

2018～2019年企业职工社保缴费标准可以看出，在养老保险、医疗保险、失业保险、工伤保险、生育保险等方面的缴费比率，以及城乡居民无固定职业人员的缴费比率存在的差异。正是这种缴费比率的差异，导致上述几个群体在享受上述社会保障方面存在明显差异。虽然北京市制定了很多文件旨在逐步缩小各群体之间社会保障方面的差异，但由于城乡收入差距明显，城乡社会保障水平之间必然存在差异。

由于篇幅限制，我们不再单独列表说明这几年北京市失地农民和未失地居民在社会保障方面存在哪些差异，但通过上述公布的统计数据可以说明，虽然失地农民与城镇居民在社会保障方面的差异在逐步缩小，但因为收入存在明显差异，他们在社会保障方面的差异还将持续一段时间；失地农民与未失地农民之间，因为失地农民身份的变更，他们逐渐享受城镇居民的社会保障体系，而城镇居民的社会保障标准要高于农村居民，所以这种制度安排导致的社会保障水平差异会随社会保障制度的逐步完善而缩小。

9.5　研究结论与启示

本章以我国城镇化速度快、失地农民数量相对较多并且集中的北京地区近郊区的失地农民作为研究对象，基于2008年与2015年两次大规模的调查数据，运用Logit回归模型，对一线城市新型城镇化和城乡融合发展的过程中失地农民社会保障水平的变化，以及影响他们社会保障的主要因素进行了研究，比较了失地农民与未失地居民在社会保障方面的差异。在此基础上，展开PSM方法，排除各种影响因素的交互干扰，探析居民类型差异带来社会保障差异的原因；根据《2018年北京农民工检测报告》和2018年《北京统计年鉴》等数据验证本章研究结论的正确性及社会保障的变化趋势。具体研究结论如下：

(1) 总体来看，在各类社会保障中，医疗与养老保险参保率逐年升高，且在2008～2015年呈现上升趋势，其中失地农民参保比例增长明显。2015年，失地农民在缴纳失业保险、工伤保险及生育保险等方面明显高于未失地居民，失地农民参与最低生活保障的比例与城镇居民存在明显差异，但与未失地农民差异不明显。

（2）各影响因素对社会保障的作用随着征地时间的推移而发生变化。2008 年居民工资收入、就业类型、就业行业及居民类型对参与社会保障比例产生影响。随着征地时间的推移，2015 年各种因素对各类型社会保障状况产生了广泛的影响。具体说来，2008 年失地农民与未失地居民社会保障方面的差异主要受到受教育程度、就业行业、就业类型和政治面貌的影响；到了 2015 年，失地农民与未失地居民社会保障方面的差异主要受到工作收入、受教育程度、健康状况、就业行业、就业类型和政治面貌等方面的影响。可以看出，影响因素越来越多，影响程度和方向也存在一定差异。

（3）不同居民类型对参与社会保障的比例有着一定的影响。这种影响一是源于制度因素，国家出台一系列参保政策推动了全民参加社会保障；二是因为失地农民失去土地后，土地的社会保障功能消失，他们参与社会保障的意愿明显增强；三是源于失地农民得到土地补偿后家庭收入明显提高，进而推动家庭提高参与社会保障的比例。研究结论也论证了这一点。不同居民类型对参与养老保险的比例带来显著影响，与 2008 年失地农民参与养老保险的比例相比，2015 年的参与比例明显上升，由 2008 年参保比例的最低上升为 2015 年的最高（在三类居民类型中）。2015 年，失地农民失业保险、生育保险参保比例高于未失地居民。

（4）通过《2018 年北京农民工检测报告》和 2018 年《北京统计年鉴》公布的数据，我们发现区域行业收入差距和人均可支配收入差距还是非常明显，这种收入差距是引起社会保障差距的主要原因。导致社会保障水平差异的另一个原因是制度安排上的差异。城镇职工居民的社会保障主要由企业来缴纳，城乡居民（无稳定工作、农民等）的社会保障由居民自己缴纳，因此缴纳标准和缴纳的上限都存在明显差异。不过，这种因为制度安排导致的差异会随着制度的变革而逐渐缩小。

针对上述研究结论，我们得出如下政策启示：第一，要推进城乡融合发展，需要建立区域一体化的社会保障制度，消除不同职业、不同行业、不同户籍之间的社会保障差异，只有这样才能真正推进城乡融合发展。第二，增加失地农民的工资收入水平，加大失地农民继续教育培训力度，减少行业间的收入差距，从根本上提高失地农民的社会保障水平。第三，加大失地农民投入社会保障的宣传，改变他们寄希望于当地政府为其解决社会保障问题的意想法，改变他们参与社会保障的“等、靠、要”思想，让他们知晓当地社会保障的相关政策和法规，推动他们主动参保、投保。第四，逐步提高失地农民的社会保障水平和质量。只有提高了保障的水平和质量才能减少失地农民的再就业压力，社会保障水平高能降低失地农民二次就业的参与比例，让能就业的人充分就业，让不能就业的失地农民充分享受他们应该享有的社会保障。同时，提高失地农民的社会保障水平有利于失地农民融入城镇生活，有利于推动新型城镇化建设。

10. 结 论

10.1 主要研究发现

本书以城镇化水平较高的北京地区失地农民为研究对象，基于金融危机的2008年和经济进入新常态的2015年两次失地农民社会调查数据，通过失地农民的就业机制分析，借助实证分析模型，分析在乡村振兴战略下，在国家推进的新型城镇化进程中，失地农民人力资本、社会资本对失地农民就业机会、职务晋升和就业行业的影响，教育收益率的变化以及社会方面发生的变化。通过研究，得出主要结论如下：

第一，描述性统计表明，失地农民的就业率高，地方政府的就业安置发挥一定成效。主要体现在：（1）整体就业情况。2015年失地农民样本的就业率为94.65%，失业率为4.38%，郊区和中心城区失地农民样本的就业率分别为94.89%和93.81%，说明地方政府通过就业安置、就业指导方面取得了一定成效。（2）就业行业情况。失地农民样本在第一、二、三产业的就业比例分别为8.03%、13.14%和78.83%。说明第三产业是失地农民样本就业的主要行业。（3）就业企业情况。2015年的统计数据表明，失地农民样本主要在个体经营企业、民营企业和国有企业就业。其中，在国有企业和民营企业就业的比例累计达50.98%。（4）就业岗位情况。大部分失地农民样本担任商业、服务人员和普通工作人员，担任这两职位的比例累计达50.73%，这种现象可能与失地农民的人力资本积累等要素有关。（5）工资收入方面。北京市区与郊区平均月工资之间存在差异，失地农民样本平均月工资比城市居民样本低，要高于郊区农民样本，但明显高于2008年失地农民调查样本的平均工资。因此，建议政府密切关注失地农民群体融入城镇后的就业生活等方面的变化，合理关注发展中的不平衡、不平等现象，并加以适当调控，让失地农民顺利融入城镇生活，推进城乡一体化发展。

第二，失地农民人力资本与其就业的影响方面，通过实证研究发现：人力资本各要素中，失地农民的受教育程度、健康水平与其就业机会、职业选择高度相关。培训，包括技能培训和一般性的技能宣传性培训对失地农民就业机会、职业选择的影响不显著。文章认为失地是“非常态”，就业是“常态”。城镇化进程中，居住在大城市周边的农民往往会被吸纳入城市人口大军，这是城乡分割的经济社会发展到一定阶段必然过程。充分发挥政府在教育和培训方面的资源调动优势，科学进行户籍管理，建立城郊一体的公共服务体系和民主参与机制是实现失地农民再就业、提高就业质量的重要保障。

第三，失地农民人力资本、社会资本与其就业的影响方面，得出以下结论：在失地农民获得非农就业机会方面，2008 年人力资本和社会资本对其有着显著的正向影响，2015 年人力资本和政治面貌的影响不显著，不过求职途径和户籍的影响显著；在职务晋升方面，两次调查结果基本一致，政治面貌、受教育程度和职业培训对其有着显著的正向影响，求职途径、户籍的影响不显著；在就业行业方面，随着时间的推进，2015 年失地农民的就业行业选择出现了新的变化，有 4.4% 的失地农民开始到公共部门就业，2008 年人力资本、政治面貌和求职途径变量对其进入传统行业就业无显著影响，2015 年开始凸显，特别是对其进入公共部门就业有着显著正向影响，而户籍对进入传统行业有正向影响，对进入公共部门无影响。最后，结合研究结论，提出加大失地农民继续教育培训的力度，扩大失地农民的社会关系网络，提高失地农民人力资本和社会资本的积累，完善失地农民再就业的劳动力市场体系等建议。

第四，失地农民就业安置政策对失地农民就业的影响方面，研究发现：就业安置政策有一定的积极效果；对接受就业安置的失地农民群体，就业安置政策对实现稳定就业的因果效应为 0.45。进一步研究发现，虽然政府就业安置政策大幅度提升了失地农民在农林牧渔业、餐饮娱乐业、物业管理与保洁等传统行业的就业概率，即保持了初次就业安置的成功率，但上述行业具有低稳定性、低保障等特点，因而降低了就业安置政策的长期效果。建议制定就业安置政策要考虑失地农民对就业岗位的选择性偏好、就业行业与区域产业结构的结合等，以提高就业安置政策的实施效果。

第五，通过对失地农民与未失地农民的收入差距比较，研究发现：失地农民与未失地农民之间的收入差距在2008年至2015年有所扩大；2015年城镇居民和未失地农民的个人平均收入分别比失地农民高出112%和50%，控制一些可解释特征以后，其差距分别下降为23%和15%；按照Cotton分解的结果，特征差异（可解释部分差异）也达到60%左右，表明大部分差异都可以被解释。从就业者的分布趋势来看，失地农民逐渐分布于收入较低但相对稳定的行业中，在劳动力市场中的竞争力仍然较弱。在未来城镇化进程中，地方政府仍需重视失地农民的就业安置问题，关注失地农民群体与未失地农民群体之间的收入差距问题。

第六，失地农民就业质量研究方面，得出如下结论：失地农民的婚姻状况、户籍、受教育程度、工作年限、健康状况、工作类型、行业分布、工资水平等对失地农民就业质量有显著影响。随着城镇化进程的推进，2015年和2008年影响失地农民就业质量的要素变化不是很大，但2015年失地农民的年龄变量对其就业质量的影响显著为负，养老保障与其就业质量的影响显著为正，婚姻变量在2015年表现为不显著。经济新常态背景下，开展实用有效的职业技能培训和继续教育，推进创业促就业，完善社会保障问题等举措助推失地农民就业质量与城镇化质量双提升。

第七，在失地农民社会保障方面，研究发现：失地农民被征地后，随着征地时间的推移，2015年参与各类社会保障的比例比2008年明显提高。到2015年参与医疗保险和养老保险的比例与城镇居民接近，高于未失地农民；失地农民参与失业保险、工伤保险及生育保险的比例高于未失地居民。通过差异性分析发现，失地农民的工作收入、受教育程度、就业类型、政治面貌等因素是导致保障水平差异的根本原因。2017年的检测数据显示，随着行业收入差距的缩小和区域相关保障政策文件的出台，这种社会保障水平的差异在逐渐缩小。基于上述研究结论，建议全面落实城乡一体化的社会保障制度，增加失地农民的工资收入，扩大失地农民继续教育培训，加大失地农民投入社会保障的宣传，确实提高失地农民社会保障的水平与质量。

10.2 研究不足

研究不足主要体现在：(1) 研究数据的样本量不足。由于经费、调查数据的资源限制，本研究只能就近找代表性地区开展研究，研究数据、研究结论可能存在一定的有偏性。(2) 数据的采集方法不太科学。本研究采集数据的方法没有遵循整体随机抽样原则，只是根据调查员的数据可得性，自己选择调查对象，开展调查。(3) 调查过程的监控还有待提升。如何保证调查数据的准确性一直是开展第一手调查所要把控的重点环节，本次调查也是如此。虽然采取了大量培训、调查与学生在校社会实践学分结合、电话随机抽查等方式进行监控，在实际调查过程中，还是存在个别调查数据不准确的问题。如何进一步把控调研数据的质量，还有待我们进一步探索。(4) 研究内容还不够完善。虽然本研究做了多方面的研究，但是还有很多重要问题没有给予关注，比如失地农民的城镇融入度、失地农民的家庭收入状况、失地农民的生活质量、失地农民的消费水平等问题也需要给予足够的关注。

10.3 未来研究展望

失地农民问题未来会随着新型城镇化的发展而演变，目前农民失地已经出现了新的形势。如果说本书研究的是被动失地、持久性失地，现在出现了主动失地、暂时性失地现象。如果各个地方实行的土地整体流转，农民土地进行整合，实现规划化经营，提高土地产出效益，农民主动将土地入股或者是出租，这种新形势下出现的失地农民暂时性失地就与本研究的被动失地存在差异。那么主动失地与被动失地之间，农民的就业、家庭收入、社会保障、生活等方面是否会存在差异？乡村振兴战略下，失地农民返乡就近就业创业，他们的就业质量、创业质量如何？他们回乡发展，对区域经济、乡村治理、乡村文化的发展是否起到了推动作用？上述问题值得我们关注。

附 录

1. 北京居民家庭就业状况调查表

一、家长基本信息（必填项 单选题）

1. 家长（谁当家就填谁）：________ ①父亲 ②母亲
2. 家长年龄：________
3. 家庭住址：北京市________区/县

①东城 ②西城 ③朝阳 ④海淀 ⑤大兴 ⑥顺义 ⑦丰台 ⑧昌平 ⑨房山 ⑩通州 ⑪石景山 ⑫怀柔 ⑬密云 ⑭平谷区 ⑮门头沟 ⑯延庆

4. 家长学历：________

①小学及其以下 ②初中 ③高中 ④中专 ⑤大专 ⑥本科及以上

5. 家长婚姻状况：________

①已婚 ②离婚 ③丧偶 ④未婚

6. 政治面貌：________

①共产党员 ②民主党派 ③群众

7. 户籍所在地：________

①城市 ②小城镇 ③农村

8. 身体健康状况：________

①很健康 ②健康 ③一般 ④不太健康 ⑤不健康

二、家长就业状况（必填项 单选题）

（一）有工作的家长请填写以下内容（没有工作的家长，直接填第 17

题以后题目）

9. 家长现在从事何种工作：________

①稳定工作　②个体经商　③务农　④临时工　⑤退休、离休　⑥待业及其他

10. 累计有________年工作经验，换过________次工作（没有换过工作的填0）

11. 家长现工作单位所在行业：________

①农、林、牧、渔业（包括种地）　②采掘业（如采煤、采石业）　③制造业　④建筑业　⑤餐饮娱乐业　⑥旅游业　⑦交通运输业、仓储和邮政业（包括开黑车、踩三轮）　⑧批发零售业　⑨房地产业　⑩金融保险业　⑪物业管理和保洁业　⑫教育卫生等事业单位　⑬政府机关社团和研究机构　⑭其他

12. 家长现工作单位的性质：________

①行政事业单位　②国有企业　③民营企业　④乡镇企业　⑤个体经商　⑥外资企业（含合资企业）　⑦ 其他

13. 家长现工作岗位的类型：________

①单位负责人　②专业技术人员　③普通办事人员　④商业、服务业人员　⑤生产、运输设备操作人员及有关人员　⑥个体经商户　⑦农业劳动者　⑧无固定职业

14. 家长通过什么途径找到的：________

①政府安排工作岗位　②用人单位直接招工　③靠亲戚朋友介绍　④中介机构的介绍　⑤互联网上应聘　⑥自己做生意

15.（选填）如果找到工作是靠亲戚朋友介绍获得的，介绍人与您家是什么关系：________

①家人　②亲戚　③同学、战友　④同事　⑤其他

16. 家长每月工作收入________元（包括奖金、福利和补贴等）

17. 家长对目前工作的满意程度：________

①满意　②较满意　③一般　④不满意　⑤很不满意

18.（选填）如工作不满意，您觉得是哪些方面不满意：________

①工资待遇　②工作环境　③职业兴趣　④晋升机会　⑤人际关系　⑥其他

（二）没有工作的家长请填写以下内容（有工作的家长，直接填第24题以后题目）

19. 家长认为找一份好工作，最主要靠什么：________

①学历 ②技能专长 ③工作经验 ④人际关系 ⑤政府部门帮助

20. 如果家长无工作，最希望通过什么途径找到工作：________

①职业介绍所 ②政府部门安排 ③亲戚朋友介绍 ④通过网络找工作 ⑤用人单位直接招工 ⑥报纸电视 ⑦社区组织帮助

21. 如果家长正在找工作，现在还没有找到合适工作的原因是：________

①自身学历低 ②无技能或专长 ③体弱多病 ④年龄大 ⑤政府部门不提供帮助 ⑥没有适合自己的岗位 ⑦外来劳动力的抢占市场 ⑧获得就业信息难 ⑨没亲戚朋友帮助

22. （选填）如家长不愿意工作，不愿意工作的主要原因是：________

①家里条件还可以 ②体弱多病 ③学历和技能尚待提高 ④政府发放的补偿金还可以 ⑤工作不好找 ⑥工作太累

23. 目前家长想找工作的欲望：________

①很强 ②较强 ③无所谓 ④不想找工作

24. 如果家长没有工作，再找工作期望的最低月工资（包括所有福利）：________元

25. 如果家长没有工作，最希望找什么样的工作：________

①行政事业单位 ②国有企业 ③民营企业 ④乡镇企业 ⑤个体经商 ⑥外资企业（含合资企业） ⑦其他

（三）家长职业培训（发生了就填，没有则不填）

26. 您家长是否参加过职业培训：________ ①有 ②无

27. 如参加过职业培训，平均每年培训时间为________天（没有填“0”）

28. 如参加过职业培训，主要组织者是谁：________；培训费用主要由谁负担：________

①工作所在单位 ②政府部门 ③个人自费 ④职业介绍所 ⑤征地安置单位 ⑥其他

29. 如参加过职业培训，培训内容是：________

①职业技能培训　②学历进修　③业余爱好　④说不清

三、社会保障调查（单选题）

30. 家长靠什么养老：________

①城镇养老险　②小城镇养老金　③自购养老保险　④其他保险　⑤没有养老保险，依靠子女供养　⑥没有养老保险，依靠亲戚朋友供养

31. 家长的医疗保险状况：________

①城镇医疗保险　②企业医疗保险　③农村合作医疗　④自购医疗保险　⑤其他保险　⑥没有任何保障，自己支付医疗费用

32. 如家长没有参加保险，是否打算花钱买保险，原因是：________

①已购买保险　②参加社会保险有必要，这样生活有保障，准备买　③考虑过，但交不起保险费　④没有必要　⑤其他原因

33. 父母担心家里人重病会花很大一笔钱吗________

①非常担心　②比较担心　③无所谓　④不太担心　⑤一点也不担心

四、生活状况调查（必填题）

34.（多选题）家长目前还参与了以下哪些项目：________

①失业保险　②工伤保险　③生育保险　④最低生活保障　⑤住房公积金　⑥都没参与

35. 您家目前的收入来源包括（可多选）：________，其中最主要来源是（单选）：________

①工资收入　②房屋出租　③入股分红　④农业收入　⑤做生意收入　⑥国家补助或居委会补助（不含土地补偿费）　⑦临时性收入（打短工）

36. 目前您家庭的各项月收入是多少（没有的项目，填“0”）工资收入________千元，房屋出租________千元，入股分红________千元，农业收入________千元，做生意收入________千元，国家补助或居委会补助（不含土地补偿费）________千元，临时性收入（打短工）________千元

37. 目前家庭的主要支出项目是（可多选）：________

①家庭日常开支　②教育（包括培训）支出　③各类保险支出　④购房（装修和维修房屋）支出　⑤医疗支出　⑥养老支出　⑦其他支出

38. 现在空闲时间家长主要干些什么：________

①看电视　②聊天　③打牌（麻将）　④看书　⑤上网　⑥其他

※※※※※※※※※※※※※※※※※※※※※※※※※※※※※※※

您家有土地被征收吗？________①有　②无（如果没有，以下内容无需填写）

五、土地征用问卷调查

39. 您家土地被征收的原因：________

①国家道路等基础设施建设征收　②北京城市建设需要征收（如场馆、高教园、机场、商业用地）③绿化建设　④乡镇需要集中使用　⑤村集体需要集中使用　⑥其他

40. 最后一批土地征收的时间：__________年；土地征收的面积：__________亩；每亩地的补偿价格：________元或每人________元（不包括宅基地占用补偿）

41. 家长对土地征收的满意度：________

①非常不满意　②不满意　③无所谓　④满意　⑤非常满意

42. 如果当时不愿意土地被征收的最主要原因：________

①手里没有土地，心里不踏实　②没有土地，无事可做　③补偿低，不划算　④没有任何土地补偿　⑤土地还会升值　⑥其他

43. 如果政府提供如下安置方式，您最愿意选择哪一种：________

①就业安置　②货币安置　③入股安置　④留地安置　⑤社保 + 补偿费　⑥买断安置　⑦其他

44. 失地后有关部门为您就业做了些什么（可多选）________；您最希望解决的就业问题是（单选）________

①提供工作岗位　②就业培训　③提供用工信息　④就业指导　⑤无任何形式　⑥其他

45. 征地后，您是否选择了政府安置就业：________　①是　②不是；选择政府安置就业的结果是：________　①安排成功　②安排不成功

46. 家长离开安置岗位最主要原因（如没发生，不填写）：________

①没有自己的发展空间　②工作辛苦　③待遇低　④企业经营不善　⑤企业破产　⑥企业转并或下岗　⑦不适应企业管理模式　⑧自己创业

⑨病退 ⑩养老退休 ⑪其他

47. 家长拒绝就业安置的最主要原因（如没发生，不填写）：________

①没有自己的发展空间 ②工作辛苦 ③待遇低 ④企业经营不善 ⑤企业破产 ⑥转并或下岗 ⑦不适应企业的管理模式 ⑧自己创业 ⑨病退 ⑩养老退休 ⑪其他

48. 如果政府出钱免费提供培训，您的家长愿意参加吗________

①愿意 ②不愿意 ③看情况

49. 您的家长觉得政府为你家就业提供免费培训有必要吗________

①非常必要 ②比较有必要 ③一般 ④不太必要 ⑤完全没必要

50. 家长自己出钱参加过社会培训机构的技能培训吗________

①参加过 ②打算参加 ③不打算参加

51. 您家长认为这次征地对您家的经济状况有什么样的影响：________

①有很大帮助和改善 ②有一点帮助和改善 ③无任何影响 ④有一点损失 ⑤有很大损失 ⑥说不清

52. 您家长对失地前的收入满意吗？________对目前的收入状况满意吗？________

①非常满意 ②比较满意 ③一般 ④不太满意 ⑤很不满意

53. 您家长是否希望转为非农户籍或城镇户口：________

①希望 ②不希望 ③无所谓

54. 对土地征收的评价：________

①希望征地 ②不希望征地 ③无所谓

2. 北京市建设征地补偿安置办法

第一章 总 则

第一条 为了保护被征地农村村民、农村集体经济组织和征地单位合法权益，促进首都经济发展，维护社会稳定，根据《中华人民共和国土地管理法》《中华人民共和国劳动法》等有关规定，结合本市实际情况，制定本办法。

第二条 本市行政区域内依法征用农民集体所有土地的，依照本办法进行补偿安置。

第三条 市土地行政主管部门负责征地补偿管理工作；市劳动保障行政主管部门负责转非劳动力就业和社会保险管理工作；市民政部门负责超转人员管理工作。区、县土地、劳动保障、民政部门按照分工负责本行政区域内征地补偿安置具体管理工作。

公安、农村工作等部门应当按照各自的职责对征地补偿安置工作实施管理。

区、县人民政府应当对本行政区域内的征地补偿安置工作实施监督管理。乡镇人民政府应当协助做好征地补偿安置工作。

第四条 本市征地补偿安置工作坚持公开的原则，征地补偿费由征地双方依法协商确定。

第五条 经批准征用农民集体所有土地的单位（以下简称征地单位）应当支付征地补偿费。征地补偿费应当按时、足额支付到位。

本市征地补偿费实行最低保护标准制度。

第六条 任何单位和个人不得侵占、挪用征地补偿费用和其他有关费用。

第七条 农村集体经济组织和村民委员会应当按照本办法规定做好征地补偿安置中相应工作。

第二章 征地补偿

第八条 征地单位支付的征地补偿费包括土地补偿费和安置补助费。

涉及青苗和其他土地附着物的，还应当向所有权人支付青苗补偿费和其他土地附着物补偿费。

青苗是指尚未收获的农作物。其他土地附着物包括房屋、水井、道路、管线、水渠等建筑物、构筑物以及林木和其他经济作物等。

第九条　征地补偿费最低保护标准由市土地行政主管部门以乡镇为单位结合被征地农村村民的生活水平、农业产值、土地区位以及本办法规定的人员安置费用等综合因素确定，报市人民政府批准后公布执行。

征地补偿费最低保护标准应当根据社会、经济发展水平适时调整。

第十条　征地单位与被征地农村集体经济组织或者村民委员会应当在不低于本市征地补偿费最低保护标准的基础上，协商签订书面征地补偿安置协议。协议应当包括补偿方式、补偿款金额及支付方式、安置人员数量及安置方式、青苗及土地附着物补偿、违约责任和纠纷处理方式等内容。

签订协议前，被征地农村集体经济组织或者村民委员会应当就协议主要内容经村民大会或者村民代表大会等民主程序形成书面决议。决议应当妥善保存。签订协议后，农村集体经济组织或者村民委员会应当向农村村民公示征地补偿安置协议。

第十一条　土地行政主管部门应当对农村集体经济组织或者村民委员会在签订征地补偿安置协议前是否履行民主程序、征地双方达成协议的内容是否符合法律规定进行监督，并可就监督内容听取农村村民意见。

土地行政主管部门在向批准征地机关报送征用土地方案时，应当附具征地双方签订的征地补偿安置协议。

第十二条　区、县人民政府应当自收到征用土地批准文件之日起10日内在被征地的乡镇、村进行征地公告。征地公告的内容应当包括批准机关、批准时间、批准文件名称和文号，被征地范围、地类、土地面积，征地单位、项目名称、征后用途，双方协议的征地补偿款金额和人员安置方式等内容。

第十三条　征地单位应当将征地补偿费专户存储，接受土地行政主管部门的监督，依法支付。

征地补偿费监管的具体办法，由市土地行政主管部门规定并公布。

第十四条　征地补偿费用于人员安置后，其余部分作为土地补偿费支付给被征地的农村集体经济组织或者村民委员会，用于农村村民生产生活。

农村集体经济组织或者村民委员会应当依法公开土地补偿费和安置补助费的使用情况，接受监督。

第十五条 征地双方经协商可以实行非货币补偿。在符合规划的前提下，征地单位可以在征用范围内留出部分土地由农村集体经济组织或者村民委员会使用，作为征地补偿。

第十六条 青苗补偿按照1季产值计算，但多年生的农作物青苗按照1年产值计算。

林木的补偿按照本市有关规定执行。

其他经济作物的补偿，由征地双方根据经济作物生长情况协商确定；协商不成的，可以委托评估机构参照届时市场价格评估确定。

第十七条 拆迁住宅房屋的，按照《北京市集体土地房屋拆迁管理办法》执行。

拆迁非住宅房屋和其他建筑物、构筑物的，按照重置成新价格予以补偿；公益公共设施确需迁建的，应当迁建。拆迁经营性用房造成停产停业经济损失的，应当按照规定给予一次性停产停业补助费。

拆迁未超过批准期限的临时建筑，按照重置成新价格予以适当补偿；超过批准期限的临时建筑和违法建设，不予补偿。

第十八条 违法建设、违法占用土地的，涉及的土地附着物不予补偿。征地公告发布后，在征地范围内新种植的青苗、经济作物、林木等，不予补偿。

第三章 人员安置

第十九条 征用农民集体所有土地的，相应的农村村民应当同时转为非农业户口。应当转为非农业户口的农村村民数量，按照被征用的土地数量除以征地前被征地农村集体经济组织或者该村人均土地数量计算。应当转为非农业户口的农村村民人口年龄结构应当与该农村集体经济组织的人口年龄结构一致。

第二十条 农村集体经济组织或者村民委员会应当自征地公告之日起60日内确定应当转为非农业户口人员、转非劳动力、超转人员名单，向农村村民公示，并分别报区、县公安、劳动保障和民政部门。各有关部门应当依照职责办理相关手续。

超转人员安置办法依照市人民政府有关规定执行。

第二十一条　不满16周岁的未成年人及16周岁以上正在接受义务教育和学历教育的学生，只办理转为非农业户口的手续，不享受本办法规定的转非劳动力安置补偿待遇。

第二十二条　依照本办法第十五条规定实行非货币补偿的，农村集体经济组织或者村民委员会应当保证转非劳动力和超转人员安置补偿所需费用。

第四章　就业促进

第二十三条　转非劳动力的就业应当坚持征地单位优先招用、劳动者自主择业、政府促进就业的方针。

第二十四条　征地单位招用人员时，应当优先招用转非劳动力。乡镇企业、农村集体经济组织有条件的，可以吸纳转非劳动力就业。

鼓励用人单位招用转非劳动力。

第二十五条　公共就业服务机构应当为转非劳动力提供职业指导、职业介绍、职业技能培训等促进就业服务。

第二十六条　转非劳动力在征地时被单位招用的，征地单位应当从征地补偿款中支付招用单位一次性就业补助费；转非劳动力自谋职业的，一次性就业补助费支付给本人。

第二十七条　一次性就业补助费不低于下列标准：

（一）转非劳动力年满30周岁、不满40周岁的，为征地时本市月最低工资标准的60倍；

（二）转非劳动力男年满55周岁、女年满45周岁的，为征地时本市月最低工资标准的48倍，年龄每增加1岁递减六分之一，至达到国家规定的退休年龄时止；

（三）其他转非劳动力为征地时本市月最低工资标准的48倍。

第二十八条　依照本办法第二十六条规定招用转非劳动力的单位，应当按照劳动管理法律、法规、规章的规定，对转非劳动力实行同工同酬、进行岗前职业技能培训等，并遵守下列规定：

（一）与转非劳动力签订劳动合同，并到土地所在区、县劳动保障部门办理招聘备案手续。转非劳动力要求签订无固定期限合同的，应当与其签订无固定期限劳动合同，并不得约定试用期。

（二）与转非劳动力履行劳动合同未满5年且转非劳动力未达到国家规定退休年龄的，解除或终止劳动合同时，每少履行1年，一次性就业补助费按照五分之一的比例返还给转非劳动力，不足1年的，按1年计算。

第二十九条　转非劳动力自谋职业的，应当与乡镇人民政府、农村集体经济组织或者村民委员会签订自谋职业协议并经公证机关公证。

按照前款规定签订自谋职业协议后，转非劳动力应当办理就业登记手续，将档案转到市或者区、县职业介绍服务中心，并按照国家和本市规定缴纳各项社会保险费。

第三十条　转非劳动力失业的，可以将本人档案转到户籍所在地的区、县失业保险经办机构，并办理失业登记、申领失业保险金手续。有关部门应当按照规定为其发放“北京市再就业优惠证”。

失业的转非劳动力和招用失业转非劳动力的单位，享受本市促进就业的各项优惠政策。

第三十一条　正在服有期徒刑或者被劳动教养的转非劳动力，其一次性就业补助费可以支付给其委托的人，也可以先由农村集体经济组织或者村民委员会代为保管，待其刑满释放或者解除劳动教养后一次性全额支付给本人。

第三十二条　转非劳动力的档案由农村集体经济组织或者村民委员会负责建立。档案中应当有转非劳动力登记表及相关材料，自谋职业的还应当有经公证的自谋职业协议书。

第五章　社会保险

第三十三条　自批准征地之月起，转非劳动力应当按照国家和本市规定参加各项社会保险，并按规定缴纳社会保险费。

农村集体经济组织或者村民委员会应当在转非劳动力办理转为非农业户口手续后30日内，到所在区、县社会保险经办机构为其办理参加社会保险手续，补缴社会保险费。

转非劳动力补缴的社会保险费，由征地单位从征地补偿费中直接拨付到其所在区、县社会保险经办机构。

第三十四条　转非劳动力达到国家规定的退休年龄时，累计缴纳基本养老保险费满 15 年及其以上的，享受按月领取基本养老金待遇。基本养老金由基础养老金和个人账户养老金两部分组成。基础养老金按照本人退休时上一年本市职工月平均工资的 20% 计发；个人账户养老金按照个人账户累计储存额的一百二十分之一计发。转非劳动力按月领取的基本养老金低于本市基本养老金最低标准的，按照最低标准发放，并执行基本养老金调整的统一规定。

转非劳动力达到国家规定的退休年龄时，累计缴纳基本养老保险费不满 15 年的，不享受按月领取基本养老金待遇，其个人账户储存额一次性支付给本人，并终止养老保险关系。

第三十五条　依法批准征地时，转非劳动力男年满 41 周岁、女年满 31 周岁的补缴 1 年基本养老保险费；年龄每增加 1 岁增补 1 年基本养老保险费，最多补缴 15 年。

补缴基本养老保险费以依法批准征地时上一年本市职工平均工资的 60% 为基数，按照 28% 的比例一次性补缴。补缴后，由社会保险经办机构按照 11% 的比例一次性为其建立基本养老保险个人账户。

第三十六条　转非劳动力达到国家规定的退休年龄时，基本医疗保险累计缴费年限男满 25 年、女满 20 年且符合按月领取基本养老金条件的，办理退休手续后按规定享受退休人员基本医疗保险待遇；不符合上述条件的不享受退休人员基本医疗保险待遇，个人账户余额一次性支付给本人。

第三十七条　依法批准征地时，转非劳动力男年满 31 周岁的补缴 1 年基本医疗保险费，至年满 51 周岁前每增加 1 岁增补 1 年，最多补缴 10 年；年满 51 周岁的补缴 11 年基本医疗保险费，至退休前每增加 1 岁增补 1 年，最多补缴 15 年。

依法批准征地时，转非劳动力女年满 26 周岁的补缴 1 年基本医疗保险费，至年满 41 周岁前每增加 1 岁增补 1 年，最多补缴 5 年；年满 41 周岁补缴 6 年基本医疗保险费，至退休前每增加 1 岁增补 1 年，最多补缴 10 年。

补缴基本医疗保险费以依法批准征地时上一年本市职工平均工资的 60% 为基数，按照 12% 的比例一次性补缴。补缴后，由社会保险经办机构将其中 9% 划入统筹基金、1% 划入大额医疗互助资金、2% 划入个人账户。

第三十八条　转非劳动力按本办法第三十五条规定一次性补缴基本养老保险费的，其补缴基本养老保险费年限视同基本医疗保险缴费年限，但最多视同10年缴费年限。

第三十九条　转非劳动力按照本办法第三十七条规定补缴基本医疗保险费后，在达到国家规定的退休年龄前继续缴纳基本医疗保险费的，享受当期基本医疗保险待遇；不继续缴纳基本医疗保险费的，不享受当期基本医疗保险待遇。

第四十条　依法批准征地时，转非劳动力年满16周岁的补缴1年失业保险费，至达到国家规定的退休年龄前，每增加1岁增补1年，最多补缴20年。补缴失业保险费以依法批准征地时上一年本市职工平均工资的60%为基数，按照2%的比例一次性补缴。

转非劳动力失业后，按照规定享受失业保险待遇。但其在领取失业保险金期间自谋职业的，不执行一次性领取失业保险金的规定。未领取失业保险金的期限予以保留，与再次失业后应当领取失业保险金的期限合并计算。

第四十一条　转非劳动力中的复员退伍军人，其在军队工作的年限视同社会保险费缴费年限。

参加了城镇企业农民工社会保险的转非劳动力，其参加农民工社会保险的时间计算为缴费年限。但已一次性领取养老保险费、一次性生活补助费的，不计算养老保险和失业保险的缴费年限。

第四十二条　正在服有期徒刑或者被劳动教养的转非劳动力，其补偿安置适用本章有关规定。

第六章　法律责任

第四十三条　侵占、挪用征地补偿费用和其他有关费用的，由上级机关或者监察部门依法给予行政处分；构成犯罪的，依法追究刑事责任。

第四十四条　土地、劳动保障、民政、公安等有关管理部门不依法履行职责的，由其上级主管部门责令限期改正，逾期不改正的，依法追究主管责任人员和其他直接责任人员的行政责任。

第七章　附　　则

第四十五条　本办法所称下列名词的含义是：

转非劳动力是指征地转为非农业户口且在法定劳动年龄范围内具有劳动能力的人员，不包括16周岁以上正在接受义务教育和学历教育的学生。

超转人员是指征地转为非农业户口且男年满60周岁、女年满50周岁及其以上的人员和经认定完全丧失劳动能力的人员。

以上年龄计算以依法批准征地之日为准。

第四十六条　农村村民转为非农业户口后，不丧失对农村集体经济组织积累应当享有的财产权利。

第四十七条　国家对大中型水利、水电工程建设征地补偿另有规定的，从其规定。

第四十八条　本办法自2004年7月1日起实施，1993年10月6日市人民政府发布的《北京市建设征地农转工人员安置办法》同时废止。

【颁布日期】2004年5月21日

【实施日期】2004年7月1日

3. 北京市建设征地农转工人员安置办法

第一章 总 则

第一条 为保证国家建设顺利进行，妥善安置因建设征地造成的农村多余劳动力，维护社会安定，根据《北京市实施〈中华人民共和国土地管理法〉办法》的规定，结合本市农转工人员安置工作的实际情况，制定本办法。

第二条 凡在本市行政区域内经市人民政府批准进行建设征用土地的，农转工人员的安置均执行本办法。

本办法所称农转工人员，是指因国家重点工程建设和国家机关、军事单位、城市企事业单位进行建设征用农村集体所有土地，被征地单位的土地被全部征用或者部分被征用后剩余的耕地按农业人口平均不足5分地，造成的农村多余劳动力，经市人民政府批准，由农业户口转为非农业户口（以下简称农转非）并符合转工条件的人员。

第三条 市土地管理局、市劳动局在市人民政府统一领导下，负责对全市农转工人员安置工作进行监督管理。

区、县土地管理局、劳动局在区、县人民政府统一领导下，负责对本辖区内农转工人员安置工作进行监督管理。

第四条 本市建设征地坚持先安置农转工人员，后进地开工建设的原则。国家重点工程建设急需先进地建设后安置农转工人员的，必须经市人民政府常务会议决定，方可进地开工建设，并限期安置农转工人员，所需搬迁的乡、镇、村办企业和农村居民住宅的建设，应与重点工程建设同步进行。

第五条 本市农转工人员的安置，坚持谁占地谁负责的原则。安置办法采取多渠道、多种形式。

第二章 农转工人员的安置

第六条 农转工人员必须符合下列条件：

（一）男年满16周岁不满59周岁，女年满16周岁不满49周岁（以市人民政府批准征地之日为准）；

（二）身体健康，转工后能够在工作岗位上坚持正常工作的。

第七条　下列农转非人员，不予农转工安置：

（一）年龄不满16周岁或者男年满59周岁、女年满49周岁的。

（二）身体患有严重疾病，转工后不能在工作岗位上坚持正常工作的。

（三）应当接受义务教育的未成年人以及在校学生。

（四）其他不符合农转工安置条件的。

第八条　符合农转工条件的人员，由建设征地单位尽量自行安置；建设征地单位确实自行安置不完的，由市、区、县土地管理局会同劳动局组织被征地单位、被征地乡镇人民政府和有关单位，协助建设征地单位采取以下多渠道的办法进行安置：

（一）建设征地单位委托有安置能力的国有企业、城镇集体企业或其他单位代为安置。

（二）建设征地单位委托被征地乡、镇、村办企业代为安置。

（三）经批准征地后撤销村或队建制的，对被征地范围内的乡、镇企业作为经济实体予以保留，仍由乡、镇农工商总公司管理，安置被征地范围内的农转工人员。

（四）征地前已在乡、镇、村办企业工作的人员，征地后所在企业未撤销的，由其所在企业安置，办理农转工手续后继续在该企业工作。

（五）用工单位与符合农转工条件的人员通过双向选择进行安置。

（六）征地前已经领取个体工商户营业执照的人员，办理农转非手续后，继续从事个体经营。

（七）鼓励符合农转工条件的人员自谋职业。

（八）男年满55周岁、女年满45周岁的人员，按照自愿原则，经本人提出申请并办理公证后，可以一次全额领取安置补助费，不再安置工作，也可以按有关规定办理超转手续，移交民政部门，享受超转人员待遇。

第九条　建设征地单位落实农转工的安置去向方案，应与被征地乡、镇人民政府协商，经区、县土地管理局和劳动局核实，市土地管理局审查后，报市人民政府批准。

第十条 因土地被全部征用，经市人民政府批准，撤销村或队建制，农业户口全部转为非农业户口的，原村或队中服兵役的义务兵，复员退伍后按城镇复员退伍军人安置。建设征地单位应将其安置补助费一次全额拨付给区、县复员退伍军人安置办公室，专款专用，不得挪用。

第十一条 因土地被全部征用，经市人民政府批准，撤销村或队建制，农业户口全部转为非农业户口的，原村或队中正在劳动教养或服有期徒刑的人员，解除劳动教养或刑满释放回原籍入城镇户口的，执行城镇待业人员的有关规定。建设征地单位应将其安置补助费一次全额拨付给区、县劳动局，专款专用，不得挪用。

第十二条 乡、镇、村办企业为安置农转工人员需要扩建、改建或新建的，由建设征地单位会同乡、镇人民政府提出计划，报经区、县人民政府同意，由计划、规划、土地管理部门负责办理立项、选址、规划、占地手续。

第三章 办理安置农转工人员的手续

第十三条 建设征地单位委托其他单位安置农转工人员的，以及乡、镇、村办企业或其他单位依照本办法安置农转工人员的，建设征地单位应与安置单位签订安置工作协议书。安置工作协议书经公证机关公证后，建设征地单位将农转工人员的安置补助费一次全额拨付给安置单位。

第十四条 安置在乡、镇、村办企业工作的农转工人员，其安置补助费由建设征地单位一次全额拨付给被征地的乡、镇农工商总公司，由乡、镇农工商总公司按规定拨付给安置农转工人员的乡、镇、村办企业。

第十五条 建设征地单位或其他单位安置的农转工人员，按全民所有制职工办理招工录用手续，实行无固定期限的劳动合同制。安置在城镇集体所有制企业或乡、镇、村办企业的农转工人员，保留其全民所有制职工的身份。

第十六条 符合农转工条件的人员，自愿自谋职业的，按下列规定办理手续：

（一）由本人提出书面申请，经建设征地单位审核，报区、县劳动局批准。

（二）自谋职业申请经批准后，由建设征地单位与乡镇人民政府、村民委员会及本人共同签订协议书。协议书须经公证机关公证。

（三）协议书经公证机关公证后，建设征地单位将安置补助费一次全额付给本人。

（四）本人持协议书到户口所在地乡、镇、街道劳动部门办理求职登记，由各级劳动行政部门按城镇待业人员的有关规定进行管理。

（五）自谋职业的人员办理求职登记后，可以向工商行政管理机关申领个体工商户营业执照，从事个体经营，可以自找工作单位，也可以到劳务市场求职。

工商行政管理部门和劳动部门应优先为自谋职业的农转工人员办理工商登记或介绍就业。

第十七条　征地前已经领取个体工商户营业执照的人员，由建设征地单位与乡镇人民政府、村民委员会及本人共同签订协议书，经公证机关公证后，建设征地单位将安置补助费一次全额付给本人。

第四章　工资、劳动保险及福利待遇

第十八条　农转工人员执行所在单位的工资、奖励、劳动保险、福利制度。

对农转工人员中的专业技术人员，安置单位在安排其工作岗位时，应发挥其专业技术特长。

第十九条　农转工人员不实行试用期和初期工资制。

由原所在乡、镇、村办企业安置的农转工人员，原工资待遇不变。

安置到国有企业、城镇集体企业或新安置到乡、镇、村办企业的农转工人员，由企业根据农转工人员完成工作任务的情况，按照按劳分配的原则，自行决定其实际应得的工资、奖金等待遇，但不得少于市劳动局规定的起点工资标准。

安置到国家机关、事业单位的农转工人员，由安置单位按照其参加农业生产劳动的年限，比照本单位相同工龄人员的工资水平确定其基本工资。

第二十条　农转工人员起点工资与国家规定的各种价格补贴之和，比其农转工前 3 年所在农村集体分配平均收入降低的，可以按其减少部分的 70% 计发生活补贴。生活补贴月最高标准为 50 元。

第二十一条　建设征地单位必须严格按照市人民政府批准的农转工人数进行安置。

中央在京单位、军事单位安置农转工人员需要增加的劳动工资指标，由安置单位负责落实。

本市所属单位安置农转工人员需要增加的劳动工资指标，由安置单位按照市劳动局和市人事局的有关规定办理。

第二十二条　农转工人员的工龄按国家规定从其到安置单位报到之日起计算。因国家重点工程急需先占地后安置的，农转工人员的工龄，自建设单位进地之日计算。

第二十三条　农转工人员待安置期间的工资、补贴、医疗费，由建设征地单位按照市劳动局规定的标准支付给本人。其待业保险、退休养老基金，由建设征地单位按照市劳动局规定的标准，向被征地区、县待业保险机构和退休金统筹机构缴纳。

第二十四条　农转工人员达到国家规定的退休年龄，缴纳养老保险金年限满 10 年的，可以享受退休待遇。

农转工人员达到国家规定的退休年龄，缴纳养老金不满 10 年的，按特殊情况处理，根据本人达到退休年龄前 3 年的月平均实得工资和市劳动局的有关规定计发生活费。

第二十五条　农转工人员的待业保险和退休养老基金统筹，按市政府和市劳动局有关规定执行。安置到乡、镇、村办企业的农转工人员，按规定享受待业保险和退休养老保险待遇。其待业保险和退休养老基金统筹，由所在企业按照市劳动局规定的标准，向区、县待业保险机构和退休金统筹机构缴纳。

第五章　安置工作各方的权利与义务

第二十六条　建设征地单位享有下列权利：

（一）已委托其他单位协助安置农转工人员并已一次全额拨付安置补助费的，不再负责安置工作；

（二）对自愿申请自谋职业人员，一次全额付给安置补助费后，不再负责其安置；

（三）按国家规定应该享有的其他权利。

第二十七条　建设征地单位必须履行下列义务：

（一）负责安置农转工人员；

（二）按市劳动局的规定支付农转工人员待安置期间的工资、补贴、医疗费；

（三）负责与安置农转工人员的乡、镇、村办企业共同办理企业发展生产所需的用地手续。

（四）按国家规定应该承担的其他义务。

第二十八条　安置单位享有下列权利：

（一）对逾期三个月不报到的农转工人员，可按其自动放弃农转工安置权利处理，不再负责安排其工作。

（二）对不履行劳动合同，损害单位利益，造成经济损失的农转工人员，按国家有关规定给予行政处分和经济处罚。

（三）按国家规定应该享有的其他权利。

第二十九条　安置单位必须履行下列义务：

（一）安置农转工人员；

（二）向农转工人员讲明本单位的真实情况；

（三）与农转工人员签订无固定期限的劳动合同；

（四）对农转工人员进行遵纪守法，职业道德、安全生产和其他规章制度的教育；

（五）对农转工人员进行专业技术培训，提高其专业技术水平；

（六）保障农转工人员享有国家规定的劳动保护、劳动保险和福利待遇；

（七）按国家规定应承担的其他义务。

第三十条　农转工人员享有下列权利：

（一）符合农转工条件的，有权要求安置；

（二）待安置期间，享受建设征地单位预付的工资、补贴、医疗费；

（三）享有与安置单位职工同等的劳动报酬、劳动保险和福利待遇；

（四）安置单位不履行劳动合同或者违反国家政策、法规，侵害农转工人员合法权益的，有权要求安置单位合理解决；

（五）按国家规定应该享有的其他权利。

第三十一条　农转工人员必须履行下列义务：

（一）待安置期间遵守国家法律、法规，维护公共秩序，保证国家建设征地顺利进行。

（二）安置单位一经落实，不得逾期不报到。逾期三个月不报到的，视为自动放弃农转工安置的权利。

（三）与安置单位签订无固定期限的劳动合同。

（四）遵守安置单位的各项规章制度，保证安全生产。

（五）努力学习科学文化知识和专业技术知识，提高文化素质和专业技术水平，按时、按质、按量完成生产工作任务。

（六）本人违反劳动合同、违反国家政策、法规，给安置单位造成经济损失的，应当根据其后果和责任大小，予以赔偿。

（七）自谋职业人员一次全额领取安置补助费后，不得再要求安置。

（八）进入劳务市场求职的，必须服从劳动行政部门的管理。

（九）按国家规定应该承担的其他义务。

第六章 法律责任

第三十二条 建设征地单位或安置单位不依照本办法履行安置义务的，由市、区、县劳动局责令限期改正；情节严重的，提请其上级主管部门追究单位领导人和直接责任人的行政责任，并由市、区、县土地管理局责令建设征地单位停止用地。

第三十三条 农转工人员不服从安置，扰乱公共秩序，拒绝、阻碍国家工作人员依法执行职务，侵犯他人人身权利，构成违反治安管理行为的，由公安机关依照《中华人民共和国治安管理处罚条例》予以处罚；构成犯罪的，依法追究刑事责任。

第三十四条 克扣、挪用、侵占、私分安置补助费的，追究责任人的行政责任；构成犯罪的，依法追究刑事责任。

第三十五条 农转工人员被安置后与安置单位之间发生劳动争议的，可以依照《中华人民共和国企业劳动争议处理条例》向区、县劳动争议仲裁委员会申请仲裁。对仲裁裁决不服的，可以向人民法院起诉。

第七章 附 则

第三十六条 市土地管理局、市劳动局可以根据国家有关规定和本办法，制定有关本市农转工人员安置的具体政策。

第三十七条　本办法执行中的具体问题，由市土地管理局会同市劳动局解释。

本办法自发布之日起施行。1983年8月29日北京市政府发布的《北京市建设征地农转工劳动工资暂行处理办法》同时废止。

4. 北京市人民政府办公厅印发《关于完善征地超转人员生活和医疗保障工作的办法》的通知

各区、县人民政府，市政府各委、办、局，各市属机构：

《关于完善征地超转人员生活和医疗保障工作的办法》已经市政府同意，现印发给你们，请结合实际认真贯彻落实。

北京市人民政府办公厅

2015 年 2 月 17 日

关于完善征地超转人员生活和医疗保障工作的办法

第一条　为贯彻落实《中共北京市委北京市人民政府关于坚持改革创新深入推进城乡发展一体化的意见》（京发〔2013〕4 号）、《北京市建设征地补偿安置办法》（市政府第 148 号令）有关精神，进一步完善本市征地超转人员生活和医疗保障机制，维护首都社会和谐稳定，制定本办法。

第二条　本办法所称征地超转人员是指因国家建设征地农民户转为居民户的原农村劳动力中年龄超过转工安置年限（男满 60 周岁，女满 50 周岁及其以上）人员，含无人赡养的孤寡老人以及法定劳动年龄范围内经有关部门鉴定完全丧失劳动能力且不能进入社会保险体系的病残人员。

第三条　征地超转人员生活补助费用的接收标准应不低于本市当年最低基本养老金标准，具体标准每年由各区县政府确定。转居前已在农村退休的征地超转人员，退休费高于接收标准的，按照其退休费标准接收。

第四条　征地超转人员医疗费用的接收标准，每年由市民政、人力社保、财政等部门根据本市上一年度征地超转人员月人均医疗费用支出额等确定。

第五条　征地超转人员生活补助费用金额，由征地单位在征地时，以区县政府确定的征地超转人员生活补助费用的接收标准为基数，按照 10% 的比例环比递增核算（从转居时实际年龄计算至 82 周岁，病残人员最高不超过 22 年)。

征地超转人员医疗费用金额，由征地单位在征地时，以市民政、人力社保、财政等部门确定的征地超转人员医疗费用的接收标准为基数，按照 10% 的比例环比递增核算（从转居时实际年龄计算至 82 周岁，病残人员最高不超过 22 年）。

核算金额的公式为：每位征地超转人员生活补助费用和医疗费用的总金额 = 月生活补助费用接收标准 $\times 12 \times (1.10n-1)/10\%$ + 月医疗费用接收标准 $\times 12 \times (1.10n-1)/10\%$。其中，$n$ 指征收费用的年限；10% 指生活补助费用和医疗费用的环比递增系数；12 指 12 个月。

第六条　征地单位在按照标准核算金额后，应将征地超转人员生活补助费用和医疗费用一次性交付接收管理部门。该资金纳入区县财政专户，实行收支两条线管理。

第七条　对新接收的征地超转人员，按照其生活补助费用的接收标准，为其支付接收第一年的生活补助费用。

第八条　自 2015 年起，参照本市关于企业退休人员中缴费不满 15 年的建设征地农转工退休人员的养老金调整政策，确定征地超转人员生活补助费用支付标准的调整幅度。

第九条　在 2015 年调整征地超转人员生活补助费用支付标准时，对生活补助费用低于 2014 年本市最低基本养老金的征地超转人员，以 2014 年本市最低基本养老金作为其生活补助费用支付标准的调整基数。

第十条　征地超转人员的医疗待遇，按照《北京市民政局北京市人力资源和社会保障局北京市财政局关于完善征地超转人员医疗待遇和管理有关问题的意见》（京民征发〔2012〕503 号）执行。

第十一条　征地超转人员生活补助费用和医疗费用主要以征地补偿费为主，不足部分由财政资金保障。2004 年 7 月 1 日前接收的征地超转人员，其生活补助费用和医疗费用的不足部分由市财政专项保障；2004 年 7 月 1 日以后接收的征地超转人员，其生活补助费用和医疗费用的不足部分由区县财政专项保障。

第十二条　区县政府是做好征地超转人员生活和医疗保障工作的责任主体，区县民政部门负责本区县征地超转人员的日常服务管理工作。市民政部门负责指导全市征地超转人员的服务管理工作。

第十三条　本办法执行后，符合接收条件的征地超转人员不得由街道（乡镇）、农村集体经济组织、企业事业单位或其他组织自行管理。

区县政府应尽快将目前不在民政部门管理范围内的征地超转人员纳入管理范围。具备条件的区县应抓紧研究制定具体移交方案，将有关征地超转人员移交民政部门管理。

第十四条　本办法由市民政部门负责解释。

第十五条　本办法自2015年4月1日起执行。《北京市人民政府办公厅转发市民政局关于提高征地超转人员生活补助费标准请示的通知》（京政办发〔1995〕113号）、《北京市人民政府办公厅转发市民政局关于征地超转人员生活和医疗补助若干问题意见的通知》（京政办发〔2004〕41号）、《北京市人民政府办公厅关于同意提高征地超转人员待遇有关意见的通知》（京政办函〔2007〕15号）同时废止。

参考文献

[1] 鲍海君，吴次芳. 论失地农民社会保障体系建设 [J]. 管理世界，2002 (10)：37-42.

[2] 蔡昉，都阳，王美艳. 户籍制度与劳动力市场保护 [J]. 经济研究，2001 (12)：41-49.

[3] 陈丹，汪少良，张藕香. 城镇化进程中失地农民再就业影响因素分析 [J]. 调研世界，2014 (7)：40-44.

[4] 陈浩，陈雪春，谢勇. 城镇化进程中失地农民职业分化及其影响因素研究 [J]. 中国人口·资源与环境，2013 (6)：72-79.

[5] 陈浩，陈雪春. 城镇化进程中失地农民就业分化及特征分析——基于长三角858户调研数据 [J]. 调研世界，2013 (7)：34-40.

[6] 陈斌开，张鹏飞，杨汝岱. 政府教育投入，人力资本投资与中国城乡收入差距 [J]. 管理世界，2010 (1)：36-50.

[7] 陈建伟，王轶. 就业安置政策增加失地农民稳定工作机会了吗——基于特大型城市的数据 [J]. 财贸研究，2017 (1)：48-57.

[8] 陈健民，丘海雄. 社团、社会资本与政经发展 [J]. 社会学研究，1999 (4)：66-76.

[9] 陈曦，边恕，范璐璐，韩之彬. 城乡社会保障差距、人力资本投资与经济增长 [J]. 人口与经济，2018 (4)：77-85.

[10] 陈信勇，蓝邓骏. 失地农民社会保障的制度建构 [J]. 中国软科学，2004 (3)：15-21.

[11] 陈正光，骆正清. 城市化进程中失地农民社会保障意愿分析——合肥市的实证研究 [J]. 农村经济，2008 (8)：74-77.

[12] 程诚，王奕轩，边燕杰. 中国劳动力市场中的性别收入差异：一个社会资本的解释 [J]. 人口研究，2015 (2)：3-16.

[13] 邓曲恒. 城镇居民与流动人口的收入差异——基于 Oaxaca -

Blinder 和 Quantile 方法的分解 [J]. 中国人口科学, 2007 (2): 8 - 16.

[14] 杜两省, 彭竞. 教育收益率的城市差异研究 [J]. 中国人口科学, 2010 (5): 85 - 94.

[15] 杜鑫. 市场化对中国城乡收入差距的影响: 基于省级面板数据的经验分析 [J]. 北京工商大学学报 (社会科学版), 2018 (1): 19 - 32.

[16] 范恒山. 瑞典与美国的社会保障体制 [J]. 管理世界, 1998 (3): 148 - 156.

[17] 范静波. 2003 - 2008 年间中国教育收益变动趋势研究 [J]. 统计与信息论坛, 2011, 26 (8): 47 - 52.

[18] 费孝通. 靠我们自己的力量解决征地农民就业问题 [J]. 浦东开发, 1998 (1): 1 - 8.

[19] 符平. 小城镇个体户创办与发展中的社会资本研究 [J]. 青年研究, 2002 (11): 14 - 19.

[20] 高梦滔、姚洋. 农户收入差距的微观基础: 物质资本还是人力资本? [J]. 经济研究, 2006 (12): 71 - 79.

[21] 高霞. 流动人口的自营性收入不平等与工资性收入不平等 [J]. 北京工商大学学报 (社会科学版), 2015 (4): 7 - 15 + 27.

[22] 郭于华, 常爱书. 生命周期与社会保障——一项对下岗失业工人生命历程的社会学探索 [J]. 中国社会科学, 2005 (5): 93 - 107.

[23] 韩雪, 张广胜. 就业风险、社会资本与进城务工人员的部门选择 [J]. 当代财经, 2015 (3): 13 - 23.

[24] 黄斌, 钟晓琳. 中国农村地区教育与个人收入——基于三省六县入户调查数据的实证研究 [J]. 教育研究, 2012 (3): 18 - 26.

[25] 黄祖辉, 俞宁. 失地农民培训意愿的影响因素分析及其对策研究 [J]. 浙江大学学报: 人文社会科学版, 2007 (3): 135 - 142.

[26] 冀县卿, 钱忠好. 人力资本、物质资本、社会资本与失地农民城市适应性——基于江苏省 469 户失地农民的调查数据 [J]. 江海学刊, 2011 (6): 88 - 93.

[27] 江维国, 李立清. 新型城镇化中失地农民社会保障供给侧结构性改革研究 [J]. 湖南社会科学, 2017 (6): 102 - 108.

[28] 姜晓宇. 贫困地区女性教育收益对投入决策的影响 [J]. 生产

力研究，2009 (19)：100－103.

[29] 蒋乃华，卞智勇．社会资本对农村劳动力非农就业的影响——来自江苏的实证 [J]. 管理世界，2007 (12)：158－159.

[30] 赖德胜，石丹淅．我国就业质量状况研究：基于问卷数据的分析 [J]. 中国经济问题，2013 (5)：39－48.

[31] 赖德胜，李长安，孟大虎．实施扩大就业的发展战略研究 [M]. 北京：人民出版社，2013.

[32] 赖德胜．教育与收入分配 [M]，北京：北京师范大学出版社，2001.

[33] 李飞，钟涨宝．人力资本、社会资本与失地农民的职业获得——基于江苏省扬州市两个失地农民社区的调查 [J]. 中国农村观察，2010 (6)：12－21.

[34] 李国梁，钟奕．人力资本理论视角下失地农民的职业培训 [J]. 人民论坛，2013 (29)：80－82.

[35] 李实，丁赛．中国城镇教育收益率的长期变动趋势 [J]. 中国社会科学，2004 (6)：58－72.

[36] 李实．农村妇女的就业与收入——基于山西若干样本村的实证分析 [J]. 中国社会科学，2001 (3)：48－51.

[37] 李雪松，詹姆斯，赫克曼．选择偏差，比较优势与教育的异质性回报：基于中国微观数据的实证研究 [J]. 经济研究，2004，4 (93)：91－99.

[38] 李长安．经济新常态下我国的就业形势与政策选择 [J]. 北京工商大学学报（社会科学版），2016 (6)：1－8.

[39] 刘家强，罗蓉，石建昌．可持续生计视野下的失地农民社会保障制度研究——基于成都市的调查与思考 [J]. 人口研究，2007 (4)：27－34.

[40] 卢海元．建立健全被征地农民社会保障制度的理论思考与政策建议 [J]. 经济学动态，2004 (10)：52－56.

[41] 马驰，张荣，彭霞．城市化与失地农民就业 [J]. 华东经济管理，2005 (1)：71－74.

[42] 马晓磊．城市化背景下失地农民的社会保障问题研究 [J]. 农

村经济，2010（5）：71－73.

［43］毛学峰，刘靖．本地非农就业、外出务工与中国农村收入不平等［J］．经济理论与经济管理，2016（4）：100－112.

［44］孟大虎，苏丽锋，李璐．人力资本与大学生的就业实现和就业质量——基于问卷数据的实证分析［J］．人口与经济，2012（3）：19－26.

［45］任国强．人力资本对农民非农就业与非农收入的影响研究——基于天津的考察［J］．南开经济研究，2004（3）：23－32.

［46］任义科，王林，杜海峰．人力资本、社会资本对农民工就业质量的影响——基于性别视角的分析［J］．经济经纬，2015（2）：25－30.

［47］石丹淅，赖德胜，李宏兵．新生代农民工就业质量及其影响因素研究［J］．经济经纬，2014（5）：31－36.

［48］石永会，邢明强，王峰．农村转移劳动力就业质量实证研究——基于河北省的实证分析［J］．经济与管理，2015（1）：86－89.

［49］斯威德伯格．经济社会学原理［M］．周长城，等，译，北京：中国人民大学出版社，2005．

［50］苏海涛．湖北失地农民社会保障问题探析——基于宜昌、随州、十堰三地的调研数据［J］．社会保障研究，2013（5）：15－21.

［51］苏丽锋，陈建伟．我国新时期个人就业质量影响因素研究——基于调查数据的实证分析［J］．人口与经济，2015（4）：107－118.

［52］汪汇，陈钊，陆铭．户籍、社会分割与信任：来自上海的经验研究［J］．世界经济，2009（10）：81－96.

［53］王诚．论社会保障的生命周期及中国的周期阶段［J］．经济研究，2004（3）：98－106.

［54］王美艳．教育回报与城乡教育资源配置［J］．世界经济，2009（5）：3－17.

［55］王晓刚，陈浩．失地农民就业质量的影响因素分析——以武汉市江夏区龚家铺村为例［J］．城市问题，2014（1）：63－76.

［56］王晓刚．失地农民就业质量评价——以郑州市为例［J］．城市问题，2015（7）：71－77.

［57］王轶，詹鹏，姜竹．城镇化进程中失地农民与城镇居民和未失地农民收入差距研究——基于北京地区的调查数据［J］．中国农村经济，

2018 (4): 121 - 139.

[58] 王轶，石丹淅．失地农民就业质量的演进——基于北京地区的跟踪调查数据 [J]. 经济经纬，2016 (4): 12 - 17.

[59] 王轶，王琦．新常态背景下特大城市失地农民的就业问题研究——基于人力资本的视角 [J]. 当代财经，2016 (5): 3 - 11.

[60] 王轶，熊文，赖德胜．乡村振兴战略下失地农民教育收益与收入不平等——基于比较分析的视角 [J]. 教育研究，2019 (9): 120 - 138.

[61] 王轶．失地农民的就业问题研究 [M] //赖德胜，李长安，孟大虎．劳动力市场报告．北京：北京师范大学出版社，2009.

[62] 王泽彩，费之光．提高劳动性收入占比的制度改革思考 [J]. 北京工商大学学报（社会科学版），2017 (2): 21 - 27.

[63] 魏众．健康对非农就业及其工资决定的影响 [J]. 经济研究，2004 (2): 64 - 74.

[64] 谢勇．土地征用、就业冲击与就业分化——基于江苏省南京市失地农民的实证研究 [J]. 中国人口科学，2010 (2): 65 - 72.

[65] 邢春冰，贾淑艳，李实．教育收益率的地区差异及其对劳动力流动的影响 [J]. 经济研究，2013 (11): 114 - 126.

[66] 邢春冰．农民工与城镇职工的收入差距 [J]. 管理世界，2008 (5): 55 - 64.

[67] 徐舒．不规则数据下居民收入冲击的分解与估计 [J]. 管理世界，2010 (9): 67 - 75.

[68] 徐舒．技术进步、教育收益与收入不平等 [J]. 经济研究，2010 (9): 79 - 92.

[69] 许庆，陆钰凤．非农就业、土地的社会保障功能与农地流转 [J]. 中国人口科学，2018 (5): 30 - 41.

[70] 严成樑．社会资本、创新与长期经济增长 [J]. 经济研究，2012 (11): 48 - 60.

[71] 杨翠迎．被征地农民养老保障制度的分析与评价——以浙江省10个市为例 [J]. 中国农村经济，2004 (5): 61 - 68.

[72] 杨金风，史江涛．人力资本对非农就业的影响：文献综述 [J]. 中国农村观察，2006 (3): 74 - 79.

[73] 姚先国，张海峰．中国教育收益率估计及其城乡差异分析——以浙江、广东、湖南、安徽等省的调查数据为基础［J］．财经论丛，2004（6）：1－7.

[74] 姚先国，俞玲．农民工职业分层与人力资本约束［J］．浙江大学学报：人文社会科学版，2006（9）：16－23.

[75] 殷俊，李晓鹤．人力资本、社会资本与失地农民的城市融入问题［J］．农村经济，2014（12）：80－84.

[76] 于潇，孙悦．城镇与农村流动人口的收入差异——基于2015年全国流动人口动态监测数据的分位数回归分析［J］．人口研究，2017（1）：84－97.

[77] 苑会娜．进城农民工的健康与收入——来自北京市农民工调查的证据［J］．管理世界，2009（5）：56－66.

[78] 翟年祥，项光勤．城市化进程中失地农民就业的制约因素及其政策支持［J］．中国行政管理，2012（2）：25－34.

[79] 张文武，欧习，徐嘉婕．城市规模、社会保障与农业转移人口市民化意愿［J］．农业经济问题，2018（9）：128－140.

[80] 张兴祥，林迪珊．外来务工人员收入与教育收益率的性别差异研究［J］．北京大学教育评论，2014（3）：121－140.

[81] 赵光，李放．非农就业、社会保障与农户土地转出——基于30镇49村476个农民的实证分析［J］．中国人口·资源与环境，2012（10）：102－110.

[82] 赵力涛．中国农村的教育收益率研究［J］．中国社会科学，2006（3）：98－109.

[83] 赵西亮．教育、户籍转换与城乡教育收益率差异［J］．经济研究，2017（12）：164－178.

[84] 赵锡斌，温兴琦，龙长会．城市化进程中失地农民利益保障问题研究［J］．中国软科学，2003（8）：158－160.

[85] 郑功成．中国社会保障制度变迁与评估［M］．北京：中国人民大学出版社，2002.

[86] 钟甫宁，刘华．中国城镇教育收益率及其结构变动的实证研究［J］．中国人口科学，2007（4）：34－41.

[87] 朱志胜. 社会资本的作用到底有多大? ——基于农民工就业过程推进视角的实证检验 [J]. 人口与经济, 2015 (5): 82 - 90.

[88] 诸建芳, 王伯庆. 中国人力资本投资的个人收益率研究 [J]. 经济研究, 1995 (12): 55 - 63.

[89] 邹薇, 张芬. 农村地区收入差异与人力资本积累 [J]. 中国社会科学, 2006 (2): 67 - 79.

[90] Appleton S, Owens T. Rates of return to education in Sri Lanka [Z]. Discussion Papers from University of Nottingham, NO. 123456, 2018.

[91] Becker G S. A Theory of the Allocation of Time [J]. The economic journal, 1965, 57 (2): 493 - 517.

[92] Becker S O, Ichino A. Estimation of average treatment effects based on propensity scores [J]. Stata Journal, 2002, 2 (4): 358 - 377.

[93] Behrendt C, Cichon M, Hagemejer K, et al. Rethinking the Role of Social Security in Development [M] //Building Decent Societies. Palgrave Macmillan UK, 2009: 325 - 337.

[94] Benjamin D, Brandt L, Glewwe P, et al. Markets, human capital and inequality: evidence from rural China [C] //IEA CONFERENCE VOLUME SERIES. Basingstoke; Macmillan Press; New York; St Martin's Press; 1998, 2001, 134: 87 - 127.

[95] Bharadwaj L, Findeis J L. Intrinsic and Extrinsic Motivations and Participation in Off - farm Work Among US Farm Women [C] //2007 Annual Meeting, July 29 - August 1, 2007, Portland, Oregon TN. American Agricultural Economics Association (New Name 2008: Agricultural and Applied Economics Association), 2007 (9850).

[96] Blinder A S. Wage Discrimination: Reduced Form and Structural Estimates [J]. Journal of Human Resources, 1973, 8 (4): 436 - 455.

[97] Blinder A S. On Dogmatism in Human Capital Theory [J]. Journal of Human Resources, 1976, 11 (1): 8 - 22.

[98] Bogue D C. Entrance effects and prediction of turbulence in non - Newtonian flow [J]. Industrial & Engineering Chemistry, 1959, 51 (7): 874 - 878.

[99] Calvó - Armengol A, Zenou Y. Job matching, social network and word - of - mouth communication [J]. Journal of urban economics, 2005, 57 (3): 500 - 522.

[100] Cassar L. Quality of employment and job - satisfaction: Evidence from Chile [Z]. OPHI working paper, 2010.

[101] Castles F G, Mitchell D. Three worlds of welfare capitalism or four? [M]. Australian National University, Graduate Program in Public Policy, 1990.

[102] Caucutt E M, Cooley T F, Guner N. The farm, the city, and the emergence of social security [R]. National Bureau of Economic Research, 2007.

[103] Cebolla - Boado H, Miyar - Busto M, Muñoz - Comet J. Is the Spanish recession increasing inequality? Male migrant - native differences in educational returns against unemployment [J]. Journal of Ethnic and Migration Studies, 2015, 41 (5): 710 - 728.

[104] Chirikos T N, Nestel G. Further Evidence on the Economic Effects of Poor Health [J]. The Review of Economics and Statistics, 1985, 67 (1): 61 - 69.

[105] De Gregorio J, Lee J W. Education and income distribution: new evidence from cross - country data [R]. 1999.

[106] Ferrer A, Riddell W C. Education, credentials, and immigrant earnings [J]. Canadian Journal of Economics/Revue canadienne d'économique, 2008, 41 (1): 186 - 216.

[107] Foly A. Meeting the needs of rural women [J]. People, 1986, 13 (3): 11 - 3.

[108] Gilmore J. The 2008 Canadian immigrant labour market: analysis of quality of employment [M]. Statistics Canada, Labour Statistics Division, 2009.

[109] Henningsen A. Why is the Polish farm sector still so underdeveloped? [J]. Post Communist Economies, 2009, 21 (1): 47 - 64.

[110] Jolliffe D. The impact of education in rural Ghana: examining household labor allocation and returns on and off the farm [J]. Journal of Development Economics, 2004, 73 (1): 287 - 314.

[111] Kaivan M. Networks and Misallocation: Insurance, Migration, and the Rural - Urban Wage Gap [Z]. Unpublished paper, Brown University, 2013.

[112] King G, Zeng L. Logistic regression in rare events data. Political analysis [J]. Journal of Economic Literature, 2001, 9 (2): 137 -163.

[113] Knight J, Song L. The rural - urban divide: Economic disparities and interactions in China [M]. New York: Oxford University Press, 1999.

[114] Laszlo S. Education, labor supply, and market development in rural Peru [J]. World Development, 2008, 36 (11): 2421 -2439.

[115] Lauer C, Steiner V. Returns to education in West Germany: An empirical assessment [J]. Zew Discussion Papers, 2016, 142 (2): 85 -92.

[116] Lee E S. A theory of migration [J]. Demography, 1966, 3 (1): 47 -57.

[117] Lee L F. Health and Wage: ASimultaneo us Equation Model with Multiple Discrete Indicators [J]. International Economic Review, 1982, 23 (1): 199 -221

[118] Lepak D P, Snell S A. Examining the Human Resource Architecture: the Relationships among Human Capital, Employment, and Human Resource Configurations [J]. Journal of management, 2002, 28 (4): 517 -543.

[119] Lilley S. North Carolina Farm Survey. [J]. Adult Education, 1987, 24 (2): 1 -24.

[120] Lin C H A. Education expansion, educational inequality, and income inequality: evidence from Taiwan, 1976 - 2003 [J]. Social indicators research, 2007, 80 (3): 601 -615.

[121] Luft H S. The Impact of Poor Health on Earnings [J]. The Review of Economics and Statistics, 1975, 57 (1): 43 -57.

[122] Maurer - Fazio M, Ngan Dinh. Differential rewards to, and contributions of, education in urban China's segmented labor markets [J]. Pacific Economic Review, 2004, 9 (3): 173 -189.

[123] McGovern P, Smeaton D, Hill S. Bad jobs in Britain nonstandard employment and job quality [J]. Work and occupations, 2004, 31 (2): 225 -

249.

[124] Messier J, Floro M S. Measuring the quality of employment in the informal sector [Z]. Working paper No. 2008 - 10, 2008.

[125] Mincer J. Investment in human capital and personal income distribution [J]. The Journal of Political Economy, 1958, 66 (4): 281 - 302.

[126] Myrdal G. Beyond the Welfare States: Economic Planning in the Welfare States and Its International Implications [M]. Duckworth, 1950.

[127] Oancea B, Pospisil R, Dragoescu R M. The return to higher education: evidence from Romania [C]. Proceedings of the Knowledge for Market Use Conference, 2017.

[128] Oaxaca R. Male - Female Wage Differentials in Urban Labor Markets [J]. International Economic Review, 1973, 14 (3): 693 - 709.

[129] Platteau J P. The gradual erosion of the social security function of customary land tenure arrangements in lineage - based societies [R]. Tokyo: United Nations University, World Institute for Development Economics Research, 2002.

[130] Rauch A, Frese M, Utsch A. Effects of Human Capital and Long - Term Human Resources Development and Utilization on Employment Growth of Small - Scale Businesses: A Causal Analysis [J]. Entrepreneurship Theory & Practice, 2005, 29 (6): 681 - 698.

[131] Rejda G E. Inequities in the Social Security Program [J]. The Journal of Insurance Issues and Practices, 1977, 1 (1): 10 - 15.

[132] Roka F, Olexa M, Smallwood K, et al. Handbook of Employment Regulations Affecting Florida Farm Employers and Workers: Occupational Safety and Health Ac [R]. University of Florida IFAS Extension, Gainesville, FL, 2009.

[133] Rosenbaum P R, Rubin D B. The Central Role of the Propensity Score in Observational Studies for Causal Effects [J]. Biometrika, 1983, 70 (1): 41 - 55.

[134] Sakthivel S, Joddar P. Unorganised sector workforce in India: trends, patterns and social security coverage [J]. Economic and Political Week-

ly, 2006, 41 (21): 2107 -2114.

[135] Schultz T W. Investment in human capital [J]. The American economic review, 1961, 51 (1): 1 -17.

[136] Schultz T W. Capital Formation by Education [J]. The Journal of Political Economy, 1960, 68 (6): 571 -583.

[137] Sovey A J, Green D P. Instrumental variables estimation in political science: A readers' guide [J]. American Journal of Political Science, 2011, 55 (1): 188 -200.

[138] Stern S. Semiparametric Estimates of the Supply and Demand Effects of Disability on Labor Force Participation [J]. Journal of Econometrics, 1996, 71 (1): 49 -70.

[139] Tuyen N Q. Land Holding Changes and Kinh and Khmer Farmers' Livelihoods in Thoi Thuan B Hamlet, Thoi Lai Town, Co Do District, Can Tho City, Vietnam [J]. Asian Social Science, 2010, 6 (1): 132 -144.

[140] United Nations Economic Commission For Europe. Measuring quality of employment : country pilot reports [M]. Geneva: United Nations, 2010.

[141] Yang D T, An M Y. Human Capital, Entrepreneurship, and Farm Household Earnings [J]. Journal of Development Economics, 2002, 68 (1): 65 -88.

[142] Zhou H X. Theoretical and empirical research on influential factors of rural land transfer: Based on the perspective of occupation differentiation and pension security mode [J]. Energy Procedia, 2011, 5 (1): 397 -402.

后 记

在此之前，我出版了《城市化进程中失地农民的就业问题研究》一书，该书是由我的博士论文改编而成。本书的研究主要是基于金融危机的2008年和经济进入新常态的2015年两次失地农民社会调查数据所开展的相关研究成果，这些成果很大一部分已经公开发表。本书主要是对前期相关研究成果的汇总、总结和归纳，并对乡村振兴战略下我国失地农民就业等问题做出整体性的分析。

我要感谢参与本书编写的所有研究人员，他们渊博的专业知识，严谨和精益求精的工作作风，严于律己、宽以待人的崇高风范，朴实无华、平易近人的人格魅力都值得我学习。在整个过程中，大家都形成了很深的默契和完全的信任，本书的撰写使我得以借鉴众多专家学者的宝贵意见，这对于我今后的工作无疑是不可多得的宝贵财富。各章节编写人员如下：

前　言　王　轶

第1章　王　轶

第2章　王　轶、丁　莉

第3章　王　轶、王　琦、黄先开

第4章　王　轶、陈建伟、王　琦

第5章　陈建伟、王　轶

第6章　王　轶、石丹淅

第7章　王　轶、詹　鹏、黄先开

第8章　王　轶、熊　文、赖德胜

第9章　熊　文、王　轶

第10章　王　轶

感谢我的博士生导师赖德胜教授对我阶段性成果提出的宝贵意见，这些意见开阔了我的视野，指明了我的研究方向，对提升我的研究能力起到了巨大作用。感谢北京师范大学劳动力市场研究中心研究团队，李长安教授、孟大虎教授、孙百才教授、苏立峰教授、陈建伟教授、石丹淅教授、王琦教授等自始至终地参与本书研究，并对研究提出众多宝贵意见，这些意见都是推动研究的重要动力。感谢南京财经大学詹鹏教授、北京工商大学熊文副教授，你们是我科学研究中的重要合作伙伴，你们是我成长中的重要财富。

感谢帮助完成2015年失地农民调查的五所高校的领导，包括：北京工商大学原党委副书记卢思峰、校办副主任胥阳，北京理工大学良乡校区管委会翟俊斌主任、北京工商大学嘉华学院原教务处处长姚立、北京工业职业技术学院李月清主任、北京财贸职业技术学院李英处长等，正是他们的大力支持和帮助使得本次调查得以顺利进行。

感谢北京工商大学科技处的左敏处长、蔡喆副处长、张浩副处长，感谢北京工商大学经济学院倪国华院长、王赛男老师等，你们的大力支持和帮助是我从事科研的动力所在，是本书得以顺利出版的关键。当然，我的研究生丁莉、陆晨云、王香媚、向统军等同学对本书的出版也做了大量的写作和规范性工作。

最后还要感谢家人，在我忙于科研期间，家人给予的大力支持和关心是我安心从事科研的重要保证。

王轶

2020年6月